Christa Mulack
Jesus – der Gesalbte der Frauen

Christa Mulack

Jesus – der Gesalbte der Frauen

Weiblichkeit als Grundlage christlicher Ethik

Kreuz Verlag

CIP-Kurztitelaufnahme der Deutschen Bibliothek

Mulack, Christa:
Jesus – der Gesalbte der Frauen : Weiblichkeit als
Grundlage christl. Ethik / Christa Mulack. –
1. Aufl. – Stuttgart : Kreuz-Verlag, 1987.
ISBN 3-7831-0875-6

1. Auflage
Kreuz Verlag Stuttgart 1987
Umschlaggestaltung: HF Ottmann
unter Verwendung einer Illustration
von J. Schnorr von Carolsfeld
Satz: Typobauer Filmsatz GmbH, Ostfildern 3
Druck und Bindung: Wiener Verlag, Himberg
ISBN 3 7831 0875 6

Inhalt

Einleitung

Anlaß und entwicklungsgeschichtlicher Hintergrund des Buches

Wie der Titel bereits erkennen läßt, soll es in diesem Buch um eine Neuinterpretation der Gestalt und Lehre Jesu gehen, die aus den Überlegungen zu einer verantwortbaren christlichen Mädchenerziehung hervorgegangen ist. Angeregt wurde ich dazu von Müttern, die auf Tagungen wiederholt an mich herantraten und nach der pädagogischen Umsetzbarkeit feministisch-theologischer Ansätze fragten. Ihrem eigenen herkömmlichen christlichen Glauben entfremdet, hatten sie schon lange nicht mehr den Mut, ihren Kindern eine christliche Erziehung angedeihen zu lassen, die sie selbst mit einer weltfremden moralischen Einstellung wie auch mit einer Erziehung zu ständigen Schuld- und Minderwertigkeitsgefühlen in Verbindung brachten.

Die Mütter stehen selbst in einem religiösen Umbruchprozeß. Alte Glaubensinhalte werden endgültig verabschiedet, das Neue aber ist noch zu neu und unerprobt, als daß es die Sicherheit für eine sinnvolle religiöse Erziehung bieten könnte. Für viele Frauen ist dieser Zustand der Unsicherheit mit Angst- und Schuldgefühlen verbunden. Sie haben das Gefühl der Untreue oder gar Abtrünnigkeit gegenüber dem bisherigen tragenden Grund ihres Lebens, von dem sie oft erst sehr spät merkten, wie wenig er sie in Wahrheit trug. Die neuen Inhalte und Sichtweisen vermögen zwar zu faszinieren, doch haftet ihnen zumeist noch das Etikett des Ketzerischen an. Die traditionelle religiöse Erziehung kann nicht von heute auf morgen über Bord geworfen werden, zumal auch in diesem Bereich der Verstand schneller ist als das Gefühl, das neue Denkansätze anfänglich noch als etwas Verbotenes erlebt – als verbotene Frucht vom Baum der Erkenntnis sozusagen –, auch wenn es sich andererseits in der damit erlangten inneren Freiheit bereits zu sonnen begonnen hat.

Wie ich feststellen konnte, glauben viele dieser Mütter, die christliche Erziehung an Schule und Kirche delegieren und im übrigen den Töchtern selbst die Entscheidung überlassen zu können, was sie glauben wollen und was nicht. Oft merken sie erst zu spät, daß sie damit ihre Töchter überfordern und diese sich nach völlig unsachgemäßen Kriterien entscheiden. Auch machen sie sich nicht klar, daß in Schule und Kirche nach wie vor ein Glaube gelehrt wird, der nicht gerade dazu angetan ist, das Selbstwertgefühl der Mädchen zu stärken, da nach der traditionellen christlichen Lehre Frauen nur eine sehr untergeordnete Rolle zugewiesen wird. Damit schicken sie ihre Töchter, ohne es zu ahnen, auf einen recht ähnlichen Weg, wie sie ihn selbst zurückgelegt haben, und gewöhnen sie daran, daß die religiöse Belehrung des weiblichen Geschlechts vom männlichen ausgehen muß, ob es sich dabei nun um Jesus, dessen Jünger und Apostel, Kirchenväter, Reformatoren oder aber den Herrn Pastor handelt. Diese männliche Kette wird möglicherweise nur von einer Religionslehrerin unterbrochen, aber auch das ist nicht sicher.

An dieser Stelle bricht die Frage auf, wie der christliche Glaube, wenn er noch nicht als erledigt angesehen wird, ohne den dogmatischen Ballast, den Mütter meist selbst nicht verstehen oder gar glauben können und wollen, mit gutem Gewissen an die eigenen Töchter weitergegeben werden kann. Gibt es überhaupt eine christliche Botschaft, die nicht frauenfeindlich und unterdrückerisch ist? Vermitteln wir nicht unseren Töchtern mit diesem Glauben zugleich ihre eigene Minderwertigkeit und Bedeutungslosigkeit? Ist es für sie weiterhin zumutbar, die Geburt des göttlichen Sohnes zu feiern, ohne daß die Geburt einer göttlichen Tochter thematisiert wird? Und was ist mit dem Mann am Kreuz, der für unsere Sünden starb?

»Ich kann ihn nicht mehr sehen, diesen Gemarterten und Gemordeten, der durch meine Schuld umgekommen sein soll«, platzte es auf einer Tagung aus einer Frau hervor, die gerade begonnen hatte, dem christlichen Glauben den Rükken zu kehren, als ihr durch die Interpretationsansätze der feministischen Theologie neue Möglichkeiten des Umgangs mit christlichem Traditionsgut bewußt wurden. Wir sollten die Augen nicht verschließen vor solchen Fragen, die auch weiterhin an unsere Töchter herangetragen werden, ob es uns gefällt oder nicht. Daher ist es wichtig, sie für frauenfeindliche Tendenzen zu sensibilisieren und sie über die grundlegende Bedeutung von Frauen im christlichen Glauben aufzuklären.

Als Teil dieser Aufklärungsarbeit ist das vorliegende Buch zu verstehen. Wenn es auch von einer religionspädagogischen Fragestellung ausging, so traten doch immer stärker die Frauen als solche ins Blickfeld und ihre Fragen an den christlichen Glauben, der sich um die Gestalt und Lehre Jesu rankt. In ihrem religiösen Selbstverständnis kommt diesem Jesus eine zentrale Rolle zu. Immer wieder sind sie bereit, sich auf ihn einzulassen, während sie anderen christlichen Autoritäten mit Skepsis und Mißtrauen begegnen.

An diesem Empfinden der Frauen habe ich mich in meinem Buch entlanggetastet und dabei auch versucht, der Frage nachzugehen: Woher kommt es eigentlich, daß Frauen bis heute diese eigenartige Nähe zu diesem Jesus empfinden, so daß er auch für jene nichts an seiner Attraktivität eingebüßt hat, die der Kirche selbst längst den Rücken gekehrt haben. Wie ich zu zeigen versuche, hat dieses weibliche Gefühl der Nähe eine durchaus reale Basis in jener Nähe, die auch Jesus mit den Frauen seiner Zeit verband; in jener Offenheit für Erfahrungen und Bedürfnisse von Frauen, die ihm selbst neue Erfahrungen ermöglichte und ihn veranlaßte, sein eigenes patriarchales Selbstverständnis zugunsten eines matriarchalen Welt- und Wertverständnisses abzulegen.

Doch um solche Entdeckungen machen zu können, bedarf es des Ablegens der patriarchalen Brille, durch die wir die neutestamentlichen Texte zu lesen gewohnt sind. Die weibliche Dimension des Jesus von Nazareth können wir nur aus einer weiblichen Perspektive gewinnen, der sich der feministische Ansatz verpflichtet weiß.

Feministisch-theologischer Ansatz

Grundlage des hier vorgelegten neuen Jesusverständnisses ist nicht nur die feministische Perspektive, aus der heraus theologische und religionswissenschaftliche Nachforschungen angestellt wurden, sondern außerdem ein geschlechtsspezifisches Verständnis neutestamentlicher Texte – ein Ansatz, der in der feministischen Forschung erst zögernd Fuß zu fassen beginnt. In den letzten zwei Jahrzehnten waren geschlechtsnivellierende und überwiegend soziologisch geprägte Ansätze feministischer Forschungsarbeit an der Tagesordnung. Sie verfestigten sich im EMMA-Journalismus Alice Schwarzers zur feministischen Ideologie, die davon ausgeht, daß, wer gleichberechtigt sein will, auch gleich zu sein hat. Es galt nachzuweisen, daß die Frau auf keinem Gebiet dem Manne unter- oder gar überlegen ist und daß dort, wo sich dennoch Unterschiede zwischen den Geschlechtern auftaten, diese als Relikt einer traditionellen Erziehung zu werten und möglichst abzuschaffen seien. Sicher war die Möglichkeit, sich auf gleicher Ebene mit dem männlichen Geschlecht anzusiedeln, für viele Frauen eine ganz neue Entdeckung und ein wichtiger Schritt zu ihrer Ema*nn*zipation, die jedoch nicht in einer E*mm*anzipation steckenbleiben darf. Wir sollten uns daher nicht an der Frage festhalten, was wir genausogut können wie Männer, sondern müssen weitergehen zu der Frage, inwieweit wir anders sind als Männer, anders denken und fühlen als sie und folglich auch andere Wertmaßstäbe setzen. Erste Forschungsergebnisse liegen zu diesem Thema inzwischen vor (vgl. C. Gilligan), weitere werden mit Sicherheit folgen.

Mit diesem Buch möchte ich dazu beitragen, daß wir die Frage nach unserer Weiblichkeit wieder neu stellen lernen, ohne darauf eine vorschnelle Antwort zu geben. Allein auf diesem Hintergrund sind die Darstellungen und Interpretationsversuche zu verstehen. Da in der Vergangenheit die Zuschreibung weiblicher und männlicher Merkmale fast ausschließlich von Männern vorgenommen wurde und immer zu Lasten des weiblichen Geschlechts ging, bestand feministische Kritik überwiegend darin, Unterschiede zu leugnen, oder aber in dem Versuch, sie in ihr Gegenteil zu verkehren. Beide Vorgehensweisen behalten in gewissem Maße ihre Berechtigung, müssen aber ergänzt werden durch die Frage, inwieweit die Unterschiede auch ihre Berechtigung haben könnten. Schließlich haben sich viele Frauen mit ihnen nicht nur zwangsweise identifiziert. Das führt dann allerdings sofort zum Problem der Wertigkeit solcher Unterschiede. Neben die Frage, was als spezifisch weiblich angesehen werden kann, muß also die Frage treten, welcher soziale Wert dieser Weiblichkeit in Wahrheit zukommt, da in der Vergangenheit Weiblichkeit und Minderwertigkeit fast zu Synonymen verschmolzen sind. Diese Wertung kann bis heute angetroffen werden. Sie gehört zum festen Bestandteil auch vieler Frauen, ohne daß sie sich dessen bewußt wären oder aber die Möglichkeit hätten, sie nicht nur vom Verstand, sondern auch vom Gefühl her zu unterlaufen.

Eine Diskussion des Weiblichkeitsbegriffs findet in diesem Buch nicht statt, da es dazu meines Erachtens noch viel zu früh ist und die frauenorientierten Forschungsergebnisse noch viel zu spärlich sprießen. Auch die Frage, inwieweit es überhaupt sinnvoll ist, von typisch weiblichen und männlichen Verhaltensmerkmalen und Einstellungsweisen zu sprechen, wo doch Frauen und Männer an beiden Merkmalen Anteil haben, wird aus folgenden Gründen gar nicht erst gestellt:

1. In allen Kulturen und zu allen Zeiten hat es das Bedürfnis nach weiblicher und männlicher Identität und folglich auch eine entsprechende Erziehung und Sozialisation gegeben, wenn sich auch die Inhalte dieser Erziehung unterscheiden mögen.

2. Die Abschaffung einer geschlechtsspezifischen Unterscheidung hätte meines Erachtens eher eine bewußtseinshemmende als -fördernde Wirkung und würde daher Ungerechtigkeiten und den Status quo stärker zementieren als aufbrechen, da wichtige Fragen zu diesem Thema gar nicht erst gestellt würden.

3. Es ist auch nicht einzusehen, weshalb die Tatsache, daß es zwei Geschlechter gibt, sich nicht sinnvollerweise auch auf der sozialen Ebene auswirken sollte, ohne daß es dadurch zu

den von Männern produzierten Ungerechtigkeiten kommen muß.

Damit dürfte deutlich geworden sein, daß nach meiner Ansicht nicht die Einteilung in weiblich und männlich als solche falsch sein muß, sondern daß die patriarchale Bewertung dieser Unterschiede und die Reduzierung eines Geschlechts auf seine Merkmale abzulehnen sind.

Mit den Begriffen »weiblich« und »männlich« werden die für das jeweilige Geschlecht *typischen* Verhaltensmuster, Einstellungen und Denkstrukturen beschrieben, die, selbst wenn sie auf gesellschaftliche Prägung zurückgehen, zu gut belegt sind, um geleugnet zu werden. Sie sind selbst bis in die Gegenwart nachweisbar. An diese Typisierungen sind keine Forderungen des So-sein-Sollens geknüpft, die viele Frauen leider damit häufig verbinden. Wenn ich beispielsweise sage, daß das weibliche Geschlecht fürsorglicher ist als das männliche, so bedeutet dies nicht, daß Frauen unbedingt und immer so sein sollen. Andererseits kann ich auch den Wert einer solchen Haltung nicht leugnen und würde daraus eine Forderung gegen den Mann erheben – was Jesus übrigens durchweg tut. Da es hier um typische, also verallgemeinernde Unterschiede geht, reichen sie selbstverständlich nicht aus, um die *individuelle* Frau oder den Mann ausreichend zu beschreiben, was aber auch gar nicht meine Absicht ist. Außerdem ist es durchaus möglich, die jeweiligen Eigenschaften auch beim anderen Geschlecht zu finden, allerdings wesentlich seltener. Aber auch dann behalten sie ihren geschlechtstypischen Wert. Ein Mann wird durch fürsorgliches Verhalten eben selbst weiblicher. Es wertet ihn nach patriarchalischen Vorstellungen ab, da es ihn »unmännlich« macht. Bei Jesus können wir allerdings feststellen, daß er weibliches Verhalten von Männern fordert oder positiv hervorhebt, wie dies beispielsweise im Gleichnis vom barmherzigen Samariter oder dem Pharisäer und Zöllner im Tempel geschieht.

Wie ich zeigen möchte, enthalten die neutestamentlichen Schriften nicht nur sexistische, also frauendiskriminierende, sondern auch geschlechtsspezifische Tendenzen, die es sich näher anzuschauen lohnt, da sie keinen Anteil an patriarchalen Wertungsmustern zu haben scheinen, auch wenn sie sich kaum von herkömmlichen Rollenklischees unterscheiden. Neu dürfte allerdings die systematische Aufwertung weiblich-matriarchaler Einstellungen und Verhaltensweisen sein, die dem männlichen Geschlecht wiederholt als vorbildlich vor Augen geführt werden. Es wird von Jesus aufgefordert, sich an ihnen zu orientieren beziehungsweise sich mit ihnen zu identifizieren. Andererseits werden männlich-patriarchale Denkmuster zurückgewiesen.

Weibliche und männliche Kategorien werden also um die Dimensionen des Matriarchalen und Patriarchalen ergänzt. Sie sind zwar nicht mit den beiden ersten Kategorien identisch, stehen aber dennoch in auffallender Nähe zueinander. Auf Jesus angewandt zeigen sie, daß er sich in der Begegnung mit Frauen von einem anfänglich patriarchalen Denksystem zu einem matriarchalen Anschauungsmuster hin entwickelt hat – ein Prozeß, der unter einem geschlechtsneutralen Blickwinkel wohl kaum wahrgenommen werden kann. Die Erweiterung um die Dimension des Matriarchalen erweist sich auch als hilfreich bei der Herausarbeitung mythischer Inhalte und sozialpsychologischer Wertmaßstäbe, die allein auf patriarchalem Hintergrund weder verständlich noch erklärbar sind, sondern diesen vielmehr in Frage stellen.

Um solche Zusammenhänge und Abgrenzungen wahrnehmen zu können, bedarf es der Kenntnis des matriarchalen Mythos, der sich in gleicher Weise auf Jesus herniederließ wie die Taube über den Taufwassern des Jordan. Bereits Jahrtausende vor Jesus durchzog der Mythos vom sterbenden und auferstehenden Sohngeliebten der Großen Göttin die antike Welt. Das Patriarchat benutzte diesen Mythos, um aus dem Sohngeliebten der Göttin den geliebten Sohn des Vaters zu machen, der jedoch keine weiteren Söhne dieser Art nachwachsen und damit die Welt an den Abgrund totaler Vernichtung taumeln ließ.

Die Kenntnis matriarchaler Mythen und Vorstellungsmuster ist meines Erachtens für jedwede feministische Forschung unerläßlich, da mit ihr Perspektiven sichtbar werden, die uns im patriarchalen Kulturraum nicht begegnen, aus denen heraus aber nun patriarchale Werte und Vorstellungen in Frage gestellt werden können.

Bei diesem Ansatz geht es weder um ein Plädoyer für die Wiedererrichtung eines Matriarchats noch um eine Flucht in nostalgische Rückwärtsgewandtheit, die alles Glück in der Vergangenheit sucht. Dieser in zahllosen Diskussionen vorgebrachte Vorwurf, dessen Vertreter zumeist einem linearen Fortschrittsglauben anhängen, verliert sofort wieder an Berechtigung, wenn er sich an ein christliches Weltverständnis bindet und sich auf die Heilige Schrift beruft, denn damit wird ja geradezu ein Bekenntnis zur Rückwärtsgewandtheit abgelegt.

Im Rahmen eines nicht-linearen spiralförmigen Vorstellungsmusters werden die gewohnten Wertigkeiten von vorwärts und rückwärts sowieso relativiert, da auch der Blick zurück zum Vorwärts gehört, nur daß er immer wieder auf einer anderen Ebene stattfindet.

Die zuvor erwähnten Vorwürfe scheinen aber eher darauf abzuzielen, bestimmte feministische Forschungsansätze zu diskreditieren, als die sachliche Auseinandersetzung mit ihnen zu suchen. Das gleiche gilt für den Vorwurf des Antijudaismus, der sich in bestimmten Kreisen einer zunehmenden Beliebtheit zu erfreuen scheint, obgleich er jeglicher sachlichen Grundlage entbehrt. Statt dessen behindert er die freie Forschungsarbeit von Frauen, die sich ihrer religiösen Vergangenheit annehmen, um ihre gegenwärtige Situation mit all ihren Fragen besser verstehen zu können. Der grundlegende Irrtum dieses Vorwurfs liegt darin, daß Antipatriarchalismus identifiziert wird mit Antijudaismus. Dabei wird geflissentlich übersehen, daß nicht nur der patriarchale Gott des Alten Testaments, der Hebräischen Bibel, in Frage gestellt und mit ihm in Verbindung stehende frauenfeindliche Tendenzen aufgezeigt werden, sondern in gleicher Weise die eigene christliche Tradition kritisiert wird. Bei allem Verständnis für die emotionalen Prämissen dieses Vorwurfs scheint mir seine unsachgemäße Verwendung, durch die feministische Theologinnen mit Neonazis in eine Ecke gestellt werden, mehr Schaden anzurichten als echte Aufklärung zu leisten. Daß sich dieser Vorwurf dennoch auch an dem vorliegenden Buch festmachen wird, steht wohl außer Frage, kann aber bei der Unsachgemäßheit des Umgangs mit diesem Vorwurf auch kaum verhindert werden; denn die Tatsache, daß der Jude Jesus insbesondere der Männerwelt als vorbildlich vor Augen geführt und in seiner Verehrungswürdigkeit dargestellt wird, bleibt bei solchen Kritikern selbstverständlich unberücksichtigt.

Schließlich soll auch noch der zu erwartende Vorwurf der Männerfeindlichkeit kurz beleuchtet werden. Er scheint meinem geschlechtsspezifischen Ansatz dann immanent zu sein, wenn eine männerkritische Einstellung mit Männerfeindlichkeit gleichgesetzt wird. Wie ich in diesem Buch aufzeige, hat Jesus ausschließlich Männer scharf kritisiert, Frauen hingegen immer wieder in ihrem Sosein bestätigt, unterstützt und gegen männliche Kritik in Schutz genommen. Der Vorwurf der Männerfeindlichkeit fiele also auf Jesus selbst zurück und braucht mich daher nicht weiter zu bekümmern. Wenn aber Jesus bereits vor 2000 Jahren seinem eigenen Geschlecht dermaßen kritisch gegenüberstand, wäre jenen, die den Vorwurf der Männerfeindlichkeit erheben, zu raten, sich einmal auf die männerkritische Haltung Jesu einzulassen, ohne gleich wieder nach dem »bösen Weiblichen« Ausschau zu halten, das auch in diesem Buch nicht thematisiert wird. Da es bereits auf eine mehrtausendjährige Tradition blicken kann, besteht kein Interesse, es noch weiterhin zu verewigen, zumal es dem weiblichen Geschlecht wohl selten an selbstkritischen Tendenzen gefehlt hat. Der Vorwurf feministischer Einseitigkeit wird daher in Kauf genommen, zumal sie sachlich begründet ist; denn es läßt sich in der Tat keine kritische Bemerkung finden, die Jesus Frauen gegenüber ausspricht.

Daß ich die neutestamentlichen Texte fast ausschließlich aus einer geschlechtsspezifischen Perspektive heraus betrachtet habe und auf andere Inhalte nicht weiter eingehen konnte, habe ich selbst oft genug bedauert, ohne daran allerdings etwas ändern zu können. Schließlich ging es mir nicht um ein möglichst gründliches Ausleuchten der Texte, sondern um das Aufzeigen einer geschlechtsspezifischen Komponente, die sonst nirgendwo in der Theologie thematisiert wird. Die damit verbundenen Reduzierungen sind also nicht feministischer Einseitigkeit, sondern vielmehr einer bewußten Einschränkung zuzuschreiben.

Hoffnungen und Wünsche

Einige der Vorstellungen über die mögliche Wirkung dieses Buches sind bereits angeklungen. Ich fasse sie hier noch einmal zusammen.

Bis heute wird der christliche Glaube und der Umstand, daß Jesus ein Mann war, dazu mißbraucht, männliche Macht zu stützen und männliche Privilegien zu schützen. Für Frauen bedeutete der christliche Glaube überwiegend die Anerkennung dieser »Ordnung«. Wie ich zeigen möchte, könnte und sollte er jedoch ganz andere Funktionen haben. Für beide Geschlechter eröffnet er die Möglichkeit, die männliche Vormachtstellung insbesondere in der Kirche als unvereinbar mit der Lehre Jesu zu durchschauen, die ausdrücklich das Bild des dienenden Mannes prägt, den herrschenden Mann jedoch mehrfach ablehnt. Mit anderen Worten: Der christliche Glaube verleiht der Frau den Anspruch auf den dienenden Mann und nicht etwa diesem das Anrecht auf die Ausübung von Macht.

Die hier vorgelegte Interpretation der Gestalt und Botschaft Jesu könnte also dazu beitragen, das traditionelle Rollenmuster auch aus christlicher Perspektive aufzubrechen, indem es zu einem neuen männlichen und weiblichen Selbstverständnis beiträgt. Es ist an der Zeit, jene Art von Männlichkeit Fleisch werden zu lassen, die Jesus seinem Geschlecht vorgelebt hat. Doch dazu bedarf es auch der Bereitschaft von Frauen und Mädchen, den alten Männlichkeitsidealen den Rücken zu kehren. Solange sie noch dem falschen – weil frauen- und lebensfeindlichen – Typus von Mann nachjagen oder ihn gar selbst heranziehen, so lange haben sie selbst einen gewissen Anteil an dieser deformierten Männlichkeit, die weltweit immer problematischere Formen annimmt. Des weiteren gilt es bewußtzumachen, welche eminent wichtige Rolle dem weiblichen Geschlecht in der christlichen Botschaft zukommt. Daß Frauen ihr eigentliches Fundament sind, wird bis heute nur allzu gerne übersehen: Eine Frau gebiert und erzieht den Sohn des Heils, andere Frauen befreien ihn von der patriarchalen Sozialisation seiner Umwelt und ermöglichen ihm durch ihre Fürsorge und finanzielle Unterstützung ein ungebundenes Leben im Dienste an anderen. Sie salben ihn zum Messias und halten zu ihm über den Tod hinaus. Dabei schenken sie der Welt die Botschaft von der Auferstehung, eine Botschaft, die sie in ihren Mysterienkulten durch Jahrtausende hindurch erfahrbar gemacht haben. Mit vorrangigem Blick auf die Frauen des Neuen Testaments und mit ihnen auf die Weiblichkeit Jesu verändern sich Hintergrund und Rahmen der christlichen Botschaft grundlegend, so daß das Klischee von der passiven Frau, die still zu Jesu Füßen sitzt, keineswegs mehr passen will. Das Wissen um das weibliche Geschlecht als Erschafferin des Jesus wie auch des Christus und als tragender Grund der Botschaft Jesu sollte sich wohl dazu eignen, das Selbstwertgefühl von Frauen und Mädchen zu stärken und männliche Überheblichkeit und Anmaßung in ihre Schranken zu verweisen.

Gleichzeitig möchte ich Frauen mit diesem Buch dazu ermuntern, ihrem eigenen religiösen Gefühl mehr Vertrauen zu schenken und den Mut zu haben, die Aussagen christlicher Dogmatik zu hinterfragen und auf eine für sie sinnvolle und fruchtbare Weise neu zu interpretieren. Beispiele dazu werden in vielfältiger Weise geboten. Was hat es zum Beispiel für uns zu bedeuten, daß an den Schnittpunkten christlicher Dogmatik, der Jungfrauengeburt, der Kreuzigung und der Auferstehung Jesu, die Priorität des weiblichen Geschlechts vor dem männlichen ganz offen zutage tritt? Und was sagt die Tatsache, daß wir das bis heute kaum entdeckt haben, über die männliche Verkündigung und unser Hören auf die christliche Botschaft aus?

Die hier vorgelegte Erarbeitung eines neuen Verständnisses des Umgangs Jesu mit den Frauen, der zuweilen primär ein Umgang der Frauen mit Jesus ist, könnte dazu dienen, Frauen und Mädchen ein völlig neues Selbstverständnis in ihrem Verhältnis zum christlichen Glauben zu vermitteln, denn weibliche Vorstellungen und Handlungsweisen finden in der jesuanischen Ethik und Gotteslehre ihre Bestätigung, wohingegen männliches Denken und Handeln von Jesus selbst immer wieder in Frage gestellt oder gar abgelehnt wird.

Diese männerkritische Haltung Jesu enthält das eigentliche erneuernde Potential des Evangeliums, das es neu zu entdecken und auf seine Konsequenzen zu befragen gilt.

Das Dilemma der Frau im christlichen Glauben

Die Problematik

Die Frau wird sich zunehmend der problematischen Stellung bewußt, die ihr in ihrer eigenen Religion zukommt. Von Jesus verstanden, angenommen und befreit, wird sie von seinen männlichen Nachfolgern bis heute mißverstanden, ausgegrenzt und unterdrückt. Sie wurde und wird in ein Glaubenssystem hineinerzogen, das nicht nur ihren eigenen Bedürfnissen und Interessen, sondern auch ihrem religiösen Gefühl, ihrem Empfinden für das, was Anspruch darauf hat, heilig genannt zu werden, widerspricht. Sie wird von klein auf dazu angehalten, einen Vatergott zu verehren, der sich ihr gegenüber in der Geschichte des christlichen Glaubens nur selten als Vater, dafür aber um so häufiger als Tyrann und Mörder erwiesen hat. Schließlich waren es immer nur Männer, die im Namen dieses Vatergottes redeten und handelten.

Am schlimmsten ist, daß sie dem weiblichen Geschlecht von klein auf vermittelten, wie es zu sein hat, um ein gottwohlgefälliges Leben zu führen, auch wenn sie sich dabei zumeist der Mutter bedienten, die als Agentin der Kirche wirkte. Kompetent für die religiöse Mädchenerziehung aber blieben durch viele Jahrhunderte ausschließlich Männer. Liebte sie als kleines Mädchen oder junge Frau ihre christlichen Erzieher, so legte sie alles daran, um so zu werden, wie Gott sie gewollt hat, das heißt – aber das konnte sie eben nicht wissen – wie Männer sie brauchten. Lehnte sie ihre christlichen Erzieher jedoch ab, so wurde sie zum Antibild dessen, was sie hätte sein sollen – manchmal auch aus ganz anderen Gründen ... Der Ursachen, weshalb sie ausgegrenzt wurde, gibt es viele. Als selbständig Lebende wurde sie als alte Jungfer verachtet, die sich dem göttlichen Gebot des »Seid fruchtbar und mehret euch« entgegenstellte. Als Intellektuelle, die es wagte, sich mit dem »männlichen« Geist auseinanderzusetzen, wurde sie als Blaustrumpf verspottet. Als weise Frau, die nach ihren eigenen religiösen Vorstellungen lebte, wurde sie gefoltert und verbrannt. Und wenn sie sich heute der Theologie zuwendet und die christliche Botschaft auf der Grundlage *ihres* Denkens und Fühlens zu verarbeiten sucht, wird sie des »gewaltsam-verstiegenen Umgangs mit der Bibel«[1] bezichtigt, durch den sie sich selbst aus »der legitimen christlichen Theologie« ausgrenzt und nur noch »illegitime Theologie« betreibt.

Als Theologin untauglich, als Bischöfin nicht vorgesehen, als Pastorin nur in beschränktem Maße zugelassen und in den mittleren Rängen des christlichen Establishments nur unter größten Schwierigkeiten geduldet und ohne echte Chance, tiefgreifende Veränderungen zugunsten der Frauen zu bewirken – so fristet die Frau ihr Dasein innerhalb der Kirche, in der sie eine überwältigende Mehrheit bildet, in der es für sie aber lediglich um passives Zuhören in den Gottesdiensten und ums Dienen bei der reichlichen Zuteilung ehrenamtlicher Aufgaben gehen soll. Das ist der äußerlich wahrnehmbare Rahmen einer sehr viel tiefergreifenden Problematik, die der christliche Glaube für das weibliche Geschlecht enthält.

Ein für die individuelle Frau (wie natürlich auch für das christliche und nichtchristliche weibliche Geschlecht) weitaus schwerwiegenderes Problem ist die christliche Bildung, in der Modelle von Frausein bereitgestellt wurden, nach denen sich die weibliche Seele bildete. Dabei handelte es sich um weibliche Seinsentwürfe, Bilder weiblichen Seins, die nicht der weiblichen Seele entstammten, sondern von Männern zu deren eigenem Nutzen geschaffen worden waren. Ganz bewußt, aber auch unbewußt, wurde der Frau dabei ihre Unterlegenheit vor Augen geführt und gleichzeitig in Liedern und Psalmen, Mythen und Geschichten, Bekenntnisformeln und Symbolen die überwältigende männliche Überlegenheit hervorgekehrt.

In welchem Widerspruch diese männlichen Entwürfe weiblichen Seins zu einer ganz anderen Wirklichkeit stehen, die Frauen erst allmählich zu entdecken beginnen, habe ich auf dem Düsseldorfer Kirchentag dargelegt und will es hier wiederholen:

- *Daß die Frau die Sünde in die Welt brachte, bekamen wir des öfteren zu hören; daß sie das HEIL in die Welt brachte, hörten wir* nie.
- *Die Schlange als Symbol anti-göttlicher Macht weiblichen Ungehorsams ist uns allen bekannt. Von der Schlange als* matriar-

chalem *Symbol* weiblicher *WEISHEIT und Macht erfahren wir nur auf Umwegen.*

- *Daß Gott unser Vater im Himmel, aber auch der Richter, Herrscher und Herr der Heerscharen ist, behaupten viele noch mit größter Selbstverständlichkeit; von Gott als MUTTER zu reden gilt hingegen als unchristlich und heidnisch, obwohl Frau* und *Mann das Abbild Gottes sind.*
- *Daß wir Vater und Mutter ehren sollen – egal wie sie sich verhalten –, damit wir lange leben im Lande des Herrn, wurde uns bereits in früher Kindheit gelehrt.* Wie *lebensnotwendig aber die Ehrung der Mutter ERDE ist, damit wir lange auf* ihr *leben können, wurde uns nie beigebracht. Das begreifen wir erst jetzt, wo es zu spät ist.*
- *Daß »der Krieg der Vater aller Dinge« (Heraklit) und daher lebensnotwendig ist, glauben »weise« Männer seit mindestens 2500 Jahren. Daß aber der* FRIEDE *die* Mutter *aller Dinge ist, deren Abwesenheit uns alle gleichermaßen bedroht, erfahren wir heute allenthalben.*
- *Daß der Fortbestand unserer Gesellschaft von unserer Erfüllung gottgewollter Gebärverpflichtungen abhängig ist, wird uns immer wieder plausibel gemacht. Daß der Fortbestand unserer Gesellschaft aber in gleicher Weise von der geistigen Produktivität und Mitsprache der FRAU abhängt, beginnen wir erst jetzt zu ahnen.*
- *Daß Jesus mit zwölf Jüngern durch das Land zog und seine Botschaft der Liebe verbreitete, damit wurden wir von Kindesbeinen an vertraut gemacht. Daß er aber genauso eine Reihe von Frauen als Jüngerinnen um sich scharte, von denen er sich sogar besser verstanden wußte als von den Jüngern, müssen wir Frauen uns erst mühsam erarbeiten.*
- *Daß wir als Frauen in den Briefen christlicher Schreiber nicht angesprochen werden, da diese nur die »lieben Brüder« der Gemeinde berücksichtigen, daran hatten wir uns schon allzu lange gewöhnt. Warum sich aber Jesus auf seinem letzten Gang ans Kreuz nur noch an die Töchter Jerusalems wandte, ohne die Söhne zu berücksichtigen, beginne ich ganz allmählich zu verstehen.*
- *Daß es der Frau geziemt, zu schweigen und ihr Leben im Dienst an Mann und Frau zu verbringen, glauben bis heute*

noch viele Frauen und Männer. Daß Jesus aber nur dem Mann das Dienen *empfiehlt zur Heilung seiner Großmannssucht und niemanden so* eindeutig *zur Verkündigung an seinen Brüdern beauftragt wie die Frau,* das *ist fast allen gläubigen Christen bis heute entgangen.*

Durch zwei Jahrtausende hindurch waren es Männer, die für uns Frauen verbindliche Seins- und Glaubensinhalte ausgewählt haben. Sie konnten darüber nachdenken, was für uns gut und richtig ist. Wir waren zum Nachbeten da. Leider ist das vielen von uns zur Gewohnheit geworden, die wir aber ablegen müssen, wenn wir uns selbst wiederfinden und retten wollen. Wir müssen uns aufmachen, um das Göttliche ganz neu zu suchen. Denn: Nur wer sucht, die findet. Für die Nachbetenden gibt es nichts zu finden.

Doch bevor wir etwas Neues suchen und finden können, müssen wir uns die Hintergründe unserer religiösen Problematik bewußtmachen. Wir müssen das Ausmaß unserer tiefen Seinsentfremdung erkennen, die genau das Gegenteil von dem darstellt, wozu Religion eigentlich da ist: zur »religio« nämlich, zur Rückbindung an das tiefere Sein.

In der Geschichte des Christentums hatte der christliche Glaube für Männer insgesamt eine ganz andere Funktion als für Frauen, drückte sich aber auch selbst unterschiedlich aus. Dieses Problem hat bereits vor einigen Jahren Ulrich Mann beschrieben. Er geht davon aus, »daß Männer die Geschichte und das heißt nunmehr die Kirchengeschichte machen. Frauen sind offenkundig an der Ecclesia militans et triumphans desinteressiert, sie sind weit mehr der Mystik verbunden als die männlichen Hierarchien, die mehr dem Mythologismus (der Verarbeitung und Festlegung des Mythos, C.M.) verschrieben sind. Männer sind es, die die sichtbare, institutionalisierte Kirche machen, Männer machen das Dogma – und den Dogmatismus, Männer machen Kreuzzüge und Ketzerverfolgungen. Auf die klare Unterscheidung von sichtbarer und unsichtbarer Kirche kommt also alles an, wenn der Glaube des Mannes lebendig und rein erhalten bleiben soll. Doch auf dieselbe Unterscheidung kommt es auch anscheinend an, wenn der Glaube der Frau lebendig und rein erhalten werden soll.«[2]

Abgesehen von den kritischen Anfragen, zu denen sicherlich die Worte Manns eine ganze Reihe von Frauen reizen müssen, enthalten sie doch auch für uns recht interessante und wertvolle Hinweise und für einen Mann erstaunliche Einsichten, die manchem Bischof zu wünschen wären. Immerhin sagt er, daß das männliche Geschlecht für das verantwortlich ist, was wohl historisch gesehen »christlich« genannt werden, von einem ethischen Standpunkt aus betrachtet und vom Reden und Handeln Jesu aus gemessen aber als äußerst unchristlich angesehen werden muß. Nicht wo es Macht zu erringen gibt, ist die Frau im Christentum zu finden, sondern dort, wo es um das Wesen des christlichen Glaubens geht, als das die Mystik in allen Religionen gilt. Wie Mann andeutet, hat also die sichtbare Kirche nur sehr wenig mit dem Eigentlichen des christlichen Glaubens zu tun. Obwohl sie sich als dessen Wahrerin ausgibt, steht sie ihm doch weitaus mehr im Wege und verkörpert eher das genaue Gegenteil.

Damit wird aber auch deutlich, daß das Dilemma der Frau im christlichen Glauben weniger ein Frauenproblem als vielmehr ein grundlegendes Problem des Christentums überhaupt ist; denn hier proklamiert eine Religion eine Ethik, an die sie sich selbst nie gehalten hat und auch heute nicht hält. Genau wie bei politischen Parteien wird auch hier Etikettenschwindel betrieben. Als Wahrerin christlicher Werte tut die Kirche kaum mehr als ein Museumsdirektor, der ein bestimmtes Traditionsgut in einem bestimmten Rahmen präsentiert und es doch gleichzeitig vor allzu Neugierigen schützt und darauf achtet, daß Unerwünschte sich in respektvoller Entfernung halten.

Wenn wir Frauen das nicht länger mitmachen und uns unser christliches Traditionsgut etwas genauer betrachten, können wir feststellen, *wie* tiefgreifend und problematisch das Dilemma des christlichen Glaubens ist, über das hinwegzusehen uns auf vielfältige Weise anheimgestellt wird.

Das Dilemma des christlichen Glaubens

Um das christliche Glaubensproblem besser veranschaulichen zu können, möchte ich mit einem griechischen Mythos beginnen, der uns zeigen kann, daß es sich bei unserer Problematik nicht etwa um ein spezifisch christliches Problem handelt, sondern um einen allgemein feststellbaren Prozeß, der mit der zunehmenden Patriarchalisierung älterer Kulturen und ihrer Weisheitslehren zusammenhängt. Dieser Trend zur Dominanz patriarchaler Vorstellungen kann im ganzen antiken Kulturraum beobachtet werden. Daher veranschaulicht der nachfolgende Mythos etwas, was sich in gleicher Weise im christlichen Glauben ereignet hat, der ja von Anfang an in der Auseinandersetzung mit griechischen Vorstellungen stand.

Metis, die Tochter der Meeresgöttin Tethys, ist die alte griechische Göttin der Weisheit, die die Menschen unterwies, lange bevor es die patriarchale Weisheitsgöttin Athene gab. Metis wird von Zeus, dem Spätankömmling im griechischen Pantheon, begehrt, doch sie entzieht sich ihm. Dabei nimmt sie vielerlei Gestalten an. Dennoch gelingt es Zeus, sie zu schwängern. Das Orakel verkündet die Geburt einer Tochter, der später als weiteres Kind ein Sohn folgen soll. Von diesem heißt es, daß er Zeus entthronen würde. Um dies zu verhindern, verfällt Zeus auf eine List: Er stellt in Frage, daß es Metis möglich sei, sich in jegliche Gestalt zu verwandeln, so zum Beispiel in die einer Fliege.

Um ihn von ihrer uneingeschränkten Wandlungsfähigkeit zu überzeugen, nimmt Metis die Gestalt einer Fliege an. Mit honigsüßen Worten lockt Zeus sie auf sein Lager und verschlingt sie, auf daß er sie immer bei sich habe und sie ihm ihre weisen Ratschläge erteilen möge, aber auch, damit sie ihm mit ihren Nachkommen nicht mehr gefährlich werden kann.

Als Metis von ihrer Tochter entbunden wird, bemächtigen sich rasende Kopfschmerzen des Zeus. Er meint, sein Schädel würde ihm zerspringen. Auf sein Wehklagen über den Schmerz eilt Hermes herbei, der sofort den Grund des

Schmerzes erfaßt. Er holt Hephaistos, den Schmied, der das Haupt des Zeus mit einer Axt öffnet. Heraus springt in voller Rüstung und bewaffnet Athene, die neue Göttin der Weisheit.

Zeus aber behält Metis in seinem Leib, auf daß er sich fortan bei allen Entscheidungen auf ihren weisen Ratschluß berufen kann.

Ähnlich wie der alten Weisheitsgöttin Metis erging es auch jener Weisheit, die mit Jesus (wieder einmal) auf die Erde kam. Das Patriarchat versuchte, sich auf vielerlei Weise mit ihr zu verbinden, bis es sie schließlich durch Umgestaltung so weit reduziert hatte, daß es ihm ein leichtes war, sie zu verschlingen. Was dann wieder hervorkam, war das patriarchale Christentum, das sich in voller Rüstung, ähnlich der Athene, mit dem Schwert in der Hand die Welt eroberte. Der als Kirche neu erstandene »Leib Christi« behielt die Weisheit Jesu unverdaut im Bauch und sorgte dafür, daß sie sich nicht weiter fortpflanzen konnte, indem sie unter die Menschen ging. Der Kirche blieb es vorbehalten, sich auch weiterhin auf den »weisen Ratschluß Gottes« zu berufen.

Es ist traurig, aber wahr: Die Geschichte des christlichen Glaubens ist zugleich ein langer Verfremdungsprozeß, der bis in die Gegenwart reicht. Am Anfang steht das Handeln Jesu, sein Umgang mit den Menschen, seine Lehre in Gleichnissen und Geschichten, mit denen er göttliche Offenbarungen und Seinsweisen veranschaulicht, seine Auslegung der jüdischen heiligen Schriften sowie seine Kritik am Bestehenden. Das gesprochene Wort wird tradiert und schließlich schriftlich fixiert.

Von Jesus selbst haben wir nichts Geschriebenes, nichts Authentisches, auf das wir uns berufen könnten. Von ihm heißt es nur einmal, daß er in den Sand schrieb, wo der Wind die Worte schon bald wieder verwehen konnte. Wollte er so ihre Vergänglichkeit dokumentieren? Wir können es nicht wissen.

Die Frage Friedrich Hebbels, warum Christus nicht schrieb, wenn er die Evangelien wollte, erscheint mir nicht unberechtigt; denn aus den neutestamentlichen Schriften entstand letztendlich eine Dogmatik, die gerade das zum unveräußerlichen Glaubensgut erhob, was am wenigsten greifbar und nachvollziehbar ist, was geglaubt werden muß, weil es nicht mehr gewußt werden kann.

Die wesentlichsten Inhalte der christlichen Dogmen sind die Dreieinigkeit Gottes, die in ausschließlich männlichen Kategorien gedacht wird und zu glauben ist, die vaterlose Entstehung Jesu aus dem Geist Gottes, sein Sterben am Kreuz für die Sünden der Welt sowie seine Auferweckung am dritten Tage durch Gott, seinen Vater, der ihm das Richteramt über die Lebenden und die Toten übertrug.

Durch die schriftliche Fixierung wurde aus dem Menschensohn, als der Jesus sich selbst bezeichnete, der Gottessohn. Aus dem unehelichen Sohn der Maria, der von sich sagte: »Ich richte niemand«, wurde der Weltenrichter. Aus dem Menschen, der mit Sünderinnen und Zöllnern zu Tische saß und feierte, wurde der Logos, das göttliche Wort, das immer stärker entsinnlicht wurde und damit seinen Sinn verlor. Der Frage Hebbels[*] könnten wir eine zweite hinzufügen: Warum lehrte Jesus keine Dogmatik, wenn es ihm um den Glauben an Dogmen ging? Statt dessen erzählte er immer wieder Geschichten, deren Bilder vielfach dem Alltagsleben einfacher Menschen entstammten.

Im Laufe der christlichen Überlieferungsgeschichte fand eine totale Schwerpunktverschiebung statt. Jesus, der die Menschen von der Tyrannei des Gesetzes befreien wollte und das Ende der Herrschaft des Menschen über den Menschen verkündete und vorlebte, der sich den Armen in besonderer Weise verpflichtet fühlte, dieser Jesus wurde zum Popanz der Tyrannen, zum Emblem der Herrschenden und zum Aushängeschild der Reichen. Aus seiner Lehre von der befreienden Wirkung der Wahrheit wurde ein Dogmengebilde, mit dem der Glaube gerade für jene Inhalte festgeschrieben wurde, die aufgeklärten Geistern immer zweifelhafter erschienen und daher selbst von Theologen in Frage gestellt wurden.

Kaum einer von ihnen glaubt heute noch an die biologische Vaterlosigkeit Jesu. Sein Kreuzestod wird heute zum Anlaß für die unterschiedlichsten Interpretationen genommen, wie ein Blick auf die theologische Literatur der letzten

Jahrzehnte zeigt. Seit Bultmann wagt wohl auch kein Theologe mehr, von der leiblichen Auferstehung Jesu zu sprechen, die seinerzeit mit der Geschichte vom leeren Grab bewiesen werden sollte. Aufgeklärte Theologen sprechen statt dessen von der Auferstehung Jesu in die Verkündigung. Auf diesem Hintergrund stellen sich Fragen an das christliche Glaubensbekenntnis.

Warum wurde nicht statt dubioser Lebensdaten die jesuanische Ethik, die weitaus eher wert ist, memoriert zu werden, in einer Art Bekenntnis zusammengefaßt? Sind nicht Worte wie: »Die Wahrheit wird euch frei machen«, oder: »Wer Wind sät, wird Sturm ernten«, oder: »Ihr könnt nicht Gott dienen und dem Mammon« eher wert, behalten und beherzigt zu werden als beispielsweise das: »Niedergefahren zur Hölle« (heute: »Hinabgestiegen in das Reich des Todes«) aus dem Glaubensbekenntnis? Hierher gehört auch die Tatsache, daß durch viele Jahrhunderte hindurch die Abendmahlsformel: »Denn wer unwürdig ißt und trinkt, der ißt und trinkt sich selbst zum Gericht«[3] gesprochen wurde, die noch der älteren Generation Angst einflößte und viele aus den Gottesdiensten trieb. Dabei handelt es sich hier nicht einmal um Worte Jesu, die er möglicherweise bei seinem Abschiedsmahl gesprochen haben könnte. Dahinter verbergen sich vielmehr Ermahnungen des Paulus an die Gemeinde zu Korinth, in der es üblich war, daß sich die Wohlhabenderen bereits tagsüber zum Essen trafen. Wenn dann die Tagelöhner sich am Abend zu ihnen gesellten, war für sie kein Essen mehr vorhanden. Am Wein hatte man sich berauscht. Diese »Abendmahlspraxis« wird von Paulus kritisiert, indem er fragt: »Habt ihr nicht Häuser, da ihr essen könnt? Oder verachtet ihr die Gemeinde Gottes und beschämt die, die nichts haben?«[4] Durch das Abendmahl sollten nicht die krassen sozialen Unterschiede ihre trennende Wirkung zeigen, denn das hieße »unwürdig essen und trinken«. Statt dessen sollte es die Gläubigen verbinden und die Gemeinschaft bekräftigen. Aus diesem Zusammenhang gerissen und zur Abendsmahlsformel erhoben, mußten diese Worte viel Unheil anrichten und Schuldgefühle verursachen, denn wer konnte sich schon »würdig« fühlen, dieses Mahl zu sich zu nehmen?

Warum aber, so müssen wir uns fragen, wurden jene aus dem Zusammenhang gerissenen Worte des Paulus um so vieles wichtiger als die Worte Jesu, mit denen er in der Bergpredigt fordert, nur dann Opfer zu bringen, wenn man mit seinem Bruder ausgesöhnt ist[5]? Stellen wir uns den Einfluß vor, den diese zur Gottesdienstformel erhobenen Worte Jesu möglicherweise auf die Kollekten gehabt hätten! Sie wurden daher nicht für wert erachtet, sich dem Gedächtnis der Gläubigen einzuprägen. Sicher wären die finanziellen Einbußen kirchlicherseits nicht zu verantworten gewesen, während man sich um die Angst der Menschen keine Sorgen machte. Ganz allgemein können wir feststellen, daß Worte und Taten Jesu rasch in den Hintergrund rückten und denen des Paulus Platz machten. Bei der Auswahl von Predigttexten erfreute er sich bei seinen Nachfolgern allergrößter Beliebtheit. Wie konnte das geschehen? Eine Gegenüberstellung paulinischer und jesuanischer Worte vermag uns rasch Aufschluß über diese Frage zu geben:

Paulus weiß, daß die Christen die Welt richten werden[6]. Jesus hingegen lehrt: »Richtet nicht, auf daß ihr nicht gerichtet werdet.«[7]

Paulus weiß, daß weder die Hurer noch die Ehebrecher das Reich Gottes ererben werden[8]. Jesus hingegen sagt zu den Hohenpriestern und Ältesten des Volkes: »Die Zöllner und Huren mögen wohl eher ins Himmelreich kommen denn ihr.«[9] In der Ehe sieht Paulus eine Stätte des Brunstverhaltens, die eingegangen werden soll, um Hurerei zu vermeiden[10]. Für Jesus ist sie eine von Gott gestiftete Einheit[11]. Besonders deutlich werden die Unterschiede, wenn es um die Frau geht. Um ihre Zweitrangigkeit, aus der ihre Pflicht zur Unterordnung folgt, herauszustellen, zitiert Paulus den zweiten Schöpfungsbericht[12], nach dem Eva aus der Rippe Adams entstanden ist[13]. Jesus hingegen bedient sich des ersten Schöpfungsberichts[14], um die Gleichrangigkeit und Gleichberechtigung von Frau und Mann herauszustellen[15]. Aus dem zweiten Bericht zitiert er lediglich jenen Vers, der matriarchale Verhältnisse beschreibt, nach denen der Mann seine Familie verlassen mußte, um in die Familie der Frau einzuheiraten[16]. Mit diesem Vers will Jesus die Einheit und Zusammengehörigkeit beider Geschlechter hervorheben, die durch die Ehe entsteht. Noch ein letztes Beispiel soll zeigen, daß Welten liegen zwischen der Einstellung des Paulus und jener Jesu, die dort am krassesten zutage treten und wohl auch wirkungsgeschichtlich am bedeutsamsten sind, wo es um die Frau geht. Paulus verbietet den Frauen, in den Gemeinden zu reden[17], was schließlich zum generellen Lehrverbot für die Frau führt, das seine Schüler aussprechen[18]. Bei Jesus finden wir keine diesbezügliche Aussage. Er beauftragt ganz im Gegenteil die Frau nach allen vier Evangelisten zur Verkündigung seiner Auferstehung an die Brüder. Dabei handelt es sich eigentlich um *den* Lehrauftrag par excellence, wenn wir der Auferstehung jenen Stellenwert zumessen, den sie für Paulus hat.

Das Fazit des hier aufgezeigten Umwandlungsprozesses zieht der Religionshistoriker Wilhelm Nestle, der schreibt: »Christentum ist die von Paulus gegründete Religion, die an Stelle des Evangeliums Jesu ein Evangelium von Jesus setzt.«[19] Und ergänzend möchte ich hinzufügen: Nicht nur *ein* Evangelium, sondern *sein* Evangelium von Jesus, das sich ja in beträchtlichem Maße von jenem der Evangelisten unterscheidet. Trotzdem wurden in der christlichen Tradition die Lehren Jesu und die des Paulus, den ein Theologe einen »Klassiker der Intoleranz« nennt, unterschiedslos zum »Wort Gottes« erklärt und damit einem Pseudochristentum der Weg bereitet, an dem die Kirche bis heute krankt.

Wie konnte es aber geschehen, so müssen wir uns heute fragen, daß Paulus und seine Lehren die Kirche prägten und nicht der Jesus der Evangelisten? Zur Beantwortung dieser Frage müssen wir uns noch weiter bei den frühchristlichen Schreibern umsehen.

Gerade die letzten Beispiele haben ja gezeigt, daß es im christlichen Glauben paulinischer Prägung eine geschlechtsspezifische Lehre gibt, die durch zwei Jahrtausende hindurch zu Lasten der Frau ging und die wirkungsgeschichtlich so bedeutsam werden konnte, weil ihr das Prädikat einer göttlichen Offenbarung zugesprochen wurde. Formal erhielten zwar auch die Worte Jesu dieses Prädikat, inhaltlich wurden sie jedoch geflissentlich übergangen. Sie wurden – um mit dem griechischen Mythos zu sprechen – vom christlichen Papst und seinen Epigonen, das heißt von Paulus und seinen Schülern, aber wohl auch von seinen Jüngern verschluckt und in unkenntlicher Form wieder hervorgebracht. Noch anders ausgedrückt könnten wir sagen, daß mit Paulus und seiner Schule eine Vermännlichung oder Patriarchalisierung der weiblich-matriarchalen Einstellung und Lehre Jesu vorangetrieben wurde. Ähnliches hat auch der Theologe Georg Koepgen festgestellt. Bei Jesus erkennt er eine ungebrochene Einheit von männlichem und weiblichem Beieinander, die Paulus nicht mehr fortsetzt. Über ihn schreibt er: »Schon in seinem größten (!) Jünger Paulus ist diese Harmonie zerstört. Paulus ist ein ausgesprochener männlicher Typus.«[20]

Wir können also nicht länger von *dem* christlichen Glauben sprechen, wenn wir nicht gewillt sind, die Reduzierung im Glaubensbekenntnis hinzunehmen, und uns auf das Traditionsgut des Neuen Testaments beziehen. Statt dessen müssen wir berücksichtigen, daß es zwei Hauptstränge gibt, die in ihrer Gegensätzlichkeit am klarsten in paulinischen und jesuanischen Aussagen zutage treten. Bei genauerem Hinsehen müssen wir allerdings noch feiner differenzieren. Wir dürfen nicht vergessen, daß auch die Evangelisten patriarchale Männer waren, durch deren eigene Auffassung die Lehren Jesu häufig überlagert wurden.

Dazu ein Beispiel: Matthäus und Markus geben ein recht ausführliches Lehrgespräch wieder, das die Pharisäer mit Jesus über die Ehescheidung führen. Wie die historisch-kritische Forschung gezeigt hat, lag dem Schreiber des Matthäusevangeliums der Markustext bereits vor. Er schrieb daraus teilweise wortwörtlich ab, häufig aber ergänzte er seinen eigenen Text oder veränderte die Markusvorlage für sich. Die Änderungen, die er in diesem Lehrgespräch vornahm, sind recht aufschlußreich und lassen einige Schritte auf dem Weg zur Patriarchalisierung der Worte Jesu ganz klar erkennen. Im Anschluß an das Gespräch mit den Pharisäern wird Jesus von den Jüngern im kleineren Kreis zu dem Problem der Ehescheidung befragt. Ihnen antwortet er nach Markus[21]: »Wer eine Frau entläßt und eine andere heiratet, begeht ihr gegenüber Ehebruch. Und wenn *sie* ihren Mann entläßt und einen anderen heiratet, begeht sie Ehebruch.« Bei Matthäus lautet die Antwort Jesu: »Wer seine Frau entläßt, *außer wegen Unzucht*, und eine andere heiratet, begeht Ehebruch.«[22] Ganz klar fügt Matthäus hier eine Einschränkung in das uneingeschränkte Scheidungsverbot ein, das von Markus überliefert wird. Das Vorstellungsraster des Schreibers ist patriarchalisch und frauenfeindlich, denn es wird nur einseitig von der Unzucht der Frau ausgegangen; die des Mannes steht nicht zur Diskussion und ist daher nicht scheidungsrelevant. Sie bietet auch weiterhin *nur* dem Mann einen Scheidungsgrund. Der Markustext geht außerdem davon aus, daß auch die Frau ihren Mann aus der Ehe entlassen kann, was den gängigen jüdischen Rechtsauffassungen widersprach. Von ihnen kann der Schreiber des Matthäustextes sich nicht lösen und läßt daher diesen Satz fort. An diesem Beispiel wird deutlich, daß die Lehren Jesu auch von den Evangelisten, wenn auch in unterschiedlichem Maße und an verschiedenen Stellen, bereits zuungunsten der Frau verändert wurden. Dieser Prozeß setzt sich beinahe ununterbrochen mit jedem Redaktor, Abschreiber und Übersetzer bis in unsere Zeit fort[23]. Wir können also mit recht sagen, die Abfassung und Kanonisierung des sogenannten »Wortes Gottes« ist eine einzige Abwehr gegen die frauenfreundliche Haltung Jesu, zu der auch die Parteilichkeit zugunsten anderer unterdrückter Gruppierungen wie zum Beispiel der Kinder gehört. Gerade diese für Jesus so typische Haltung war das eigentlich Revolutionäre, das Neue an ihm, das zur Hoffnung Anlaß gab, er könne die Patriarchatsgesellschaft seiner Zeit revolutionieren. Doch hatten bereits seine Jünger Schwierigkeiten mit dieser Haltung, wie ich noch anhand von Belegstellen zeigen werde, die davon berichten, daß ihr Verhalten den Frauen gegenüber Jesus veranlaßte, seine Jüngerinnen vor ihnen in Schutz zu nehmen.

Überhaupt fällt auf, daß trotz patriarchaler Überlagerung die Evangelisten nicht *eine* Ermahnung aus dem Munde Jesu an die Adresse von Frauen überliefern. An die Adresse von Männern gibt es deren eine ganze Reihe, die sogar noch durch Beschimpfungen verstärkt werden. Pharisäer und

Schriftgelehrte nennt er »Heuchler« und »Otterngezücht«[24]. Aber auch an seine Jünger richtet er diverse Ermahnungen wegen ihres Unverständnisses. Nichts dergleichen wird im Umgang mit Frauen erkennbar, was sicher nicht damit zu erklären ist, daß Jesus ein Gentleman gewesen sei.

Auf seine Nachfolger träfe nicht einmal das zu, denn sie kehren dieses Verhältnis völlig um. Wenn sie auch mit Jesus darin übereinstimmen, daß die Herren der Schöpfung der Ermahnungen bedürfen, so sind sie doch gleichzeitig der Meinung, Frauen bedürften ihrer um so mehr. Das geht aus einer von Anton Mayer erstellten Übersicht hervor, zu der er bemerkt: »Wiederum (wie schon in der Sklavenfrage) schonen die Prediger die Starken, die der Ermahnung am bedürftigsten sind, wiederum ermahnen sie die Schwachen häufiger als die Starken, dreimal so häufig; auch hier ›vergißt‹ einer, die Starken überhaupt zu ermahnen.«[25]

Mahnworte an die	Kol 3, 18f.	Eph 5, 22ff. 28.33	1 Tim 5, 5f. 9–14	Tit 2 2–6	1 Petr 3 1ff.	total	%
Männer	10	36	0	17	27	90	25
Frauen	9	44	105	35	74	267	75

Der hier klar erkennbare frauenfeindliche Trend, der mehr oder weniger stark das ganze Neue Testament durchzieht, beschränkt sich nicht auf dieses, sondern setzt sich im Kanonisierungsprozeß fort.

Das Wort Gottes als Ergebnis eines patriarchalen Selektionsprozesses

In der frühchristlichen Gemeinde wäre wohl niemand auf die Idee gekommen, die Briefe eines Paulus oder die seiner Schüler als »Wort Gottes« anzusehen, wie das später geschehen ist. Dasselbe gilt für die Evangelien, die aus einer Fülle christlicher Evangelien ausgewählt wurden. Gemessen an den im Umlauf befindlichen Schriften der ersten christlichen Jahrhunderte, stellen jene 27 des Neuen Testaments nur eine recht kleine Auswahl dar. Diese Auswahl ist das Ergebnis eines langen Kampfes, der erst am Ende des 4. Jahrhunderts beendet wurde. Bis dahin zählte die nordafrikanische Kirche zum Teil andere Texte zum Kanon als die römische und diese wiederum andere als die östliche. »Erst um die Wende zum 5. Jahrhundert, auf den Synoden von Rom 382, Hippo Regius 393 und Karthago 397 und 419, wurde der Umfang des Neuen Testaments definitiv bestimmt. 27 Schriften galten von nun als vom Heiligen Geiste inspiriert, als göttlich und irrtumslos, kurz als kanonisch. Auch den apostolischen Ursprung behauptete man von allen. Der terminus technicus fürs Gegenteil wurde apokryph, Generaletikett für alles, was die Kirche an altchristlichem Schrifttum, verwarf.«[26]

In den neutestamentlichen Apokryphen, dem »verborgenen« christlichen Schrifttum, könnten wir demnach so etwas wie den verdrängten Schatten des Christentums sehen. Wen wundert es, daß dazu auch eine Reihe gnostischer Texte gehören, in denen nicht nur Frauen als gleichberechtigt angesehen werden, sondern aus denen auch hervorgeht, daß frühchristliche Kreise ebenfalls eine weibliche Gottheit neben dem Vatergott verehrt haben, mal unter dem Namen Barbelo, mal als Sophia oder auch als androgyne Allgöttin, als dreigestaltige Protennoia.

Die frühchristliche Bewegung ist ein buntschillerndes Gebilde und hat, wie gesagt, ein ebenso vielfältiges Schriftgut hervorgebracht, das die orthodoxen Kirchenväter (Kirchenmütter wurden nicht tradiert, sondern verketzert) auf ein ihnen genehmes Maß reduzierten. Daß es sich bei diesen von den Orthodoxen abgelehnten Glaubensrichtungen, die sich ebenfalls als Christen verstanden, keinesfalls um eine unbedeutende sektiererische Minderheit gehandelt haben kann, zeigt die Klage des orthodoxen Bischofs von Lyon, Irenäus, darüber, daß Ende des 2. Jahrhunderts »ihre Schriften bereits weite Verbreitung gefunden hätten – von Gallien bis Rom, Griechenland und Kleinasien«[27].

Dieses gnostische Schrifttum, von dem ein großer Teil 1945 in Oberägypten gefunden wurde – es handelt sich um die sogenannten Nag Hammadi-Texte –, enthält ein »Evangelium der Maria«, in dem ganz deutlich das frühe Auseinandertreten beschrieben wird, das sich zwischen den Orthodoxen, hier vertreten durch Petrus, und den Gnostikern vollzogen hat, die durch Maria Magdalena vertreten sind. Der Text erzählt, wie die Jünger den Tod Jesu betrauern und um ihr eigenes Leben fürchten. Maria Magdalena will sie trösten und ermutigen und erinnert sie an Christi fortdauernde Anwesenheit bei ihnen, die sie selbst immer wieder in Visionen und Offenbarungen erlebt. Petrus belacht ihre Worte, denen auch die anderen Jünger mit Mißtrauen begegnen. Schließlich erwidert Maria unter Tränen: »... mein Bruder Petrus, was glaubst du denn? Glaubst du, ich habe das selbst ersonnen in meinem Herzen? Glaubst du, ich lüge über den Erlöser?« Daraufhin mischt sich Lewi ein mit den Worten: »Petrus, du bist von jeher aufbrausend gewesen ... Wenn der Erlöser sie aber würdig gemacht hat, wer bist denn du, daß du sie verwirfst?«[28] Diese Szene veranschaulicht recht deutlich, was sich zu Beginn der christlichen Glaubenstradition abgespielt hat: Frauen machten die Erfahrung, daß der physische Tod ihnen den Jesus, den sie kennen- und liebengelernt hatten, nicht wegnehmen kann. Der innere Kontakt bleibt. Durch die Frauen wurden auch den Männern solche Erfahrungen möglich. Schätzen lernten sie sie allerdings erst, nachdem sie sie als Macht- und Legitimierungsmittel entdeckt hatten. Das zeigt der Gebrauch der paulinischen Formel: »Bin ich nicht Apostel? Habe ich nicht den Herrn gesehen?«[29] Während die Visionen der Frauen von Männern lächerlich gemacht und als »seltsame Ideen« oder auch »Weibergewäsch« oder »Märlein« abgetan wurden, kommen später jene Visionen der Männer einer Berufung zum Apostelamt gleich. Bei Paulus besteht daher gar kein Interesse, die Visionen der Frauen schriftlich zu erwähnen. Daß sie dann später doch in die Evangelien aufgenommen wurden, verdanken wir möglicherweise dem Umstand, daß sie in gnostischen Kreisen erwähnt und schriftlich fixiert wurden, so daß diese Überlieferungstradition sich einfach nicht unterdrücken ließ und die Evangelisten gezwungen waren, diese zum christlichen Allgemeingut gehörenden Informationen auch in ihre Texte mit aufzunehmen. Dennoch trugen die Orthodoxen Sorge dafür, daß sich der Glaube durchsetzte, Petrus sei der erste Zeuge der Auferstehung gewesen und daher der rechtmäßige Führer der Kirche. Mit anderen Worten: »... nur bestimmte Auferstehungserscheinungen verleihen denen, die sie empfangen haben, tatsächlich Autorität.«[30] Jene der Frauen werden ausgeklammert oder aber im nachhinein ergänzt durch ähnliche Geschichten, die von den Jüngern erzählt werden und die von Theologen teilweise als spätere Zusätze erkannt wurden.

Der Vergleich dieses gnostischen Textes mit unserer neutestamentlichen Überlieferung macht deutlich, weshalb der Text nicht in den Kanon aufgenommen wurde. Er läßt erkennen, daß Maria Magdalena eine hervorragende Stellung unter den ersten Christen gehabt hat, die von Petrus und anderen unterminiert wurde. In einer anderen gnostischen Schrift, dem »Dialog des Erlösers«, heißt es von Maria Magdalena: »...sie sprach als eine Frau, die das All kennt.«[31] Im gnostischen »Philippusevangelium«, das ebenfalls von der Rivalität zwischen den männlichen Jüngern und ihr berichtet, wird sie als Jesu engste Gefährtin und als das Symbol der göttlichen Weisheit beschrieben: »...die Gefährtin des [Erlösers ist] Maria Magdalena. [Aber Christus liebte] sie mehr als [alle] Jünger und pflegte sie [oft] auf den [Mund] zu küssen. Die anderen Jünger waren deshalb gekränkt... Sie sagten zu ihm: ›Warum liebst du sie mehr als uns alle?‹ Der Heiland antwortete und sprach zu ihnen: ›Warum liebe ich euch nicht wie ich sie liebe?‹«[32]

Welch ein Unterschied zwischen dieser Maria Magdalena als enger Lebensgefährtin Jesu und jener des Neuen Testaments, von der außer der (notgedrungenen) Berichterstattung über ihr Auferstehungserlebnis lediglich geschrieben steht, daß ihr Jesus sieben Teufel ausgetrieben habe und sie ihm nachfolgte[33]. Die Kirche machte aus ihr die bekehrte Prostituierte. Gleichzeitig erhob sie durch einen späteren Einschub Petrus zum Fels, auf dem Christus seine Gemeinde errichtet hat. Sie brauchte eine starke männliche Persönlichkeit, aus der sie später ihre eigene Macht legitimieren konnte, und dazu baute sie Petrus systematisch auf bei gleichzeitiger Abschwächung und Unterminierung der Bedeutung Maria Magdalenas. Mit Recht fragt daher Elisabeth Moltmann-Wendel, wie die Tradition wohl ausgesehen hätte, wenn die

Überlieferung aus Petrus einen Zuhälter gemacht hätte, das einzig passende Pendant zur Prostituierten.

Aber nicht nur die Männlichkeit christlicher Autorität galt es, durch eine entsprechende Auswahl des Kanons zu legitimieren, auch das christliche Gottesbild sollte in seiner Männlichkeit nicht angetastet werden. Nun sprechen aber eine Reihe der gnostischen Texte »von Gott als einer Zweiheit, die maskuline wie feminine Elemente in sich vereint. Eine Gruppe gnostischer Texte will eine geheime Tradition von Jesus über Jakobus und Maria Magdalena empfangen haben. Mitglieder dieser Gruppe beteten zum göttlichen Vater wie zur göttlichen Mutter: ›Von dir, Vater, und durch dich, Mutter, die zwei unsterblichen Namen der Welten Eltern, Himmelsbürger, hochgepriesener Mensch ...‹«[34]

Diese göttliche Mutter wird zum einen als »große Intelligenz«[35], zum anderen aber auch als Heilige Geistin beschrieben wie auch als Weisheit. Von dieser Geistin als *ruah* heißt es, sie sei »Mutter von vielen«[36]. Von ihr spricht auch Jesus im gnostischen Hebräerevangelium als von »meiner Mutter«[37].

Diese Beispiele zeigen, daß eines der Auswahlkriterien bei der Zusammenstellung der Schriften des Neuen Testaments die Marginalisierung des Weiblichen gewesen sein muß. Im 3. Jahrhundert schlug die Frauenfeindlichkeit voll durch und bestimmte in der Folgezeit die Entscheidungen im Hinblick auf jene Schriften, die als »Wort Gottes« bewahrt werden sollten, ganz wesentlich. Die gnostischen Schriften mußten fortan versteckt und im Wüstensand vergraben werden, damit die christlichen Verfolger der siegreichen Kirche sie nicht vernichten konnten.

Daß der Wüstensand sie ausgerechnet im Zeitalter des Feminismus freigibt, mag aus christlich-gnostischer Sicht als Wink der göttlichen Mutter gewertet werden, denn ihr muß der Sieg der Männlichkeit innerhalb der Kirche ein Greuel gewesen sein ...

Schauen wir uns an, wie er sich vollzog.

Die Patriarchalisierung der Kirche

»Ein Gott, ein Bischof: Die Politik des Monotheismus« überschreibt Elaine Pagels ihr Kapitel über die Ausgrenzung gnostischer Glaubensinhalte und Gruppierungen aus dem sich etablierenden orthodoxen, also rechtgläubigen, Christentum. Die Intoleranz und äußerst patriarchale Gesinnung der »Rechtgläubigen« hat sich von damals bis heute kaum geändert.

Wie ich gezeigt habe, war der Ein-Gott-Glaube für viele Gnostiker keine Selbstverständlichkeit, da sie nicht bereit waren, die weibliche Gestalt als Gottheit zu ignorieren, die in der Menschheitsgeschichte eine wesentlich längere Tradition hatte als der männliche Gott, der lange Zeit als ihr Sohn verehrt worden war, bis er sich dann im Zuge der patriarchalen Einverleibung matriarchaler Kulturen zum Vater aller Götter aufschwang und sie schließlich im Alten Testament kurzerhand zu Götzen erklärte und seine alleinige Göttlichkeit ausrief. Die Gnostiker sahen vielfach einen Gegensatz »zwischen dem Schöpfergott des Alten Testaments, der Gerechtigkeit fordert und jede Verletzung seines Gesetzes bestraft, und dem Vater, den Jesus verkündigt, dem neutestamentlichen Gott der Vergebung und der Liebe«[38]. Und so kommen sie zu dem Schluß, daß es sich bei dem Gott des Alten Testaments gar nicht um den wahren Gott handeln könne, sondern um die angemaßte Göttlichkeit eines niederen seelischen Wesens, das sie Demiurg nennen. Dieser Demiurg ist nach ihrer Auffassung »die Frucht eines Fehltritts«[39]. Sie nennen ihn »seelisch«, weil er die über ihm befindliche Kraft nicht anerkennt. Aus der Tatsache, daß dieser Gott von sich sagt: »Ich bin ein eifersüchtiger Gott« (2. Mose 20, 5), deutet er nach ihrer Auffassung bereits an, daß »noch ein anderer Gott existiert. Denn wenn es keinen anderen gäbe, worauf könnte er eifersüchtig sein?«[40] Aus den Worten: »Ich bin Gott, es gibt keinen außer mir«[41], lesen Gnostiker den Hochmut und die Unwissenheit dieses Gottes heraus. Sie beschreiben, wie diese Worte »vor die Unvergänglichkeit« gelangen, aus der die Sophia ihm entgegnet: »Du irrst dich,

Samael, was der Gott der Blinden bedeutet. Seine Gedanken waren blind.«[42] Weiterhin verkündet ihm die Sophia: »... am Ende eurer Werke wird man den ganzen Mangel auflösen, der aus der Wahrheit in Erscheinung getreten ist. Er wird vergehen, und es wird sein, als ob er niemals entstanden wäre.« Und der Text fährt fort: »Als die Pistis (Sophia, C.M.) dies gesagt hatte, zeigte sie in dem Wasser die Gestalt ihrer Größe. Und dann kehrte sie wieder zurück hinauf zu ihrem Lichte.«[43]

In mehreren gnostischen Texten werden diese Dialoge zwischen dem alttestamentlichen Gott und der Sophia weitergegeben. Sie wird auch im Alten Testament als »Chochma« (Weisheit) an vielen Stellen erwähnt. Wenn sie auch dort noch aller Schöpfung vorausgeht[44], so wird sie dennoch Jahwe unterstellt. Dieser Umkehrungsprozeß, in dem das primäre Weibliche dem sekundären männlichen Prinzip unterstellt wird, kann in fast allen Religionen nachgewiesen werden.

Die Gottesfrage war also für die frühen Christen noch keinesfalls gelöst. Auch die einsame Männlichkeit des christlich-trinitarischen Gottes, der im 4. Jahrhundert zum Dogma erklärt wurde, war noch unbekannt. Christliche Zeugnisse aus Syrien zeigen, daß dort die Heilige Geistin verehrt und die Diakonisse als ihr menschliches Abbild angesehen wurde. Auch innerhalb der Trinität blieb die Geistin für manche Kirchenväter noch weiblich, sahen sie doch in ihr (der Trinität) ein Abbild der Heiligen Familie: Vater, Mutter, Kind – eigentlich ein sehr schönes Bild für das Göttliche. Dennoch gab es auch bei Gnostikern den Hang zum Monotheismus, der das Ergebnis einer Ausschaltung des weiblichen Prinzips war, also auf einer Reduktion beruhte und nicht auf der Hervorhebung der Einheit in der Vielfalt. In Anlehnung an die alttestamentliche Bekenntnisformel lehrten sie: »Euer Vater, der im Himmel ist, ist einer.«[45]

Wie sich nachweisen läßt, sind solche theologischen Entscheidungen auch immer ein Politikum, da soziales und theologisches Denken korrespondieren. »Kennzeichnenderweise bestätigten die Orthodoxen in der zweiten Hälfte des zweiten Jahrhunderts, als sie auf dem ›einen Gott‹ bestanden, auch das Herrschaftssystem, wonach die Kirche von ›einem Bischof‹ regiert wird. Eine gnostische Modifikation des Monotheismus wurde als Angriff auf dieses System angesehen – und war vielleicht auch so angelegt. Denn als gnostische und orthodoxe Christen das Wesen Gottes erörterten, behandelten sie gleichzeitig auch die Frage der geistlichen Vollmacht.«[46] Diese wiederum wurde auf der Basis patriarchaler Vorstellungen entschieden, wobei die Vorstellungen des Alten Testaments Pate standen, nicht aber die Gleichnisse und Lehren Jesu. Man orientierte sich an einem Alleinherrscher, dem alle Menschen gehorchen müssen, der als Richter »das Gesetz festlegt, die Aufsässigen bestraft und die Gehorsamen belohnt«.[47] Um diese Herrschaft auf Erden ausüben zu können, delegiert Gott seine Regierungsmacht an Herrscher und Führer auf Erden. Auf dieser Vorstellung gründet die Unterteilung der Christen in Klerus und Laienschaft. Und wie es »nur einen Gott im Himmel gibt«, erklärt Ignatius, so kann es auch in der Kirche nur einen Bischof geben. »Ein Gott, ein Bischof« wurde zur Losung der Orthodoxen. Ignatius ermahnt die Laienschaft, dem Bischof Verehrung, Achtung und Gehorsam entgegenzubringen, »als ob er Gott wäre«. Denn der Bischof, der an der Spitze der kirchlichen Hierarchie steht, präsidiert »an Gottes Statt«[48]. *Gehorsam* gegenüber einer äußeren Macht wurde so zum Schlüsselbegriff des christlichen Glaubens der »siegreichen« Kirche, die nur siegen konnte über andere Gruppierungen, weil sie mit der Macht kollaborierte und von ihren ehemaligen Verfolgern abschaute, wie »Ketzer« zu verfolgen und zu vernichten sind. Und diese Ketzer waren in erster Linie gnostische Gruppierungen, denn sie hatten ja die falschen Machtansprüche des jüdischen Schöpfergottes durchschaut und auf seine eigene Unkenntnis zurückgeführt. Ihr Ziel war nicht der Gehorsam gegenüber äußeren Mächten, sondern eben »Gnosis«, die »Erkenntnis der wahren Quelle der göttlichen Macht – nämlich ›die Tiefe‹ alles Seins. Wer immer diese Quelle erkannt hat, erkennt gleichzeitig sich selbst und entdeckt seinen geistigen Ursprung: er ist zur Erkenntnis seines wahren Vaters und seiner wahren Mutter gelangt.«[49] Hier ist es also die eigene Einsicht der Menschen, die über ihre geistliche Vollmacht entscheidet, und nicht eine äußere Machtstruktur. Kein Wunder, daß der emanzipatorische Ansatz der Gnostiker bis heute Theologen und Kirchenmännern ein Dorn im Auge ist, so daß der Begriff »gnostisch« aus ihrem Munde ein Schimpfwort darstellt.

Was nun wirklich mit dieser Kirche gesiegt hat, ist ein männlicher Geltungsdrang, den Karlheinz Deschner sehr anschaulich beschreibt: »Obwohl das Neue Testament verbietet, Ehre von Menschen zu suchen, florierte im Christentum seit jeher ein außerordentlicher Geltungsdrang. Diskutierten doch schon die Apostel darüber, wer von ihnen der größte sei, und stritten wiederholt um die besten Plätze im ›Gottesreich‹, was man im 1. Jahrhundert allerdings noch peinlich empfand.

In nachapostolischer Zeit aber sollen die Priester bereits ›doppelter Ehre würdig geachtet werden‹. Mitte des 2. Jahrhunderts wollen die höheren Geistlichen nicht mehr als Brüder, sondern als Herren angesprochen sein, womit die in den heidnischen Priesterschaften übliche Anmaßung gegenüber den Mitmenschen auch auf die Kirche übergeht, in deren Dienern freilich *Gott* geehrt wird! Seit dem 3. Jahrhundert, mit dem die folgenschwere Scheidung in Kleriker und Laien einsetzt, titulieren die Geistlichen einander mit ›Herr‹. In Briefen wird jeder Bischof als ›heiliger Vater‹ angeredet; nennt ein Priester aber einen Laien ›Bruder‹, gilt es als besondere Ehre. Kirchenvater Clemens von Alexandrien mokiert sich schon über die schlechte Kleidung und das wenig gepflegte Äußere der Attispriester. Bischof Cyprian, aus einer sehr reichen, wenn auch nicht gerade vornehmen Familie stammend, erhebt zum erstenmal die Forderung, daß man vor dem Bischof ›wie einst vor den heidnischen Götterbildern aufstehe‹...

Eine Kirchenordnung dieser Zeit nennt den Bischof ›Abbild des allmächtigen Gottes‹, ›König‹, Herr ›über Leben und Tod‹, und will ihn in der Kirche, flankiert von seinen Priestern, auf einem Thron sitzen sehen, also genauso, wie man sich Gott im Himmel dachte...

Im 4. Jahrhundert tituliert dann ein Bischof den anderen ›Deine Heiligkeit‹, ›Deine Gottseligkeit‹; bekennt mit bewundernswerter Offenheit Gregor von Nazianz von der kirchlichen Praxis: ›Wer sich leicht besiegen läßt, wird verachtet. Wer sich erhebt, wird geehrt; wer sich vor Gott beugt, wird geschmäht.‹ Um die gleiche Zeit berichtet Kirchenvater Hieronymus von Leuten seines Standes: ›Ihre ganze Sorgfalt geht auf ihre Kleider, auch daß sie gut riechen und die Füße unter einer weißen Haut nicht aufschwellen. Die Haare werden gekräuselt, die Finger schimmern von Ringen, und damit ihre Fußsohlen kein feuchter Weg benetzte, rühren sie ihn kaum mit der Spitze an. (Die Übereinstimmung mit einem von Männern begehrten Weibchen-Typus ist unübersehbar. C.M.)

Spätestens im 4. Jahrhundert stellt man auch schon Ansprüche an die Abstammung der höheren Kleriker. Die Synode von Sardika (343) verlangt vom Bischof bereits ein gewisses Vermögen. Wer dies hatte, konnte allerdings rasch avancieren, und um so rascher, je größer es war ...«[50]

Solcher Art waren also jene Kirchenmänner, die zum einen darüber entschieden, was fortan als »Wort Gottes« zu verstehen war, und die zum anderen aus diesem göttlichen Wort wiederum das unveräußerliche Glaubensgut auswählten, das sie in Form von Dogmen festlegten, so zum Beispiel das Dogma von der männlichen Dreieinigkeit Gottes, das Jesus selbst unbekannt war. Die christlichen Dogmen machen deutlich, wie unverdaulich dem Gros seiner männlichen Nachfolger seine Botschaft und sein Handeln waren. Sie sind das Produkt der verschluckten Weisheit, um die es Jesus ging. Um diese Dogmen durchzusetzen, wurden die grausamsten Kriege geführt, so wie auch die dem Kopf des Zeus entsprungene Athene den Männern im Krieg voranzog. Von Anfang an war ihnen nicht an Jesus dem Menschensohn gelegen, der ihnen Menschlichkeit vorlebte, sondern an einem Gottessohn, der mit göttlicher Macht ausgestattet war und sie daran teilhaben ließ; den sie auf ihre Throne setzen wollten, um dann an seiner Statt darauf Platz nehmen zu können.

Bis heute hat sich an dieser Haltung nichts geändert. Kirchenmänner und Theologen halten an einer zwielichtigen Tradition fest und verweisen die theologischen Aussagen von Frauen in den Bereich der Ketzerei, wollen sie ausgrenzen aus der sogenannten »legitimen christlichen Theologie« und bezichtigen sie des »gewaltsam-verstiegenen« Umgangs mit der Bibel[51]. Auch das ist christliche Tradition. Von Anfang an haben die männlichen Nachfolger Jesu sich gegen Frauen gewandt, das heißt gegen ihre Art, zu fühlen, zu denken, zu glauben, zu verstehen, zu lieben und ihre Empfindungen zum Ausdruck zu bringen. Sie erlebten die Frau als »das ganz andere«. Während Jesus bereit war, von Frauen zu lernen, und ihre Verhaltensweisen als ethisch vorbildlich verkündete, verschlossen sich seine Jünger dieser Möglichkeit und zogen es vor, über Frauen zu herrschen, indem sie ihr eigenes Denken, Fühlen und Wollen absolut setzten, statt es durch jenes der Frau hinterfragen zu lassen. Frauen, die nicht bereit waren, sich ihren Glaubenssystemen zu unterwerfen, und auf einem eigenständigen Umgang mit dem christlichen Glauben beharrten, wurden durch zwei christliche Jahrtausende hindurch als Ketzerinnen gebrandmarkt bis hin zu ihrer Vernichtung. Legitimiert wurde dieses Vorgehen mit der »These von der leichten Verführbarkeit des weiblichen Geschlechts und der Nichtigkeit aller Frauenunternehmungen an sich«[52].

Vielleicht ist es so merkwürdig nicht, wie Leopold Zscharnack meint, »daß sich unter den sektiererischen und den häretischen Bewegungen des kirchlichen Altertums, des Mittelalters, ja selbst der Neuzeit nur wenige nennen lassen, in denen Frauen keine Rolle spielen«[53]. Die lange Aufzählung solcher Bewegungen beendet Zscharnack mit den Worten: »Man könnte mit der Aufzählung noch lange fortfahren und die Diakonissen der Katharer, die Priesterinnen der Waldenser nennen, schließlich für die neueste Zeit auf die Bedeutung des weiblichen Geschlechts für die Heilsarmee und andere moderne Bewegungen hinweisen (in Ermangelung einer feministischen Theologie – Zscharnack schreibt Anfang des Jahrhunderts – C.M.) zum Beweis dessen, daß die häretischen und sektiererischen Unternehmungen fast stets Emanzipationsbewegungen für die Frau waren. Hier kam sie seit den Zeiten des Gnostizismus, der ersten großen außerkirchlichen Bewegung, so hoch zu Ehren, daß sie in der Kirche, die jene verabscheute, immer mehr sinken mußte.«[54]

Vielleicht können wir jetzt die zuvor gestellte Frage beantworten, wie es dazu kam, daß die Kirche durch paulinische Schriften geprägt wurde und nicht durch Handeln und Lehre Jesu, als dessen Nachfolgerin sie sich doch nach wie vor ausgibt. Wie ich versucht habe zu zeigen, setzte sich in Paulus die patriarchale und damit auch immer frauenfeindliche Denkstruktur seiner Zeit durch, die Jesus zu durchbrechen und zu überwinden versucht hatte. Solange Frauen eine bedeutende Rolle im frühen Christentum spielten, galt dieses als eine »Religion der Liebe«, Feinde nannten sie auch eine »Religion der Frauen und Sklaven«. Doch wie überall im Patriarchat setzte sich auch hier männlicher Geltungsdrang durch gegen weiblichen Enthusiasmus als Ausdruck ihrer Liebesfähigkeit.

Es ist auffallend, daß das Zurückdrängen der Frau innerhalb der christlichen Gemeinden zusammenfällt mit dem Zurückdrängen charismatischer Ämter und der Etablierung einer hierarchischen Machtstruktur, von der Frauen zunehmend ausgeschlossen wurden.

Karlheinz Deschner beschreibt diesen Prozeß folgendermaßen: »Neben den das freie pneumatische Leben repräsentierenden Aposteln und Propheten (ob hier Apostelinnen und Prophetinnen wohl mitgemeint sind? C.M.) gab es im Christentum auch Leute mit vorherrschend administrativ-geschäftlichen, ökonomisch-sozialen Funktionen. Aufseher über die wirtschaftlichen und organisatorischen Belange des Gemeindelebens wie Geldverwaltung, Armenfürsorge, Krankenpflege, Regelung der Gastfreundschaft u.a. Diese Gemeindebeamten, die man Bischöfe, Presbyter und Diakone nannte, standen hinter den Aposteln, Propheten und Lehrern beträchtlich an Bedeutung und Ansehen zurück. Ihre Kompetenz erstreckte sich ja nur auf die mehr materiellen Bedürfnisse der Gläubigen. Sie waren nach einer gelegentlich im Neuen Testament und anderwärts verwandten Bezeichnung ›Hausverwalter‹ (oikonómoi, dispensatores), ›technische Funktionäre‹ ...

In dem Maße aber, in dem der ursprüngliche Enthusiasmus schwand, ging der Einfluß der Geistträger zurück, und die Stellung der Bischöfe und Presbyter festigte sich. Ihr Ansehen stieg um so mehr, als sie regelmäßig Geld und Naturalien austeilten, die ärmeren Gemeindemitglieder, damals weitaus die Mehrzahl, also von ihnen völlig abhängig waren. Und nachdem sich die Bischöfe die Presbyter untergeordnet hatten, verfügten sie über alle Einkünfte und Liebesgaben, wie sie wollten. Sie wurden im 3. Jahrhundert die Organe der Vermögensverwaltung, wurden zu ›Kassenmenschen‹, eine nicht gerade religiöse Karriere.

Einst hatte Jesus seinen Jüngern geboten: ›Ihr sollt nicht Gold noch Silber, noch Kupfergeld in euren Gürteln haben‹; hatte er sie ausgesandt mit den Worten: ›Umsonst habt ihr's empfangen, umsonst sollt ihr's auch weitergeben‹; einst hatte selbst Paulus seinen Unterhalt durch einen Nebenverdienst erworben und war sogar stolz darauf. Die Bischöfe aber gestanden sich seit dem 3. Jahrhundert das Recht zu, ihren gesamten Bedarf aus der Kirchenkasse zu decken. Sie entschieden auch über die Höhe des Einkommens ihrer Unterbeamten – die häufig noch irgendeiner Nebenarbeit nachgehen mußten –, sie konnten nach Belieben Kürzungen vornehmen und Zulagen gewähren, sie hatten unbeschränkte Verfügungsrechte und schuldeten Rechenschaft nur dem lieben Gott.«[55]

Beim Wettlauf zwischen Geist und Mammon siegte letzterer und konnte seinen Sieg bis heute verteidigen – und das trotz der Worte Jesu: »Ihr könnt nicht zwei Herren dienen: Gott und dem Mammon.«[56] Daß bei diesem Wettlauf nicht nur der Geist, sondern auch das weibliche Geschlecht keine Chance hat, liegt auf der Hand, gehört sozusagen zum Wesen des Patriarchats, das sich nach einem Bericht der Vereinten Nationen von 1980 so darstellt:

»Frauen sind die Hälfte
der Weltbevölkerung,
sie leisten fast zwei Drittel
der Arbeitsstunden,
sie erhalten ein Zehntel
des Welteinkommens,
und sie besitzen weniger als ein Hundertstel
des Eigentums der Welt.«

Auf diesem Hintergrund wäre es durchaus berechtigt, wenn Männer den Evangelisten Lukas des Sexismus bezichtigten, der schreibt: »Selig seid ihr Armen, denn das Reich Gottes ist euer.«[57] Das Reich Gottes als Antithese zum Patriarchat wäre somit überwiegend ein Reich der Frauen.

Die Kirche, die sich ja zeitweilig mit dem Reich Gottes identifiziert hatte, ist damit jedenfalls nicht gemeint, denn in ihr hat sich der patriarchale Hang zu Geld, Verwaltung und Macht voll durchgesetzt und ist bis heute höchst effektiv geblieben. Frauen, die nicht nur als Teilnehmerinnen in Gottesdiensten, sondern auch als Bedienstete der Kirche eine absolute Mehrheit bilden, werden von einer kleinen männlichen Minderheit beherrscht, die ihnen sagt, was sie zu glauben, wie sie ihre religiösen Gefühle zu leben und wie sie zu handeln haben. Dabei wird die weibliche Seinsweise entweder gar nicht zur Kenntnis genommen, oder aber sie wird ausgebeutet, das heißt, ihr wird eine untergeordnete Funktion zugeschrieben, in der sie der männlichen Seinsweise zu dienen hat.

In diesem Zusammenhang erinnere ich mich an den Bericht einer Religionslehrerin, den sie mir von einer fünftägigen Vokationstagung gab, während der sie dieses Problem hautnah erfahren hatte. Die Vokation ist die offizielle Berufung einer Religionslehrerin in dieses Amt durch die Kirche. Sie erfolgt in einem besonderen Vokationsgottesdienst, der im allgemeinen am Ende einer Tagung stattfindet. Jener Tagung, von der mir meine Bekannte berichtete, war bereits eine Auseinandersetzung zwischen dem leitenden Dozenten und einer Teilnehmerin vorausgegangen. Sie hatte um die Aufnahme des Themas »Feministische Theologie« gebeten und diese Bitte damit begründet, daß erfahrungsgemäß die Frauen auf solchen Tagungen in der Mehrheit sind und für sie dieses Thema gegenwärtig von besonderem Interesse ist. Zu ihrer Enttäuschung wurde ihre Bitte abgelehnt mit der Begründung des Dozenten, es handele sich dabei um ein so spezielles Thema – von dem er selbst nichts wüßte und auch keine Referenten finden könne –, daß es nicht tagungsrelevant sei. Während der Tagung wurden einige Ergebnisse der historisch-kritischen Exegese zusammengefaßt und unter anderem auch darauf hingewiesen, daß der Missionsbefehl aus Matthäus 28, 18ff. auf keinen Fall auf den historischen Jesus zurückgehe, sondern von der späteren Gemeinde formuliert worden sei. Zu ihrem großen Erstaunen wurde dann aber im Abschlußgottesdienst ihre Vokation unter das Motto dieses Missionsbefehls gestellt, der dann auch noch auf der im Gottesdienst erteilten Urkunde zu lesen war. Bis zu diesem Augenblick hatte sie noch versucht, sich in den Gottesdienst innerlich einzustimmen. Jetzt aber überkam sie ein plötzlicher Zorn, wie sie mir berichtete. Sie fühlte sich von ihrer Kirche verschaukelt, auf den Arm genommen. Auf der einen Seite Aufklärung über den historischen Jesus und seine Lehren, auf der anderen Seite das Berufen auf eine Vollmacht, von der die Kirche genau weiß, daß sie nicht von Jesus kommt, ihr aber dennoch das »Jesus Christus spricht« voranstellt! Dieser Zorn machte sie plötzlich auch sensibel für die Zäune, die im christlichen Glauben nicht nur zu anderen Religionen hin errichtet worden waren, sondern die sie auf einmal auch in ihrer Seele wiederentdeckte. Ihr wurde bewußt, daß dort der Bereich des Heiligen von einer Kirche verwaltet wurde, die nicht ehrlich ist. Sie hatte auf einmal das Gefühl, ihre Seele verkauft zu haben, da *ihr* Heiliges nicht mit den Inhalten der Kirche übereinstimmte. Es war für sie der Beginn eines langen Prozesses, der sie von der institutionalisierten Kirche wegführte, da sie in ihr ganz andere Kräfte am Werk spürte – ganz ähnlich der Beschreibung Ulrich Manns, die ich zu Beginn des Kapitels zitiert habe. Für sie wurde ihre Vokation zur Geburtsstunde ihrer eigenen weiblichen Spiritualität, die sie bis dahin nie erkannt hatte. Inzwischen gibt es zahllose ähnliche Erfahrungen von Frauen, die ihnen ein Beweis dafür ist, daß sie Religion und christlichen Glauben als etwas anderes empfinden als das, was im institutionellen Rahmen der Kirche Sonntag für Sonntag abläuft. Dieses ganz andere Erleben sehen sie als Ausdruck ihrer eigenen weiblichen Seinsweise an, der im Gottesdienst kaum Rechnung getragen wird. In diesem Gefühl werden sie bestätigt, wenn sie sich ihre religiöse Vergangenheit anschauen und bis zu matriarchalen Religionen vorstoßen. Nicht alle Frauen sind sich dieser Unterschiede bewußt, andere stehen ihnen skeptisch gegenüber. Allzulange wurden Unterschiede zwischen den Geschlechtern postuliert und zu Lasten der Frauen gedeutet. Um den Nachteilen der Geschlechterdifferenzierung zu entgehen, paßten sich Frauen den männlichen Denk- und Verhaltensstrukturen weitgehend an, um so ihr Recht auf Gleichberechtigung zu erwirken.

Ein anderer Grund, weshalb solchen Unterscheidungen mißtraut wird, ist die Tatsache, daß daraus absolute Trennungen zwischen den Geschlechtern resultierten, die nicht gerechtfertigt erschienen und wiederum das weibliche Geschlecht verstärkt unterdrückten. In Wirklichkeit sind die geschlechtsspezifischen Unterschiede durch fließende Übergänge gekennzeichnet, denen ein hohes Maß an Relativität anhaftet – wie allem Lebenden. Dennoch sind sie auf sozialer Ebene unübersehbar und durchziehen die Kultur- und Religionsgeschichte der letzten Jahrtausende. Wenn wir gelernt haben, sie wahrzunehmen, werden einerseits die Hintergründe des Patriarchalisierungsprozesses leichter durchschaubar, andererseits werden wir sensibilisiert für das differenzierte Verhalten Jesu gegenüber den beiden Geschlechtern, um das es im weiteren Verlauf noch gehen wird.

Psycho-soziale Hintergründe des Dilemmas

Bei den im vorigen Abschnitt dargelegten widersprüchlichen Aussagen im Neuen Testament, die zum einen auf Jesus, zum anderen auf Paulus und seine Schule zurückgehen, handelt es sich um zwei Anschauungsweisen, die bis zum heutigen Tage Religion und Gesellschaft durchziehen und sich in auffallender Weise mit neueren Forschungsergebnissen zu den geschlechtsspezifischen Unterschieden decken.

Die Begriffe »matriarchal« und »patriarchal« werden hier nicht nur als soziologische Begriffe verwendet. Sie stehen für unterschiedliche Denk- und Verhaltensstrukturen, Bewußtseinsebenen wie Erlebnisweisen und folglich auch für unterschiedliche Weltdeutungen. Erich Neumann und neuerdings auch Gerda Weiler haben den Versuch unternommen, diese beiden Strukturen zu beschreiben[58]. Ihre Aussagen möchte ich durch die neueren Forschungsergebnisse aus dem Bereich der Psychologie und Hirnforschung ergänzen.

Soziologisch verstanden, geht das matriarchale dem patriarchalen Weltbild voraus. Es ist daher äußerst schwierig, das Ausmaß ihrer Gegensätzlichkeit heute noch zu erfassen, zumal ersteres nicht selten auf einen simplen Austausch der Machtverhältnisse reduziert wird. Auf diese Weise kommt es zu einer Verwechslung zwischen Amazonenstaat und Matriarchat. Im Falle des Amazonenstaates können wir durchaus von der Umkehrung patriarchaler Verhältnisse sprechen; denn er entstand ja im Kampf gegen die sich etablierenden patriarchalen Machtverhältnisse. Hier waren Männer von der Macht genauso ausgeschlossen wie im Patriarchat die Frauen. Die Freude über die Geburt einer Tochter war ebenso groß wie im Patriarchat über die Geburt eines Sohnes.

Der hauptsächliche Unterschied zwischen Matriarchat und Patriarchat besteht nicht in umgekehrten Machtverhältnissen, sondern in einem grundsätzlich anderen Umgang mit der Macht. Es geht nicht an, das patriarchale Machtverständnis, das immer mit Kontrolle und Unterdrückung einhergeht, in das matriarchale Weltbild zurückzuprojizieren, wie dies in der öffentlichen Diskussion fast ausnahmslos geschieht. Nicht umsonst sprach Henry Lewis Morgan von einer »geordneten Anarchie« bei seinem Studium der mutterrechtlich lebenden Irokesen[59]. Damit wollte er ausdrücken, daß dort, gemessen an patriarchalen Macht- und Herrschaftsstrukturen, ein nicht-herrschaftliches Verhältnis bestand.

Das Wort »Arche«, das in beiden Begriffen für Herrschaft steht, meint dennoch nicht dasselbe. Sein ursprünglicher Bedeutungsgehalt führt uns dabei weiter. Wie auf der nachfolgenden Skizze angeführt, bedeutet es eigentlich soviel wie Anfang, Urgrund oder Prinzip. Das Matriarchat wäre demnach eine Gesellschaft, in der die Mutter als Ursprungsort angesehen wird und daher auch die Grundlage der Gesellschaft bildet. Die von ihr gelebten Prinzipien sind auch für die Gesellschaft als ganze verbindlich. Ihr Verhalten ist richtungsweisend und bietet die grundlegende Orientierung. Daraus erwächst jene Macht, auf die spätere Forscher wie gebannt starren.

Nicht immer haben sie diesen Unterschied zum Patriarchat erkannt und sich bewußt gemacht, daß sich das Leben in matriarchalen Verhältnissen »aus starken inneren Kräften geregelt hat«[60]. Bis heute ist die Macht der Mutter eine ganz andere als die des Vaters – und das, obwohl die Mütter in ihnen entfremdeten Verhältnissen leben müssen, die ihnen ihren rechtmäßigen Anteil an der Macht verweigern. Was den meisten Kindern ihre Mütter so mächtig erscheinen läßt, ist die Macht ihrer Liebe, oder anders ausgedrückt, die Macht der Beziehung, ohne die ein Kind nicht leben könnte. Die Macht des Vaters hat weitaus mehr mit Autorität zu tun, wenn sie auch vielfach angemaßt ist und ihren Herrschaftsanspruch meist unter Androhung von Strafe durchsetzt. Daß es ebenso liebevolle Väter und herrschsüchtige Mütter gibt, ist selbstverständlich, im Hinblick auf die Menschheitsgeschichte aber nicht weiter relevant. Sicher können mütterliche und väterliche Prinzipien auch geschlechtsübergreifend vorgefunden werden. In solchen Fällen werden sie dann aber meist als atypisch empfunden. Das zeigen auch die Reaktionen auf solch typisches Verhalten. Die Herrschsucht des Vaters wird als selbstverständlich hingenommen, jene der Mutter hingegen stark verurteilt.

Das matriarchale Gesellschaftssystem orientiert sich in seinem ganzen Aufbau an natürlichen Gegebenheiten. Die Menschen führen ihren Ursprung auf eine Mutter zurück, denn nur der Mutterschoß, dem sie entsprungen sind, kann mit Sicherheit ausgemacht werden – eine Sicherheit, die der Vater nicht bieten kann. Zur Etablierung des Patriarchats bedarf es jenes Mythos, wonach Athene dem Kopf des Zeus entspringt. Damit wird ein Ursprung geschaffen, der sich nicht mehr nach den natürlichen Gegebenheiten richtet.

Der Besitz gehört im Matriarchat nicht einzelnen, sondern der ganzen Sippe, wird jedoch über die Töchter vererbt, da sie für die Nachkommen sorgen und primär verantwortlich sind. Erst mit dem patriarchalen Besitzrecht, das sich nicht nur auf die Besitztümer von Ehefrauen, sondern auch auf deren Körper erstreckt, werden Millionen hungernder Kinder möglich, weil sich die Macht der Besitzenden gegen ihre Bedürfnisse richtet und nicht an diese gebunden ist.

Anfang · Urgrund · Prinzip (Arché)

Matriarchat: Mutterrecht		**Patriarchat: Vaterrecht**
matrilinear zur Sippe der Mutter *(weibliche Erbfolge)*	← **Nachkommen gehören** →	**patrilinear** zur Sippe des Vaters *(männliche Erbfolge)*
matrilokal am Ort der Mutter	← **Kinder bleiben** →	**patrilokal** am Ort des Vaters
Naturrecht dem Schutz des Schwachen der Heiligkeit der Blutsbande	← **Recht dient** →	**Männliches Gesetz** dem Schutz der Macht des Starken der »Heiligkeit« der Ehe *(Frau + Kind = Besitz des Mannes)*
Muttermord	← **schwerste Schuld** →	Ungehorsam gegen den Vater *(auch Landesvater + Vater Staat)*
Leben + Liebe + Glück	← **höchster Wert** →	Gehorsam gegen Autorität/ männliches Gesetz

	← **Einbettung des Lebens in** →	
die Natur		Paragraphen bei gleichzeitiger Beherrschung von Natur + Mensch durch den Mann
	← **Denken** →	
polar *(sowohl-als auch)*		dualistisch *(entweder-oder)*
	← **Haupt-Symbol** →	
Mond		Sonne
	← **Religion** →	
polytheistisch mit weiblicher Hauptgöttin Einheit in der Vielfalt		monotheistisch mit einem männlichen Gott, Bekämpfung anderer Religionen, absolutistisch
	← **Weltverständnis** →	
zyklisch		linear

Auf die Matrilokalität matriarchaler Gesellschaften bezog auch Jesus sich noch, wie wir gesehen haben. Die Frau verbrachte ihr Leben in der Sicherheit ihrer Sippe, die allein geeignet ist, die Fürsorge für die Nachkommen bestmöglich zu gestalten und vor den negativen Folgen von Ehescheidungen zu schützen. Mutter und Kind blieben in ihren familiären Bindungen, der Mann kehrte nach einer Scheidung in seine Familie zurück. Die in der Wüste mit ihrem Sohn Ismael herumirrende Hagar gehört eindeutig in patriarchale Zeit, wer immer auch ihre Verstoßung zu verantworten haben mag...

Heilig sind nach matriarchalen Vorstellungen nur die Blutsbande, entstammen sie doch einer Beziehung, die die Natur begründet hat. Sie sind auf jeden Fall zu schützen und genießen Priorität vor anderen Beziehungen. Eheliche Bande sind leicht wieder zu lösen, da ihnen nicht dieselbe Tiefe zukommt. Sie werden als das gesehen, was sie eigentlich immer waren: Zweckbündnisse, die ab und zu von der Liebe gestreift werden. Die Auffassung Jesu von der Unauflöslichkeit der Ehe ist hier nicht unterzubringen. Sie ist eher idealistisch, und genausowenig in patriarchalen Verhältnissen beheimatet.

Mutterrecht ist an dem Schutz der Blutsbande interessiert. Sie dürfen nicht zerschnitten werden, und folglich gilt Muttermord als das schlimmste Verbrechen, das mit der Todesstrafe geahndet wird. Schlimmer als dieser wiegt im Patriarchat der Ungehorsam gegen die patriarchale Rechtsordnung. Wie sich diese Auffassung konkret auswirkt, konnte ich in diesen Wochen verfolgen. Zwei Männer meines Wohnortes wurden gerichtlich verurteilt wegen recht unterschiedlicher Vergehen: Ein junger Mann erhielt als Totalverweigerer, der also auch jede Form von Zivildienst ablehnt, eine Gefängnisstrafe von 15 Monaten ohne Bewährung. Ein 60jähriger Mann, der am Tag der Silberhochzeit seine Ehefrau umgebracht hatte, erhielt 1 Jahr und 8 Monate *mit* Bewährung. Er war auf Totschlag »in einem minderschweren Fall« angeklagt worden. Daß er seine Ehefrau bereits zuvor mehrmals verprügelt hatte, wurde ihm als »strafmildernd« angerechnet. Schließlich war daraus ersichtlich, daß es sich um keine gute

Ehe gehandelt haben konnte. Das ist die Logik patriarchalen Rechts. Der Totschläger hat seine Freiheit nicht einen Tag eingebüßt. Der Totalverweigerer hingegen sitzt im Gefängnis; denn nach wie vor wiegt der Ungehorsam gegen Vater Staat schwerer als der Mord an einer Mutter.

Positiv ausgedrückt wird der Gehorsam gegenüber den Mächtigen zum höchsten Wert, dem das persönliche Glück, aber auch Liebesbeziehungen, ja selbst das eigene Leben unterzuordnen sind. Zu allen Zeiten verlangten die Mächtigen ihre zahllosen Menschenopfer. An den matriarchalen Verhältnissen dagegen fiel den Ethnologen immer wieder die Leib- und Lustfreundlichkeit auf, die einhergeht mit einer Charakter- und Gesellschaftsstruktur, die nicht am Besitz orientiert ist[61]. Aus matriarchalen Hochkulturen wissen wir, daß der Geschlechtsakt ein sakraler Akt war, in dem sich das weibliche mit dem männlichen Prinzip vereinigte und der Mann Anteil hatte an weiblicher Schöpferinnenkraft. Nur in patriarchalen Besitz- und Machtverhältnissen war es möglich, daß die Sexualität in der Gosse landen und sich mit Brutalität und Gewalt paaren konnte.

Wiederholt haben Untersuchungen gezeigt, daß Frauen ein primäres Interesse an menschlichen Beziehungen haben, dem alle anderen Bedürfnisse unterstellt werden. Ihr Glück können sie sich nur *mit* und in Beziehung zu anderen Menschen vorstellen, nicht aber losgelöst von ihnen, wie das bei Männern der Fall ist. Von klein auf wenden sich Mädchen bereits stärker den Menschen zu und Jungen den Dingen ihrer Umwelt. Frauen suchen ihren höchsten Wert in menschlichen Bindungen, Männer in Unabhängigkeit, worin möglicherweise eine Überkompensation patriarchaler Herrschaftsansprüche liegt. Wie sich immer wieder herausstellt, sind Frauen auch im Zeitalter der Emanzipation im allgemeinen nicht bereit, über dem Streben nach fachlich anspruchsvollen Leistungen Fragen nach persönlichem Glück und erfüllten Sozialbeziehungen auszuklammern – ganz im Gegensatz zum männlichen Geschlecht[62]. Sie leben also nach wie vor in einem matriarchalen Wertesystem, das sich das Patriarchat allerdings zunutze macht ...

Die unterschiedlichen Vorstellungswelten zeigen sich auch

im Umgang mit Regeln und Gesetzen, auf die sich Männer und Jungen weitaus öfter als höchste Instanz berufen als Frauen und Mädchen. Das zeigt sich bereits im kindlichen Spiel. Dem menschlichen Miteinander werden Regeln leicht geopfert, während Jungen an ihnen festhalten. Sie wollen um jeden Preis gewinnen, während den Mädchen auch hier Beziehungen das Wichtigere bleiben. Das gilt auch bei der Lösung von Rechtsproblemen, bei denen das Hauptkriterium der Erhalt von Beziehungen ist. Jungen lösen sie dagegen nach mathematischen Grundsätzen auf der Basis der Logik und bleiben damit dem patriarchalen Logos treu. Frauen und Mädchen knüpfen Bande durch das Ideal der Hilfsbereitschaft, dem auf männlicher Seite das Ideal der Perfektion gegenübersteht, an der der eigene Wert gemessen wird[63]. Hier werden wir an die vielfältigen Auseinandersetzungen zwischen Jesus und den Priestern und Schriftgelehrten erinnert, denen er im Gleichnis vom barmherzigen Samariter das Ideal der Hilfsbereitschaft nahezubringen versucht.

Den nächsten Punkt auf unserer Skizze bildet die Einbettung matriarchalen Lebens in die Natur. Der Mensch erlebte sich als in kosmische und kreatürliche Zusammenhänge gestellt, die ihm ganz bestimmte Aufgaben zuwiesen. Ziel matriarchalen Lebens ist das natürliche Miteinander, die Anpassung an die Natur, Naturgesetze sind heilige, sind göttliche Gesetze, die nicht übertreten werden dürfen, wenn das natürliche Miteinander nicht gestört werden soll. Darum ist es wichtig, diese Gesetze zu erforschen.

Die Weisheitsliteratur, die noch ein hohes Maß an matriarchalem Denken enthält, setzt sich dementsprechend aus einer Vielzahl von Naturerkenntnissen zusammen, und auch vom weisen König Salomo heißt es: »...er redete von Bäumen, von der Zeder an auf dem Libanon bis an den Isop, der aus der Wand wächst. Auch redete er von Vieh, von Vögeln, von Gewürm und von Fischen. Und es kamen aus allen Völkern zu hören die Weisheit Salomos, von allen Königen auf Erden, die von seiner Weisheit gehört hatten.«[64]

Die Anpassung an die Natur wird im Patriarchat belanglos. Weitaus wichtiger ist es, sie zu beherrschen und auszubeuten. Matriarchale Weisheit wird abgelöst durch patriarchale Wissenschaft, ein Geschäft von Experten, das mit dem menschlichen Leben immer weniger zu tun hat. Statt dessen erfährt sich der Mensch eingebettet in Paragraphen, deren Einhaltung lebensnotwendig wird; denn im Patriarchat sind Todesstrafen wegen des Diebstahls eines Brotes keine Seltenheit, auch wenn sich heute auf diesem Gebiet einiges geändert hat. Dennoch nehmen die Paragraphen in allen Bereichen des Lebens einen immer größeren Raum ein, während der Wald abzusterben beginnt. Im Paragraphenwald wird der Mann zum absoluten Herrscher ...

Alle patriarchalen Kulturen gründen auf dem dualistischen Denken des Entweder-Oder, das nicht nur die Gesellschaft, sondern auch den ganzen Kosmos in Freund und Feind aufteilt. Da sind das gute Licht und die böse Finsternis, der gute Geist, der mit dem Männlichen identifiziert wird, und die böse Materie und Natur, die selbstverständlich weiblich ist und immer wieder unterworfen werden muß. Die Bibel ist voll von solchen Dualismen. Die Menschheit wird aufgeteilt in Gläubige und Ungläubige, in Jahweanhänger und Feinde Jahwes, die auszurotten sind. So gibt es ein auserwähltes Volk und die restliche heidnische Welt, gegen die es sich abzugrenzen gilt – eine Vorstellung, die später von den Christen übernommen wurde, die sich als wahres Gottesvolk verstanden. In unserem Jahrhundert waren es die Deutschen, an deren Wesen die Welt genesen sollte, und heute führen die USA als von Gott erwähltes Volk den Kampf gegen die bösen anderen, die vom Dämon des Kommunismus besessen sind.

Das matriarchale Denken ist polar und beruht auf einem Sowohl-Als-auch. Licht und Finsternis stehen gleichberechtigt nebeneinander und werden gleichermaßen verehrt; denn es geht ja letztlich um ein harmonisches Gleichgewicht. *Alle* Menschen sind Kinder der Großen Göttin und leben in denselben Naturzusammenhängen, durchlaufen denselben Zyklus von Leben, Tod und Wiedergeburt, leben unter derselben Sonne und atmen dieselbe Luft. Die Polarität des Lebens wird akzeptiert ohne das Bedürfnis, die eine Hälfte zu verteufeln und ihr den Kampf anzusagen. Wichtig ist nur, daß alles zu seiner Zeit verehrt wird (Kairos), daß alles an seinem Platz wirkt, damit die Ganzheitlichkeit des Lebens nicht verletzt wird. In dieser Bewußtseinsstruktur gibt es keine scharfen, trennenden Gegensätze, die einander ausschließen. Darum wird auch der Mond in besonderer Weise verehrt und gilt als eines der Hauptsymbole matriarchaler Kulturen. Das Mondlicht überschreitet alle Grenzen, es scheint des Nachts, ohne die Dunkelheit zu zerstören, aber auch zu bestimmten Zeiten tagsüber. Anders die Sonne, die überall, wo das Patriarchat Fuß faßt, zum hauptsächlichen und schließlich alleinigen Symbolträger des neuen Bewußtseins wird. Sie scheint nur am Tage, so daß für sie in der Tat das Entweder-Oder Gültigkeit hat, denn der Nacht muß sie weichen. Höhepunkt dieser Bewußtseinsstruktur ist der jüdisch-christliche wie auch der islamische Monotheismus, mit dem sich das patriarchale Vorstellungssystem absolut setzt. Ein männlicher Gott tritt den Kampf an gegen die Gottheiten der Welt, die kurzerhand zu Götzen erklärt werden, da man sich keine Mühe mehr macht, die durch sie veranschaulichten Prinzipien zu verstehen. Mit den fremden Gottheiten sollen auch die Menschen ausgerottet werden, die diesen Gottheiten anhängen. Ob Freund, ob Feind – niemand, nicht einmal die eigenen Familienangehörigen, dürfen geschont werden[65]. Dieser Gott fordert absoluten Gehorsam, für den er als Gegenleistung die Ausrottung der Feinde verspricht[66]. »... alle monotheistischen Religionen«, schreibt Gerda Weiler, »fordern für ihren Gott die Weltherrschaft, ob ihr Gott Allah, Christus oder Jahwe heißt, sie fordern alle die Unterwerfung anderer Völker, die Ausrottung der ›Ungläubigen‹, sie heiligen alle den Krieg, der ihrem Gott zum Sieg verhelfen soll.«[67]

Im Monotheismus, der als eine kulturelle Errungenschaft ersten Ranges gilt, spiegelt sich das patriarchale Denken wider, das die Welt erobern konnte, weil es sich brutal über die Bedürfnisse Andersdenkender hinwegsetzen kann. Es beinhaltet jenes Lebensgefühl, das sich getrennt von der restlichen Welt erlebt, das nie wahrhaft eins werden kann mit der Natur und anderen Menschen. Darum verehrt es auch einen Gott, der der Schöpfung im Grunde genommen fremd gegenübersteht und sich nur aufs Befehlen versteht. Ein wahrhaft männliches Ideal! Alles Suchen des Göttlichen *in* der Natur wird als Pantheismus gebrandmarkt und abgelehnt.

Dort wird es aber im matriarchalen Weltbild genauso gefunden wie am Himmel. Die Große Göttin ist eine den Kosmos durchwaltende Kraft, die sich in der Natur selbst gegenübertritt. Alle Gottheiten sind Ausdrucksformen dieser einen Göttin. Anders als bei Jahwe wäre Eifersucht bei ihr fehl am Platze, denn sie liebt die Vielfalt und weiß um die dahinterliegende Einheit aller Lebensformen.

Dieses religiöse Empfinden entspricht den Eigenschaften der rechten Hirnhälfte, die mit ihrem synthetisch-ganzheitlichen metaphorischen Denken als typisch weiblich angesehen wird, da in der Tat Frauen in ihr mehr zu Hause sind als Männer, die meist nur unbewußten Zugang zu ihr haben. Weiblicher Vielfalt entsprechend ist diese rechte Hemisphäre bei der Frau weniger spezialisiert als beim Mann, so daß sie bei Ausfällen der linken Hälfte deren Funktionen übernehmen kann. Das ist beim Mann nicht möglich, da bei ihm die Funktionen der rechten stärker festgelegt sind, genauso festgelegt wie sein dogmatisches Glaubensgebäude.

Mit dem patriarchalen Monotheismus siegte das lineare Denken und Geschichtsverständnis über das zyklische Naturverständnis im matriarchalen Weltbild. Auch dieser Sieg kommt einer Priorität der linken vor der rechten Hemisphäre gleich, denn in der linken Hälfte, die die rechte Körperhälfte steuert, wird das lineare Zeitgefühl lokalisiert, während auf der anderen Seite ein simultanes Zeitgefühl entsprechend dem hier gültigen Prinzip des Sowohl-Als-auch erlebt wird, das als Kairos selbst im Patriarchat erhalten blieb. Auch zeigt uns die Physik inzwischen, daß dem zyklischen Denken ein höheres Maß an Wirklichkeit zukommt. Im ganzen Kosmos existiert keine lineare Form. In ihm wird jede Linie letztendlich zu einem Kreis. Verlängern wir eine Gerade ins All, so wissen wir, daß wir letztendlich zu uns selbst zurückkehren werden, denn alles kreist. Schon mit einem Blick erkennen wir diesen Unterschied auch an den Symbolen matriarchaler und patriarchaler Religionen. Bei ersteren fällt das häufige Auftreten von Kreis- und Spiralmotiven sofort ins Auge, während letztere lineare Formen für ihre Symbole verwenden wie den sechszackigen Davidstern der Juden und das Kreuz der Christen. Mit dem Sieg des linearen Weltverständnisses geht ein bedeutender Wandel einher: Das matriarchale Erleben des Göttlichen in der Natur verlagert sich im Patriarchat auf die Ebene der Geschichte, die kurzerhand zur Heilsgeschichte wird. Dort, wo Männer Entscheidungen treffen, wo Kriege geführt werden, wo Eroberungen und Ausrottungen stattfinden, dort erfährt der Mann die starke Hand Gottes. Im Sieg äußert sich göttlicher Beistand, in der Niederlage göttlicher Zorn. Matriarchale Kategorien der Ehrfurcht vor dem Leben, des Schutzes alles Schwachen bleiben hier selbstverständlich auf der Strecke. »Schutz« erhält nur noch das Ungeborene, solange es sich im Verfügungsbereich der Frau befindet.

Solange aber männlich patriarchales Denken sich absolut setzt und seine zerstörerische Beschränktheit nicht einsieht, so lange wird es auf dieser Erde Unfrieden und Ungerechtigkeit geben und die Herrschaft des Mannes über den Menschen stattfinden. Wie aber steht es mit einer ganzheitlichen Entfaltung des Menschen?

Hierzu noch einmal Gerda Weiler: »Heute möchte man gerne aus dem ›weiblichen‹ und dem ›männlichen‹ Menschen wieder den ›ganzen‹ Menschen herstellen. Doch die beiden aus der Ganzheit matriarchaler Menschlichkeit abgespaltenen Seelenhälften ergeben zusammen kein ›Ganzes‹. Die männlichen Werte sind zu eindimensional aufgewertet und hochgezüchtet worden, während alles Weibliche mindergewertet wird und auf die Schattenseite der menschlichen Existenz abgedrängt worden ist. Zärtlichkeit und Liebe sind kein Äquivalent zu Aggression und Macht, können das destruktive Potential patriarchaler Gesellschaftsentwicklung nicht ins Gleichgewicht bringen. Der patriarchale Mensch – ob Mann oder Frau – wird immer zwei Seelen in seiner Brust haben. Wir sollten uns hüten, den Gedanken an die Einbeziehung des Weiblichen in die männliche Kultur als eine Errungenschaft zu betrachten.«[68] Gerda Weiler kommt zu demselben Schluß, den auch ich bereits in meinem ersten Buch »Die Weiblichkeit Gottes« aufgezeigt habe: »Wenn wir Re-Integration wollen, die Wiederherstellung menschlicher Ganzheit, so darf keine Rede davon sein, das Weibliche ins Männliche zu ›integrieren‹. Der Prozeß muß umgekehrt verlaufen.

Der ganzheitliche Mensch ist nur zu gewinnen durch die Re-Integration des Männlichen ins Weibliche, durch die Zurücknahme des Machtanspruchs, die Hineinnahme der aggressiven, der zupackenden menschlichen Kräfte in den Lebenszusammenhang.«[69]

Wie aber können wir dieser berechtigten Forderung Gerda Weilers, die auch von mir vertreten wird, in der religiösen Erziehung unserer Töchter Rechnung tragen? Bevor ich diese Frage angehe, werde ich die Notwendigkeit einer differenzierten religiösen Mädchenerziehung verdeutlichen.

Die Notwendigkeit eines geschlechtsspezifischen Bibelverständnisses

Für viele Frauen wird die Frage immer brennender, ob es für sie überhaupt noch sinnvoll ist, sich mit dem christlichen Glauben weiterhin zu befassen, wo sich doch seine verheerenden Wirkungen für das weibliche Geschlecht so klar abzeichnen. Für andere wiederum tritt die Frage in den Vordergrund, ob sie es überhaupt noch verantworten können, ihren Töchtern eine »christliche« Erziehung angedeihen zu lassen. Da wir alle wissen, was sich alles hinter diesem Etikett abgespielt hat, können wir diese Frage wohl nur verneinen, denn für die meisten bedeutete sie die Verinnerlichung eines engstirnigen, intoleranten und moralisierenden Denkgebäudes, das zu überwinden Jahre unseres Lebens beanspruchte.

Die Auswirkungen einer »christlichen« Erziehung nach orthodoxem Verständnis hat Hildegunde Wöller sehr eindrucksvoll beschrieben. Sie zeigt ganz klar, daß es keinen Raum gibt für eine emanzipatorische Mädchen- und Frauenbildung innerhalb der institutionalisierten Glaubenslehre:

»Ich bin aufgewachsen in einem lutherischen Pfarrhaus, und was ich zuerst von Gott lernte, war: Gott verdammt mich zum Tode, denn ich bin ein Sünder.

Als zweites lernte ich: Gott hat mich verdammt, aber auch begnadigt, ich muß ihm immer dankbar sein.

Als drittes lernte ich: Gott erwartet meine Dankbarkeit als Gehorsam. Ich soll den Eltern gehorchen, denn sie vertreten ihn. Ich muß brav, fleißig und anspruchslos sein, denn alles, was ich bin und habe, bekomme ich nur aus Gnade.

Schließlich lernte ich: Gott ist ein Kriminalist. Er sieht alles, hört alles, rächt alles, ich kann mich nirgendwo vor ihm verbergen, und da ich nicht vollkommen bin, bin ich ein Sünder und habe kein Recht zu leben.

Das war meine Kindheit und Jugend. Es roch für mich in der Kirche immer nach Tod und Verwesung, nach Sünde, nach Schuld, nach Karfreitag. Zitternd und in Schwarz gekleidet, ging ich zum Abendmahl, denn wer es ohne rechten Glauben empfängt, ißt es sich zum Gericht.

Dann studierte ich Theologie. Dort lernte ich: Gott ist eine Chiffre. Ich muß denken lernen, möglichst abstrakt, denn Gott, das ist etwas für Gelehrte.

Zweitens lernte ich: Gott ist ganz anders als alles, was Menschen denken, glauben und beten. Jede Erfahrung, auch meine, jede Religion ist Sünde, ist Götzendienst, ist Abgötterei.

Drittens lernte ich: Gott ist gerecht. Er hat seinen geliebten Sohn zum Tode verdammt, um durch ihn Sühne zu bekommen für die Sünden der Menschheit. Da Jesus gelitten hat, darf auch ich nichts als Leiden erwarten in dieser Welt.

Gott ist auch ein Moralist, wenn ich jemanden liebe, ist das Sünde, auf die Verdammung folgt.

Ich lernte: Gott ist verborgen, er ist vielleicht sogar tot. Ich muß auf dieser Erde leben, als ob es ihn nicht gäbe.

Endlich lernte ich: Gott leidet selbst an dieser Welt, und seine Liebe zu ihr ist ohnmächtig. Alles Böse auf dieser Welt ist Schuld der Menschen, auch meine Schuld, und es hängt allein an mir, ob sich etwas bessert. Ich muß mich anstrengen.

Das war der Gott, von dem ich in meiner Studien- und Ausbildungszeit hörte. Ich spürte damals: Ich komme in dieser Theologie nicht vor. Was mich bewegt, hat keine Bedeutung, ja es ist Sünde.

Ich lernte: Von diesem Gott ist keine Hilfe zu erwarten, es hängt an mir kleinem Menschen, ob sich auf dieser Welt etwas bessert. Es war also am ehrlichsten und redlichsten, zu leben, als ob es Gott nicht gäbe.

Aber ich habe gelitten unter dem Gottesbild meiner Kindheit, das mich verdammte, und ich habe gelitten unter dem Gottesbild meiner Studien- und Ausbildungszeit, das mich leer ließ und Gott zu einem intellektuellen Gespenst machte. Nur konnte ich damals selbst nicht sagen, was ich meinte und warum ich litt.

Inzwischen habe ich meine eigene Stimme gefunden und sage, wie ich mir Gott vorstelle, trotz allem Gegenteiligen, was man mir von ihm gesagt hat. Doch wenn ich das sage, bekomme ich Widerspruch und Feindschaft zu spüren.

Wenn ich sage: Gott ist Liebe, unendliche Liebe, die niemanden verstößt und verdammt, so hat es doch Jesus gesagt, dann bekomme ich zur Antwort: Pfui, das ist billige Gnade, das ist Allversöhnung. Du nimmst Gott nicht ernst.

Wenn ich sage: Gott ist Geist, inspirierend, entzündend, begeisternd, ausgegossen auf alles Fleisch, dann bekomme ich zur Antwort: Pfui, das ist Selbsterlösung!

Wenn ich sage: Gott offenbart sich in allen Religionen, nicht nur uns Christen, sagt man: Pfui, das ist Synkretismus!

Wenn ich sage: Gott, der Schöpfer und der kosmische Christus ist in allen seinen Geschöpfen gegenwärtig, bekomme ich zu hören: Pfui, das ist Pantheismus, Animismus, natürliche Theologie!

Wenn ich sage: Gott ist auch weiblich, und wenn ich ihn in weiblichen Gestalten suche, bekomme ich zur Antwort: Pfui, das ist finsteres Heidentum!

Es bleibt also dabei: Ich bin eine Sünderin. Ich bin eine Sünderin, wenn ich das Gottesbild akzeptiere, das man mir vorhält, und ich bin ebenso oder erst recht eine Sünderin in den Augen meiner Kirche, wenn ich bekenne, welches Gottesbild mir hilft, zu lieben, zu glauben und zu leben.

Manchmal frage ich mich: Ist das Gottesbild, das man mich gelehrt hat, womöglich das Gespenst kranker Männer?«[70]

Der Auszug aus diesem kranken und krankmachenden Vorstellungsgebäude hat sich inzwischen für viele Frauen als Heilsweg erwiesen, da er für sie heilsam war. Doch bedeutet für sie der Auszug nicht immer die Ablehnung christlichen Gedankenguts, sondern vielmehr dessen Erweiterung, dessen Durchforstung und Überprüfung auf Brauchbares hin.

Dieser Aufgabe hat sich die feministische Theologie gestellt. Frauen lesen die Bibel mit neuen Augen, mit befreiten Frauenaugen, und machen dabei erstaunliche Entdeckungen.

Andere, die dem christlichen Schriftgut längst den Rücken gekehrt hatten, wenden sich ihm erneut zu, weil in ihm Verborgenes, nach dem sie lange gesucht hatten, wieder sichtbar geworden ist.

So erging es auch der Schreiberin der nachfolgenden Zeilen, die ich nach einem Vortrag erhielt.

»Als Pfarrerstochter habe ich mit vierzehn angefangen, meine eigene Stellungnahme zu Kirche und Glauben zu äußern und vieles zu hinterfragen. Ich machte es sehr naiv, unvoreingenommen, begeistert. Und siehe da, mein Vater, den ich mir als Alliierten, als Aufklärer wünschte, einen begeisterten Anhänger von Karl Barth, einen, der sich leidenschaftlich zum Zweiten Vatikanischen Konzil bekannte, der sich als einer der ersten reformierten Pfarrer für Dialog und für die Unterstützung der gemischten Ehen einsetzte, mein Vater also entpuppte sich als schrecklicher Drache. ›Aber, Marianne, alles, was du da sagst, ist gnostisch.‹ Oder er sagte: ›Das ist Synkretismus.‹ Er stützte sich doch immer wieder auf die Tradition. Ich aber stand da ohne theoretischen Hintergrund.

Und wie er von den apokryphen Schriften geredet hat! Ich war bestürzt, fing an, an mir und an meinem Intellekt zu zweifeln, und versuchte verzweifelt, mir das wenn auch unverständliche Denken meines Vaters anzueignen. Seit dieser Zeit endeten die Tischgespräche in Wut auf seiten meines Vaters und in Tränen auf meiner Seite. Ich spürte undeutlich, wie emotionsgeladen und lebenswichtig die Gespräche waren, war aber unfähig zu spüren, was wirklich im Spiel war, was für gegenseitige Bedürfnisse und Ängste da waren. Und jedesmal die Mutter, die probierte, Schiedsrichterin zu spielen, und die drei jüngeren Geschwister, die hilflos dasaßen. Schließlich und endlich habe ich Religion ganz und gar verworfen und Philosophie studiert, um mir zu beweisen, daß ich intellektuell doch noch etwas tauge. Die Wunden und Schmerzen sind tief und groß. Mir haben sie aber neue Impulse gegeben, und ich finde, je länger, desto stärker, daß das Leben eigentlich eine spannende Sache ist. Du kannst Dir vielleicht nicht vorstellen, daß Dein Vortrag mich sehr ermutigt hat, und zwar in einer Zeit, in der ich wieder Interesse am Glauben finde. Ich hätte gern viel mehr gehört, eines habe ich aber inzwischen kapiert: Die feministische Theologie hat womöglich eine viel ältere Tradition als die sogenannte orthodoxe Theologie.«

Es ist erstaunlich, wie oft Frauen die Erfahrung machen, daß ihre religiösen Vorstellungen von Theologen und Kirchenmännern als »gnostisch« abqualifiziert werden (was natürlich in Wirklichkeit ein Kompliment ist). Ohne daß Frauen von diesem Gedankengut etwas wissen, bringen sie es aus sich hervor. So erleben sie an sich selbst die Auferstehung jener Gnosis, die die Kirche seit knapp 2000 Jahren in der Verdrängung hält. Da auch im Neuen Testament (selbst bei Paulus) gnostisches Gedankengut enthalten ist, das teilweise aus einer älteren matriarchalen Tradition stammt, können Frauen auch hier Vertrautes und Heilsames entdecken.

Es gibt aber auch Inhalte, die sie für sich als Frau ablehnen müssen, was nicht heißt, daß sie für Männer nicht nach wie vor Gültigkeit hätten. Was damit gemeint ist, möchte ich an folgendem Beispiel illustrieren:

Auf einer Wochenendtagung zum Thema »Feministische Theologie«, an der Frauen und Männer teilnahmen, trug sich folgendes zu: In einer abendlichen Diskussion ging es um unterschiedliche Verhaltensweisen zwischen Männern und Frauen, wobei wir auch auf das Thema »Gewalt gegen Frauen« zu sprechen kamen. Das Meinungsbild war recht vielfältig. Neben frauenorientierten Stimmen gab es auch noch andere. So hieß es zum Beispiel: »Es gibt schließlich auch Frauen, die ihre Männer verprügeln.« (Ein durchaus ernst gemeinter Beitrag!) Oder: »Was sind die Frauen auch so blöd und lassen sich von ihren Männern verprügeln? Sie können sich doch scheiden lassen.« Die Empörung von einigen Frauen über solche Äußerungen wurde längst nicht von allen geteilt.

Am nächsten Morgen hielt der Tagungsleiter eine Morgenandacht, das heißt, er verlas eine Predigt, die er einige Wochen zuvor gehalten hatte. Textgrundlage war die Bergpredigt. Im Zentrum standen die Worte Jesu: »Wer dich auf deine rechte Wange schlägt, dem halte die linke auch noch hin.«[71] Gefühle des Unbehagens stiegen in mir hoch, und ich spürte sie auch bei einer Reihe anderer Frauen, vornehmlich bei jenen, mit denen ich die Empörung am Vorabend geteilt hatte. Unseren Unmut mußten wir im Anschluß an die Andacht loswerden, und so schloß sich eine weitere Diskussion an, die folgendes Bild ergab: Ausgerechnet jene, die am Abend zuvor gar nicht begreifen konnten, wieso es überhaupt Frauen gibt, die sich von ihren Männern verprügeln lassen, zollten nun den Worten Jesu höchste Anerkennung; die anderen fragten sich, ob sie für Frauen wirklich der Weisheit letzter Schluß seien ... Für mich war dieses Ereignis ein Anlaß, mich näher mit dem Text und seinen Implikationen für Frauen zu befassen. Da es sich nach Meinung der Theologen bei diesem Teil der Bergpredigt um »echte« Jesusworte handelt (eine Feststellung, die in der Theologie nicht so häufig getroffen wird, wie frau meinen könnte!), will ich sie noch einmal im Zusammenhang zitieren, und zwar nach Lukas, der sie einige Zeit vor Matthäus aufgeschrieben hat:

»Liebet eure Feinde,
tut wohl denen, die euch hassen,
segnet, die euch fluchen,
bittet für die, die euch mißhandeln!
Dem, der dich auf die Wange schlägt,
biete auch die andere dar,
und dem, der dein Obergewand raubt,
verweigere auch das Untergewand nicht!
Jedem, der dich bittet, gib!
Und von dem, der das Deine nimmt,
fordere es nicht zurück!
Und wie ihr wollt, daß euch die Leute tun,
so tut ihnen auch.«[72]

Exegeten erkennen in diesen Worten die jesuanische Forderung nach Verzicht nicht nur auf aggressives Verhalten, sondern auch »auf das eigene Recht und statt dessen aktive Liebe«[73]. Dahinter wird zum einen das Bild vom Gottesknecht (Jesaja 50) wiedererkannt, »der sich auf die Wangen schlagen läßt ..., weil er Gott als seinen Helfer auf seiner Seite weiß, der ihm Recht schafft, und er es sich nicht selbst suchen muß«[74]. Bis in die rabbinische Literatur hinein wird diese Nachgiebigkeit gerühmt[75]. Zum anderen aber fordert Jesus mehr als nur den Verzicht auf aggressives Verhalten oder die Einklagung von Recht. Im Umgang mit Menschen wird »das zentrale Gebot Jesu ... das Gebot der Liebe«[76].

Und da man in theologischen Kreisen nicht davon ausgehen kann, daß die Bedeutung von »Liebe« allgemein bekannt ist, wird erklärend hinzugefügt: »Lieben faßt eine Verhaltensweise ins Auge, die am besten mit ›dasein für‹ ... wiedergegeben wird.«[77] Soweit die Auslegung der Theologen, denen wohl kein guter Christ widersprechen würde.

Aus der Theologie möchte ich nun einen Sprung in eines der vielen Frauenhäuser tun, in denen tagtäglich die folgende Szene abläuft: Eine Frau mit drei Kindern bittet um Aufnahme. Sie weist Spuren von schweren Mißhandlungen auf, und ihre Kinder machen einen stark verstörten Eindruck. Die Frau berichtet, »daß sie gnadenlos geschlagen wurde, weil das Eigelb der Spiegeleier ausgelaufen war, als sie für ihren Ehemann das Frühstück machte. Eine andere sagte, daß ihr Mann einen Wutanfall kriegte, weil sie ihrem Kind auf dessen Geburtstagsparty beigebracht hatte, das erste Stück Kuchen einem Gast und nicht ihm zu geben. Eine andere Frau wurde geschlagen, weil der Führerschein ihres Mannes abgelaufen war ... Manche Frauen berichten, daß sie überhaupt nicht wissen, wodurch die gewalttätigen Ausbrüche ihrer Ehemänner hervorgerufen werden. Man weiß von Ehemännern, die nach Hause gekommen sind und einfach losprügeln. Mehrere Frauen erzählten mir, daß ihre Ehemänner anfingen, sie zu schlagen, als sie schlafend im Bett lagen.«[78] Aus vielen Studien geht hervor, daß es einen traurigen Zusammenhang gibt zwischen Mißhandlung und Schwangerschaft. Es wurde festgestellt, »daß schwangere Frauen der Gewalttätigkeit ihrer Männer in besonderem Maße ausgesetzt sind«[79].

Doch zurück zu jener Frau mit drei Kindern. Sie berichtet, daß sie seit sechzehn Jahren verheiratet sei und in den letzten acht Jahren unter der Gewalttätigkeit ihres Mannes gelitten habe. Alles mögliche hätte sie versucht, um seinen Zorn nicht zu provozieren. Ihm zuliebe hätte sie ihren Beruf aufgegeben, um seinen Wünschen in Ehe und Haushalt besser nachkommen zu können. Auch die Kinder habe sie versucht so zu erziehen, daß sie den Vater möglichst wenig störten, da er auf ihre Ungezogenheiten mit äußerster Brutalität reagiert habe. Im Grunde genommen hätte das aber alles nichts genützt. Nun habe ihr Mann auch noch zu trinken angefangen. Sie und die Kinder lebten in dauernder Angst vor seinen Zornesausbrüchen. Auf die Frage, wie sie denn so viele Jahre bei ihrem Mann hatte aushalten können, antwortet die Frau: »Das tat ich aus Liebe zu ihm. Ich hoffte, er würde sich ändern.«

Drei Tage später hat der Ehemann die Frau aufgespürt. Er entschuldigt sich für sein Verhalten und bittet sie, zu ihm zurückzukehren. Von den Sozialarbeiterinnen des Frauenhauses befragt, wie er seine Frau nur so zurichten konnte, antwortete er: »Ich weiß nicht ... aus Liebe.« Diese Worte genügten bereits, um die Frau zur Rückkehr zu ihrem Mann zu bewegen. Sie hatte ihm vergeben und sich als wahre Nachfolgerin Jesu erwiesen. Als Petrus diesem einmal die Frage stellte: »Herr, wie oft muß ich meinem Bruder, der an mir sich verfehlt, vergeben? Bis zu siebenmal?« antwortete Jesus: »Nicht, sage ich dir, bis zu siebenmal, sondern bis zu siebzigmal sieben.«[80]

Zu Unrecht also fühlten sich die Sozialarbeiterinnen des Frauenhauses, die sich mit viel Idealismus für die geschlagenen Frauen einsetzen, »verletzt und betrogen, wenn Frauen zu ihren Männern zurückkehrten«[81]. Denn: Die Liebe »verträgt alles, sie glaubt alles, sie hofft alles, sie duldet alles«[82]. Mit diesen Worten, die mit Sicherheit *nicht* von Paulus stammen, wird eindeutig die weibliche Art zu lieben beschrieben. Es wird Frauen zum Verhängnis, daß sie ihre größere Liebesfähigkeit von den Kindern auf den Mann übertragen, der ihrer nicht wert ist. Statt dessen sollten sie beten lernen: »... sondern erlöse uns von der Liebe«[83] und sich der Worte Jesu erinnern: »Gebet das Heilige nicht den Hunden ...«[84]

Frauen sind eindeutig die Opfer einer christlichen Liebesethik, mit der sie sich identifiziert haben, um die sich jedoch die meisten Männer einen Dreck scheren. Frauen projizieren ihre eigene starke Liebesfähigkeit und Vergebensbereitschaft auf den Mann und merken gar nicht, daß er in einer ganz anderen Welt lebt, die der Kulturphilosoph Eberz so beschrieben hat: »Unfähig zur Liebe, weil unfähig, sich zu verschenken und zu verlieren, kann für ihn das andere Geschlechtswesen nie mehr als Mittel und Werkzeug sein, das seine Ichsucht zu geschlechtlicher Lust im Dienste des Fortpflanzungstriebes ausbeutet.«[85] Erinnern wir uns der paulinischen Auffassung von der Ehe als Stätte des Brunstverhaltens, während Frauen in ihr einen Ort der Liebe sehen (einige Männer möglicherweise auch). Eberz zeigt den kulturellen Hintergrund dieser mangelnden Übereinstimmung zwischen Frau und Mann auf. »Das neue Geschlechtergesetz des Mannes (gemeint ist der Sieg des patriarchalen Bewußtseins im Vaterrecht, C.M.) sollte ihm Freiheit und Person garantieren. Negativ war es daher Verneinung des Willens zur zweieinigen Monade, das heißt Verneinung der Liebe, positiv Wille zur geschlechtlichen Macht.«[86] Das patriarchale Bewußtsein beruht auf einer tiefgreifenden Spaltung, die das Getrenntsein der Individuen voneinander betont, womit eine spezifisch männliche Erlebnisweise beherrschend wird, in die sich die Frau nie so ganz einfühlen kann. In der matriarchalen Kulturform, die ihrer Erlebnisweise entspricht, galt die Liebe gleichermaßen beiden Geschlechtern, die sich auf eine Mutter zurückführten. Das zeigt die tiefe Liebe der Antigone zu ihren Brüdern noch ganz deutlich. Diese Beziehungsethik haben Frauen später auf ihre Ehemänner übertragen, was ihnen immer schlechter zu bekommen scheint, wenn wir die überfüllten Frauenhäuser betrachten, die nur einen Bruchteil der geschlagenen Frauen aufnehmen können.

Eberz, der sich eingehend mit der matriarchalen Kultur befaßt hat, schreibt über die Forderung Jesu: »... du sollst deinen Nächsten lieben wie dich selbst«, daß es sich dabei eigentlich gar nicht um ein Gebot handelt, sondern um die Beschreibung des Umgangs der matriarchalen Menschen miteinander, sozusagen um eine Erinnerung aus längst vergangenen Zeiten. Diese Forderung ist nur aus der Bereitschaft und Fähigkeit des Menschen, sich mit anderen zu identifizieren, sich mit ihnen eins zu fühlen, zu verstehen. Gerade diese Fähigkeit aber scheint dem männlichen Geschlecht – aus welchen Gründen auch immer – völlig abzugehen. Der Mann erlebt sich immer getrennt vom Rest der Welt. Daher ist Unabhängigkeit sein höchster Wert, während dieser für das weibliche Geschlecht Beziehung und Intimität darstellt. Das hat Carol Gilligan in einer Studie aufgezeigt[87]. Wir müssen uns diese Geschlechterdifferenzen bewußt machen, damit wir auch glauben, was wir tagtäglich erleben und doch nicht wahrhaben wollen: Frauen und Männer leben in einem völlig unterschiedlichen Wertgefüge und setzen daher für ihr Leben entsprechend andere Prioritäten. Dabei profitieren Männer einseitig von der weiblichen Beziehungsbereitschaft und -fähigkeit, während Frauen an der tiefgreifenden Beziehungslosigkeit des Mannes zugrunde gehen.

Beide, das weibliche und das männliche Wertgefüge, sind im Neuen Testament enthalten und drücken sich in der Lehre Jesu wie auch des Paulus und seiner Schule aus. Gepredigt wird heute zumeist die jesuanische Liebesethik, gehandelt wird hingegen auf der Grundlage paulinischer law-and-order-Vorstellungen, wobei die Liebe immer wieder mit Füßen getreten wird, genau wie in der Ehe. (Gemeint sind hier die Ehen, für die das zutrifft, nicht aber jene, die ihrem Anspruch gerecht werden.) Der Begriff »Liebe« mag in der Theologie noch klar definierbar sein, in der Praxis können wir jedoch immer wieder feststellen, daß Frau und Mann ihn inhaltlich recht unterschiedlich füllen. Frauen nehmen das Wort ihres sie prügelnden Mannes für die Tat, und die prügelnden Männer merken gar nicht, daß sie von ihren Frauen geliebt werden.

Frauen sind immer wieder bereit zu vergeben und ernten dafür weitere Prügel. Gleichzeitig enttäuschen sie diejenigen, die sich für sie in vielfältiger Weise einsetzen und ihnen zu mehr Unabhängigkeit verhelfen wollen. Gemessen an den Worten Jesu müßten solche Frauen zu den großen christlichen Vorbildern zählen. Warum ist das nicht der Fall? Wie ist es möglich, daß solche Forderungen Jesu mit Anerkennung und Stolz auf die hehre Menschlichkeit des christlichen Ethos weitergegeben werden, die Frauen, die solche Forderungen aber in die Tat umsetzen, die mit einem Achselzucken garnierten Worte zu hören bekommen: Was seid ihr so dumm und laßt euch das gefallen? Da kann doch etwas nicht stimmen! In diesen Zusammenhängen müssen die Worte Jesu aus der Bergpredigt wie blanker Zynismus klingen. Und in der Tat scheinen sie bei genauerem Hinsehen wohl auch zuerst an die Männerwelt gerichtet zu sein. Dort erscheinen sie wesentlich angebrachter; denn was für männliche Ohren eine ethische Forderung ist, klingt wie gesagt, für weibliche Ohren wie eine Verhaltensbeschreibung. Sicher kann diese Aussage nicht in jedem Individualfall Gültigkeit haben. Es ist selbstverständlich eine Verallgemeinerung, das heißt, ich versuche damit, eine typische Situation zu beschreiben, mehr nicht.

Auf breiter Ebene sind Frauen aller Altersgruppen männlicher Gewalt ausgesetzt, und zwar um so stärker, je hilfloser sie sind, wie zum Beispiel während der Schwangerschaft. Anhand dieser Erfahrungswerte läßt sich ausrechnen, wie sehr jene christliche Erziehung, die das Bild der minderwertigen, unterwürfigen und schwachen Frau geprägt hat, damit letztendlich auch zur Gewalttätigkeit der Männer mit beigetragen hat.

Hierher gehört auch die christliche Vorstellung von der Unauflöslichkeit der Ehe, mag sie nun von Jesus stammen oder nicht. Für viele Frauen wirkt sie sich jedenfalls fatal aus, werden sie doch dadurch veranlaßt, an einer Ehe festzuhalten, die längst nicht mehr diesen Namen verdient. Wo immer Frauen und Mädchen heute noch unter Berufung auf die Worte Jesu von der Vorstellung der Unauflösbarkeit der Ehe geprägt werden, handelt es sich um eine Überstrapazierung der Jesusworte, die in ihrem historischen Kontext einen Zuwachs an Schutz für die Frau bedeuteten. Sie wurden in einer Zeit gesprochen, in der es möglich war, die Frau am Morgen zu ehelichen und sie am Abend, nachdem mann sein Vergnügen mit ihr gehabt hatte, wieder zu entlassen, wodurch ihre Chance auf eine weitere Ehe dahinschmolz – und das alles auf rechtsgültiger Grundlage, wie sie das Vaterrecht vorsah. Diesem leichtfertigen Umgang mit dem Eherecht stellt sich Jesus mit seinen Worten von der Unauflösbarkeit der Ehe entgegen. Sicher lag es ihm ferne, damit männliche Gewalt und Vergewaltigungspraxis in der Ehe zu verewigen.

Eine angemessene religiöse Mädchenerziehung im Hinblick auf eine zukünftige Ehe beginnt daher sinnvollerweise mit folgendem Märchen:

»Es war einmal ein Mann, der hatte eine wunderbare Rinderherde. Alle Tiere trugen ein schwarz-weißes Fell: das war geheimnisvoll wie die Nacht.

Der Mann liebte seine Kühe und führte sie immer auf die besten Weiden. Wenn er abends die Kühe beobachtete, wie sie zufrieden waren und wiederkäuten, dachte er: »Morgen früh werden sie viel Milch geben!«

Eines Morgens jedoch, als er seine Kühe melken wollte, waren die Euter schlaff und leer. Er glaubte, es habe an Futter gefehlt, und führte seine Herde am nächsten Tag auf saftigen Weidegrund. Er sah, wie sie sich sattfraßen und zufrieden waren, aber am nächsten Morgen hingen die Euter wieder schlaff und leer. Da trieb er die Kühe zum drittenmal auf neue Weide, doch auch diesmal gaben die Kühe keine Milch.

Jetzt legte er sich auf die Lauer und beobachtete das Vieh. Als um Mitternacht der Mond weiß am Himmel stand, sah er, wie sich eine Strickleiter von den Sternen heruntersenkte. Auf ihr schwebten sanft und weich junge Frauen aus dem Himmelsvolk herab. Sie waren schön und fröhlich, lachten einander leise zu und gingen zu den Kühen, um sie leerzumelken.

Da sprang er auf und wollte sie fangen, aber sie stoben auseinander und flohen zum Himmel hinauf.

Es gelang ihm aber, eine von ihnen festzuhalten, die allerschönste. Er behielt sie bei sich und machte sie zu seiner Frau.

Täglich ging nun seine neue Frau auf die Felder und arbeitete für ihn, während er sein Vieh hütete. Sie waren glücklich, und die gemeinsame Arbeit machte sie reich. Eines aber quälte ihn: als er seine Frau eingefangen hatte, trug sie einen Korb bei sich. ›Niemals darfst du da hineinschauen!‹ hatte sie gesagt. ›Wenn du es dennoch tust, wird uns beide großes Unglück treffen.‹

Nach einiger Zeit vergaß der Mann sein Versprechen. Als er einmal allein im Hause war, sah er den Korb im Dunkeln stehen, zog das Tuch davon und brach in lautes Lachen aus.

Als seine Frau heimkehrte, wußte sie sofort, was geschehen war. Sie schaute ihn an und sagte weinend: ›Du hast in den Korb geschaut!‹ Der Mann aber lachte nur und sagte: ›Du dummes Weib, was soll das Geheimnis um diesen Korb? Da ist ja gar nichts drin!‹

Aber noch während er dies sagte, wendete sie sich von ihm ab, ging in den Sonnenuntergang und wurde auf Erden nie wieder gesehen.

Und wißt Ihr, warum sie wegging? Nicht, weil er sein Verspre-

chen gebrochen hatte. Sie ging, weil er die schönen Sachen, die sie vom Himmel für beide mitgebracht hatte, nicht sehen konnte und darüber sogar noch lachte.«

Ein Mann lacht über seine eigene Dummheit, über seine mangelnde Sensitivität und seine Geringschätzung weiblicher Werte, die er als solche gar nicht wahrzunehmen vermag. Eine Frau stellt nach einer ganzen Reihe gemeinsam verbrachter Lebensjahre fest, daß der Mann an ihrer Seite nichts von dem begriffen hat, was sie ihm eigentlich vermitteln wollte, weder auf physischer noch auf geistiger Ebene.

Genau das ist die Situation, in der sich heute viele Frauen wiederfinden. Sie wollen dem Mann oft mehr schenken, als er zu fassen vermag; statt dessen versucht der Mann, die Frau auf seine Bedürfnisse zu reduzieren. Sie wollen ihm zu geistigem und seelischem Wachstum verhelfen, wollen ihn teilhaben lassen an den von ihnen erlebten Dimensionen und rennen dabei immer wieder vor eine Mauer, an der nicht zu rütteln ist.

Erst kürzlich berichtete mir eine Freundin von diesen Erfahrungen. Sieben Jahre lang hatte sie sich vergeblich bemüht, sich ihrem Partner verständlich zu machen, bis sie die einseitige Anpassung ihrerseits an seine Lebensweise nicht länger ertragen konnte, sie als Demütigung empfand und sich schließlich von ihm trennte – ohne allerdings die Trennung innerlich überwunden zu haben. Welche Frau schafft es schon, beim Erkennen der Vergeblichkeit ihrer Bemühungen sich abzuwenden, in den Sonnenuntergang zu gehen und sich nicht mehr blicken zu lassen, ihn seinem Schicksal zu überlassen, seine Bedürfnisse nicht länger zu den ihren zu machen?

Welche Frau hat es denn gelernt, ihre Liebe vor Unwürdigen zu schützen? Sorgsam mit ihrer Liebeskraft umzugehen und sie nicht zu verschwenden an Menschen, die sie letztendlich mit Füßen treten, weil sie ihren Wert nicht anerkennen? Zu verhindern, daß ihre Liebes- und Vergebensbereitschaft nicht als Schwäche oder weiblicher Masochismus gedeutet wird?

Die Frau im Märchen ist für den Mann letztendlich eine Jenseitige geblieben. Sie kam aus einer anderen Welt, in die sie auch wieder zurückkehrte. Ganz ähnlich fühlen sich immer mehr Frauen, die ihre Ehe verlassen, weil sie die Erfahrung machen, daß sie nicht ihre Welt ist, daß sie an der Seite des Mannes nicht bei sich selbst sein können. Sie nehmen große Opfer auf sich, um *ihre* Welt, eine Kultur, in der sie sich zu Hause fühlen können, zu suchen. Genau für sie scheint die Aufforderung Jesu bestimmt zu sein: »Ihr sollt das Heiligtum nicht den Hunden geben; und eure Perlen sollt ihr nicht vor die Säue werfen, auf daß sie dieselben nicht zertreten mit ihren Füßen und sich wenden und euch zerreißen.«[88] Wurde nicht auch der weibliche Körper, der in der matriarchalen Welt als ein Heiligtum und jeder Tempel als sein Abbild verstanden wurde, im Patriarchat von Männern mit Füßen getreten? Frauen können davon im wahrsten Sinne des Wortes ein Lied singen, auch im übertragenen Sinn.

Vielleicht ist hiermit deutlich geworden, wie sehr es darauf ankommt, die zu vermittelnden Inhalte christlichen Glaubens auf ihre frauenfreundliche Wirkung hin zu überprüfen und eine entsprechende Auswahl zu treffen. Sicher werden sich einigen christlichen Frauen bei dieser Vorstellung die Haare sträuben, doch sollten sie bedenken, daß zu jeder Zeit ausgewählt wurde – nur eben von Männern zu deren Nutzen. Daher sollten Frauen nicht länger an ihrer diesbezüglichen Kompetenz zweifeln. Im Hinblick auf die religiöse Erziehung ihrer Töchter besitzen sie allemal mehr Kompetenz als die christlichen Kirchenväter, von denen wir Frauen *unsere* Auswahl nicht länger bestimmen lassen sollten.

Wie sehr Frauen mit dem Gefühl der Inkompetenz zu kämpfen haben, selbst da, wo es um die religiöse Erziehung ihrer eigenen Kinder geht, erlebte ich in einer Unterredung mit einer jungen Mutter von drei Töchtern. Sie war Kindergottesdiensthelferin geworden und hatte Skrupel entwickelt, den Kindern ihre eigene Interpretation christlicher Inhalte zu vermitteln, da diese von jener des Pfarrers abwich. Schließlich legte sie ihr Amt nieder, obwohl doch gerade ihr Verstehensansatz für die Kinder wichtig gewesen wäre. Selbst bei ihren eigenen Kindern traute sie sich nicht, ihre Sichtweise darzulegen, ohne jene des Pfarrers danebenzustellen. Der eingangs erwähnte griechische Mythos kann hier vielleicht zur Warnung dienen: Frauen, die sich klein machen wie Metis vor Zeus, werden verschluckt und vermitteln ihren Töchtern, daß sie ebenfalls dazu da sind, verschluckt zu werden und sich der patriarchalen Tendenz zur Einverleibung anheimzugeben.

Wie aber steht es mit den christlichen Inhalten, wenn wir uns nicht länger von ihnen vereinnahmen lassen, sondern sie in *unser* Lebensgefüge integrieren und sie zur eigenen Seinserkenntnis benutzen? Gibt es überhaupt im christlichen Traditionsgut Inhalte, die das Selbstwertgefühl der Frau zu stärken vermögen? Ich meine ja. Wenn wir uns im Neuen Testament auf die Spurensuche begeben, stoßen wir dort bei Frauen auf Verhaltensweisen, die Jesus zu seiner Ethik veranlaßt haben. Seine Ethik aber gilt bis heute als vorbildlich, Humanisten wie auch Atheisten sind in gleicher Weise von ihr fasziniert.

Begeben wir uns also auf die Spurensuche im Neuen Testament.

Jesus - Schüler der Frauen

Es ist faszinierend, zu beobachten, wie belebend und anregend der Gedanke, daß Jesus von Frauen gelernt haben könnte, auf Frauen wirkt, die zum ersten Mal in ihrem Leben damit konfrontiert werden. Regelmäßig passiert es aber auch, daß sie in der Gruppenarbeit die Frage: »Was hat Jesus von den Frauen gelernt?« einfach umdrehen und im umgekehrten Sinn verstehen, so ungewohnt ist ihnen der Gedanke, Jesus könnte von Frauen gelernt haben. Gelingt es ihnen aber, sich mit diesem Gedanken anzufreunden, dann bekommt die Gestalt des Jesus von Nazareth auf einmal neues Leben für sie, nachdem er ihnen längst in himmlische Höhen entglitten war.

Jenen Frauen, denen diese Vorstellung wie eine Provokation oder gar als eine Blasphemie vorkommt, hat sich möglicherweise das Bild von der zu Jesu Füßen sitzenden Maria dermaßen stark eingeprägt, daß ihnen andere Bilder gar nicht in den Sinn kommen. Schließlich haben sich auch Maler immer wieder dieser Vorstellung bedient, so daß sie sich uns in Wort und Bild einprägen konnte. Letztendlich – und das ist wohl das Entscheidende – entspricht dieses Bild ja auch der gesamten gesellschaftlichen Praxis im Patriarchat: Die Frau als Zuhörerin des Mannes, der Mann als Lehrer der Frau. Waren nicht die Frauen immer sein dankbarstes Publikum? Und können wir nicht auch heute noch feststellen, daß Frauen wesentlich häufiger den Männern zuhören, als dies umgekehrt der Fall ist[1]? Lange haben wir übersehen, daß es im Neuen Testament andere Bilder gibt, die heute für uns Frauen wichtig geworden sind. Wir sollten sie uns daher genau anschauen. In meinem Buch »Die Weiblichkeit Gottes« habe ich im letzten Teil bereits versucht, meine These, Jesus habe von Frauen gelernt, zu belegen. In den nachfolgenden Abschnitten beziehe ich mich im wesentlichen auf das dort Erarbeitete. Ich habe versucht, Schritte der Wandlung aufzuzeigen, die Jesus machen mußte, um sich aus jenem frauenfeindlichen Vorstellungsgebäude zu befreien, durch das auch er als männliches Mitglied einer patriarchalen Gesellschaft belastet war. Seine fortschreitende Frauenfreundlichkeit mit ihren ethischen Implikationen soll Gegenstand dieses Kapitels sein.

Von Frauenverachtung erlöst

Uns allen ist Jesus als der große Frauenfreund bekannt. Die Vorstellung von ihm als Frauenverächter klingt vielen Frauen absurd und lächerlich, wenn nicht gar ärgerlich. Da regt sich der Verdacht, nun wollten einige Feministinnen dem Jesus etwas am Zeuge flicken – doch dem ist nicht so. Vielmehr geht es um die Annäherung an die Wahrheit eines Mannes, der zum Zentrum unserer religiösen Erziehung wurde und als Christus in uns »lebt«, wenn er nicht zum leblosen Leichnam erstarrt ist, der uns zu vergiften droht. Letzteres ist dann der Fall, wenn es sich bei diesem Christus um eine statische Größe handelt, die, einmal definiert, nichts Neues mehr für uns enthält, die nicht mehr in Bewegung ist und daher auch nicht mehr bewegen kann. Einen wesentlichen Beitrag zu der statischen Unbeweglichkeit des Gottessohnes leistete das Dogma seiner Sündlosigkeit, durch die der Menschensohn sich heraushob aus der Menge der restlichen Menschenkinder. Ein Mensch aber, der zur Vollkommenheit verdammt wird, büßt notwendigerweise seine Vollständigkeit ein; denn er muß ganz wesentliche Eigenschaften seines Wesens abspalten, sich von sich selbst entfremden und damit auch für andere fremd werden. Genauso erging es dem Christus der Kirche. Er verstellte den Weg zum lebendigen Jesus, der an Menschen litt und möglicherweise auch an sich selbst.

Diesen Jesus müssen wir Frauen für uns selbst entdecken; denn wir nehmen nun einmal anders wahr, wir haben ein feineres Gespür für die Schwächen von Menschen – und wir gehen mit ihnen anders um. Es ist ein männliches Menschenideal, daß jemand keine Schwächen aufweisen darf und sich jederzeit als stark erweisen muß. Bei Frauen ist das anders. Sie können gerade die Schwächen eines Menschen lieben, was dann auch die eingangs erwähnten positiven Reaktionen der Frauen auf den lernenden Jesus erklärt. Aus ihrer Nähe zu Kindern haben Frauen gelernt, sich am Wachstums- und Wandlungsprozeß, der in so vielfältiger Weise stattfindet, zu freuen und ihn als etwas Positives wahrzunehmen. Vielleicht ist es auch unsere größere Sensibilisierung für Veränderungen in einem Menschen, die uns nicht länger darüber hinwegsehen läßt, daß auch Jesus Prozesse der Wandlung durchlief. Vergessen wir daher nicht, daß auch er ein Sohn seiner Zeit war, und dem wurde die Frauenfreundlichkeit wahrlich nicht in die Krippe gelegt. Die Verachtung des weiblichen Geschlechts war gang und gäbe. Über die Frau wurde verfügt, das Gesetz zu ihren Lasten ausgelegt und ihrer Rede keine Bedeutung beigemessen. Vor Gericht galt sie als nicht zeugnisfähig. Kein Wunder, daß der Mann seinem Gott täglich dankte, daß er ihn nicht als Frau auf die Welt hatte kommen lassen. Mannsein als Privileg aus göttlicher Gnade, das war das allgemeine männliche Lebensgefühl, in das auch Jesus mit hineingenommen wurde. Seine religiöse Erziehung war von ihren Inhalten und Methoden her so angelegt, daß sie ihm den Stolz des Mannseins wie auch des Judeseins ganz zwangsläufig vermittelte.

National- und Mannesstolz sind die beiden Eckpfeiler des Patriarchats, jener Gesellschaftsform, in der sich der Mann als Sohn des Vaters versteht und auf das »Muttersöhnchen« herabblickt, in der aber auch jeder Mann verpflichtet wird, sein Leben dem Vaterland zu opfern, wenn Vater Staat oder der Landesvater (möglicherweise aber auch Gottvater selbst) es verlangt. Dieses Weltbild, das männlichen und nationalen Egoismus fördert und rechtfertigt, wurde auch Jesus von seiner Umwelt vermittelt. Muß da nicht eine Frau, die außerdem auch noch das Pech hat, Nicht-Jüdin zu sein, auf der Strecke bleiben? Aber ist nicht andererseits gerade sie dazu prädestiniert, Jesus, den Mann und Juden, eines Besseren zu belehren?

Vielleicht kann uns die nachfolgende Geschichte der Wahrheit ein Stück näher bringen[2].

»Und Jesus ging von dort weg und zog sich in die Gegend von Tyrus und Sidon zurück. Und siehe, eine kanaanäische Frau kam aus jenem Gebiet her und schrie laut: Erbarme dich meiner, Herr, du Sohn Davids! meine Tochter wird von einem Dämon schwer geplagt. Er aber antwortete ihr nicht ein Wort. Und seine Jünger traten hinzu und baten ihn: Fertige sie ab, denn sie schreit uns nach! Doch er antwortete und sprach: Ich bin nur zu den verlornen Schafen des Hauses Israel gesandt. Da kam sie, warf sich vor ihm

nieder und sagte: Herr, hilf mir! Er aber antwortete und sprach: Es ist nicht recht, den Kindern das Brot zu nehmen und es den Hunden hinzuwerfen. Sie aber sagte: Gewiß, Herr, auch die Hunde zehren ja [nur] von den Brosamen, die vom Tisch ihrer Herren fallen. Da antwortete Jesus und sprach zu ihr: O Weib, dein Glaube ist groß; dir geschehe, wie du willst! Und ihre Tochter war geheilt von jener Stunde an.«

Frauen reagieren allergisch auf diese Geschichte. Sie ist sozusagen ein Gradmesser dafür, wie sie mit sich selbst und ihrer Weiblichkeit umgehen. Ein kleinerer Teil von Frauen bringt es nicht fertig, sich selbst in jener kanaanäischen Frau wiederzuerkennen, sich mit ihr zu identifizieren. Sie stellen sich – wie sie es gelernt haben – auf die Seite Jesu. Er wird schon wissen, warum er sie abweist. Sicher will er ihren Glauben prüfen, denn schließlich hilft er ihr ja am Ende doch. Daß von ihren Vermutungen nichts im Text steht, fällt ihnen kaum auf und fällt auch gar nicht weiter ins Gewicht, da ihr Vorverständnis sie an das Bild eines allwissenden, sündlosen Jesus kettet. Es würde ihnen nicht einfallen, ihn mit menschlichen Augen zu betrachten. Damit dieser Jesus auf dem Sokkel bleiben kann, muß die Frau Demütigungen einstecken, die auch noch gerechtfertigt erscheinen.

Ganz anders geht es den meisten Frauen, die mit diesem Text zum ersten Mal konfrontiert werden. Sie erkennen sich sofort in der Kanaanäerin wieder. Zorn steigt in ihnen hoch, weil ihnen viele Situationen in den Sinn kommen, in denen auch sie von Männern gedemütigt wurden, Situationen, in denen sie sich nicht zur Wehr setzen konnten. Viele Ehefrauen berichten von ihren Ehemännern, bei denen sie auch so oft den Eindruck haben, daß sie ihnen überhaupt nicht zuhören, wenn sie sie um etwas bitten oder ihnen etwas erzählen. Sie fühlen sich oftmals übergangen, einfach ignoriert und das nicht nur auf individueller Ebene. Da werden politische Entscheidungen getroffen, die für Frauen lebenswichtig sind, ohne daß sie selbst an der Entscheidungsbildung beteiligt werden.

Viele Frauen erkennen in Jesus und seinen Jüngern zu ihrem großen Erstaunen echtes Chauvi-Verhalten, wie sie es nennen. Für sie scheint die Kanaanäerin einfach Luft zu sein.

Ihr Bitten wird ignoriert. Auch das Einlenken der Jünger mildert den Zorn der Frauen nicht. Die wollen sie doch bloß loswerden, damit sie ihre Ruhe haben und mit Jesus wieder allein sind. Die Frau als Störfaktor, das ist ihnen gut bekannt. Die Wut der Frauen mischt sich mit Enttäuschung, wenn sie die Begründung Jesu für seine mangelnde Hilfsbereitschaft lesen. Er glaubt, nur für die Menschen seines eigenen Volkes zuständig zu sein. »Stellen wir uns einen deutschen Arzt vor«, sagte neulich eine Frau in der Gruppe, »der es ablehnen würde, während eines Auslandsaufenthalts eine ihn um Hilfe bittende Patientin zu behandeln, und zwar mit der Begründung, er sei nur für Deutsche zuständig. Ihm würde selbstverständlich Rassismus vorgeworfen.« Dahinter erkennen wir das typisch männliche, patriarchale Bewußtsein, das die Welt aufspaltet in Gut und Böse, Licht und Finsternis, Geist und Materie, Jude und Proselyt, Christ und Heide bis hin zu den Nationalitäten und Konfessionen. Dieses Weltbild haben viele Frauen längst verlassen. Die wenigsten von ihnen wissen, daß es dem trennenden Bewußtsein der linken Hirnhälfte angehört, derer sich das Patriarchat fast ausschließlich bedient. Doch wenn wir die Ergebnisse der Hirnforschung auf eine Analyse der Rede Jesu in diesem Texte anwenden, so erhalten wir erstaunliche Ergebnisse: Die ersten Worte in dieser Geschichte richtet Jesus an die Männer. Nachdem seine Jünger der erfolglos bittenden Frau überdrüssig geworden sind, bitten sie Jesus, sie abzufertigen. Dadurch fühlt sich Jesus gezwungen, sein abweisendes Verhalten zu begründen. Er weiß sich nur zu den verlorenen Schafen des Hauses Israel gesandt. Er hilft nicht, *weil* er sich nicht zuständig fühlt. Seine Antwort ist das Produkt eines kausalen Denkens, das der linken Hemisphäre, die als typisch männliche angesehen wird, entspringt. Nachdem die Frau sich ihm mit einem Kniefall weiter genähert hat, fühlt er sich verpflichtet, auch ihr sein Verhalten zu erklären. Doch kommt die Antwort, die er ihr gibt, aus der rechten, der weiblichen Hemisphäre, in der das analoge Denken beheimatet ist, bei dem es nicht um Ursache und Wirkung geht, sondern um ein den Inhalt umkreisendes Denken, das nach Entsprechungen sucht: so ... wie. Er gebraucht ein Bild, mit dem er seine Situation ihr gegenüber beschreibt: »Es ist nicht recht, den Kindern das Brot zu nehmen und es den Hunden hinzuwerfen.« Jesus gebraucht ein Bild, das dem Denken seines Volkes entspricht. So sagt beispielsweise Rabbi Eliezer: »Wer mit einem Götzendiener (= Heiden, C. M.) ißt, gleicht einem, der mit einem Hunde ißt.«[3] Auch an anderer Stelle bedient sich Jesus bei Matthäus des Bildes eines Hundes in recht negativer Weise, wenn er sagt: »Gebet das Heilige nicht den Hunden und werfet eure Perlen nicht vor die Schweine.«[4]

Jesus bedient sich also des analogen Denkens, um sein trennend-spalterisches Bewußtsein aufrechtzuerhalten, ja sogar rechtfertigen zu können. Ganz anders die Frau. Es fällt ihr nicht schwer, sich in die Analogie Jesu hineinzubegeben, der sie aber ganz geschickt eine weitere hinzufügt, wenn sie sagt: »Gewiß, Herr, auch die Hunde zehren ja nur von den Brosamen, die vom Tisch ihrer Herren fallen.« Auf recht subtile Weise gibt sie ihm zu verstehen: Den Hunden geht es bei den Menschen besser als mir bei dir, Jesus. Von ihren Tischen fallen Brosamen, du aber bist nicht bereit, mir etwas von deinen heilenden Kräften zukommen zu lassen. Hier spüren wir, wie sicher sich diese Frau im analogen Denken fühlt, wie souverän und überlegen sie ihm zu antworten vermag, ohne ihm ihr Verletztsein zu zeigen. Sie versteht es, ihre Gefühle in die richtige Richtung zu lenken. Es geht jetzt um ihre Tochter, nicht aber um ihr Ansehen bei diesem Mann. Wer die Heilung der Tochter ablehnt, geht auch über die Gefühle der Mutter hinweg. Wem das Bild eines Hundes in der Begegnung mit einer Frau in den Sinn kommt, der ignoriert auch die Respektierung des weiblichen Selbstbildes, das sicher keine Ähnlichkeit mit einer Hündin hatte. Wer dermaßen berechnend mit den eigenen Kräften umgeht, obwohl es nur eines Wortes bedarf, der schert sich auch nicht um die Verletzlichkeit der weiblichen Seele.

Es ist diese Erweiterung der Analogie, die Jesus letztendlich überwindet. Auch in seinem abweisenden Bild hatte die Frau noch einen Funken Hoffnung unterbringen können. Mit dem Bild ihrer heilen Tochter im Herzen erwirkte sie von ihm das Heil.

Die Frauen sind ergriffen von dieser Frau. Sie sind nicht

sicher, ob sie sich vor den Männern in den Staub geworfen hätten. Wenn es aber um die eigene Tochter geht, wohl doch. Natürlich, für andere ist frau eher bereit, sich zu demütigen. Für sich selbst hätten sie es wohl kaum getan. Typisch weiblich?! Die Frau wird zum Spiegelbild ihrer selbst. Doch die Geistesgegenwart der Frau können sie nur bewundern. Da könnten sie sogar noch etwas lernen, denn wie oft fehlen ihnen die rechten Worte in solchen Situationen. Dahinter erkennen sie eine unendliche Geduld, die sie auch bei sich oft festgestellt haben. »Die Geduld der Frauen ist die Macht der Männer«, heißt ein bekannter Frauenfilm, der über geschlagene Frauen berichtet. Einige der Frauen haben ihn gesehen. Er läßt sie skeptisch sein gegenüber zu viel weiblicher Geduld. Wahrscheinlich müssen wir lernen, mit unserer Geduld hauszuhalten. Im Text nützte die Geduld der Tochter und schadete niemandem. Im Film nützte sie dem Mann und schadete der Frau.

Viele Frauen erfahren zum ersten Mal an einem neutestamentlichen Text, daß sie hier von einer Frau und nicht von Jesus etwas lernen können. Und was hat Jesus gelernt? Diese Frage fasziniert zwei der Frauen unserer Gruppe dermaßen, daß sie sich am Abend zurückziehen. Sie erarbeiten die folgenden Texte, die sie am nächsten Morgen vortragen.

Im ersten Text hat sich Ilse Seifert mit der Frau identifiziert.

»Ich bin eine kanaanäische Frau. Neulich kam dieser Fremde aus Galiläa, dieser Jesus, in unser Dorf. Da habe ich gedacht: Vielleicht kann der mir helfen – der ist meine letzte Rettung, von dem erzählen sie, daß er Kranke gesund macht. Meine Tochter ist nämlich todsterbenskrank, und ich sehe sonst keine Hoffnung mehr, ich war schon bei so vielen Wunderheilern.

Als er also im Dorf ist, gehe ich zu ihm und bitte ihn: Erbarme dich doch meiner, du Sohn Davids – so nennen sie ihn nämlich –, meine Tochter ist todsterbenskrank! Und was macht er? Er hört mich gar nicht, es ist, als wäre ich gar nicht da. Da kommen auch noch ein paar von denen, die immer mit ihm ziehen, und sagen: Fertige die Frau da doch endlich ab, damit wir sie loswerden! Aber Jesus meint nur – zu den Jüngern gewandt, nicht zu mir –, er sei nur für seine eigenen Leute da, für die ›verlorenen Schafe aus dem

Haus Israel‹, wie er sagt, nicht für uns Fremde. Ich lasse aber nicht locker und rufe: Herr, hilf mir! Aber er bleibt dabei: Es ist falsch, den eigenen Kindern das Brot zu nehmen und es den Hunden hinzuwerfen; damit meint er uns ›Heiden‹. Jetzt könnte ich eigentlich gehen, es ist aussichtslos, ich fühle mich wie ein Nichts. Aber er ist doch meine letzte Hoffnung, also versuche ich es noch einmal. Ein letztes Mal, ich gehe sogar soweit, das Schimpfwort selbst in den Mund zu nehmen. Ja, sage ich, ich bin ein Hund; aber, Herr, auch die Hunde essen doch nur Abfälle vom Tisch ihres Herrn! Kleiner kann ich mich nicht mehr machen, aber wichtig ist mir nur eins: daß meine Tochter gesund wird.

Und da geschieht etwas, was mich nach allem, was vorausging, total überrascht: Der Mann, der mich die ganze Zeit gar nicht wahrgenommen, geschweige denn ernst genommen hat, sagt auf einmal: Frau, dein Kind wird gesund. Was du willst, soll sein, du hast mir vollkommen vertraut. Und meine Tochter ist gesund geworden. Das hatte ich nicht mehr erwartet, daß dieser Jesus sich dann so anders verhält als am Anfang, und er hat ja danach auch noch tatsächlich viele andere ›Hunde‹ geheilt. Vielleicht hat er sich ja wirklich verändert dadurch, daß ich nicht locker gelassen habe.«

Hier also erweist sich die Geduld der Frau als Chance für den Mann, sich zu ändern, indem er die Existenz des Weiblichen in sein Bewußtsein integriert. Indem die Frau Jesus mit ihrer eigenen Not um die Tochter konfrontiert, zwingt sie ihn, auch sich selbst zu begegnen, sich an seinen eigenen Wertmaßstäben zu messen, sein Reden in Tun zu verwandeln.

Das zeigt die Vorgeschichte, die Matthäus und Markus jener von der kanaanäischen Frau vorschalten. Sie berichtet davon, daß Jesus die Pharisäer und Schriftgelehrten und später im kleineren Kreis die Jünger darüber belehrte, daß der Mensch nicht durch das Essen mit ungewaschenen Händen verunreinigt wird, sondern durch böse Gedanken, die aus dem Herzen kommen, sowie durch Hochmut und Beleidigungen anderer. Diese Dinge kommen aus dem Inneren des Menschen und sollten daher Anlaß zur Beunruhigung sein, nicht aber die ungewaschenen Hände[5].

Hier nun der Text, in dem sich Sabine Rosenbrock mit Jesus identifiziert:

»Alle Reinheitsvorschriften, auf die Menschen sich berufen, sind für die Katz. Dieses ängstliche Bemühen, nicht mit Unreinem in Berührung zu kommen, ist völlig unsinnig, denn von außen kann man nicht unrein werden. Alles Unreine in der Welt kommt aus unserem Inneren. In uns selbst spielt sich ab, womit wir uns auseinanderzusetzen haben.

Das habe ich dem Volk erklärt. Ich habe es zusammengerufen und ihm das genau auseinandergelegt. Jetzt muß ich mich erst mal zurückziehen.

Ich bin jetzt mit den Jüngern nach Tyrus und Sidon gegangen. Hier hoffe ich Ruhe zu finden, um nachdenken zu können.

Die Frau, die da so schreit, stört mich nicht. Ich muß da abschalten. Die Jünger können das Geschrei nicht aushalten. Sie wollen, daß ich sie abwimmele mit irgendwas, aber darum geht es nicht. Das hieße Fliegen verscheuchen, wenn ich sie jetzt irgendwie abfertige. Ich bin Jude und nur für Juden zuständig.

Das ist doch nicht zu fassen, wie hartnäckig die ist! Also, wenn es auf die normale Art nicht geht, muß ich wohl grob werden. Gute Frau, jetzt hör mir mal gut zu. Ich muß mit meinen Kräften haushalten, die sind ganz klar für Gottes Volk bestimmt. Das ist mein Aufgabenfeld. Ich kann mich unmöglich noch um euch Kanaken kümmern – das sag ich mal knallhart.

Und jetzt kommt der Punkt: Diese Frau ist nicht abgedreht. Sie ist nicht beleidigt, sie ist nicht auf dem Absatz umgedreht und nicht am Boden zerstört von meiner Grobheit. Wenn für mich eine Heidin keine Partnerin sein kann, dann sieht sie das als mein Problem an. Ihr geht es um was anderes. Für sie zählt nur: Sie will den Kontakt mit mir. Sie will was! Sie glaubt, daß ich ihr helfen kann, ganz egal, wie ich sonst noch bin. Mein Gott, ich hatte nicht mal hingehört. Sie will, daß ihr Kind gesund wird, sie weiß, daß es gesund werden kann. Sie läßt nicht locker. Und wenn ich noch so auf ihr herumtrample.

Und jetzt fallen mir sämtliche Bretter vom Kopf. Was hab ich gestern dem Volk so großartig erzählt? Nicht was von außen kommt, macht unrein. Von innen kommt das Böse! Die Verachtung macht unrein. Nicht zuhören macht Menschen kaputt. Nicht zuständig sein zerstört. Diese Frau hat mir unendlich geholfen. Sie hat die Achtung für sich selbst bewahrt, und damit hat sie mich geachtet. Gott, jetzt spür ich dich. Jetzt lebe ich!«

Diesem Jesus der Frauen stellt Sabine Rosenbrock noch einen Jesus der Theologen gegenüber:

»Ich bin Jesus nach Matthäus, wie ich mich in Kommentaren wiederfinde. Danach bereitet Matthäus die bei Markus vorgefundene Geschichte von mir und der kanaanäischen Frau auf, um seiner judenchristlichen Gemeinde einmal mehr Gottes Heilsplan vor Augen zu führen. Ganz deutlich weiß ich mich auch in diesem Text des Matthäus zu Israel gesandt und muß daher mit aller Entschiedenheit dem Ansinnen der Kanaanäerin begegnen. Aber auch die Heiden selbst erkennen das durchaus an: Die syrophönizische Frau stößt sich ja ganz und gar nicht an der Bezeichnung »Hund«. Nur beweist sie mir, daß es sich auch für Hunde unter dem Tisch ihrer Herren noch leben läßt. So groß ist ihr Glaube. Wer wollte da Heil versagen? Das hat Matthäus seiner Gemeinde gepredigt.

Man darf also die Geschichte von mir und der syrophönizischen Frau nicht einfach so auf sich wirken lassen, wie sie da steht. Denn darüber, wie ich, der historische Jesus, gehandelt und gefühlt habe, sagt sie möglicherweise gar nichts aus. So wie sie da von Matthäus konzipiert ist, sagt sie natürlich auch für die Situation der heutigen Christen nichts unmittelbar Treffendes aus (schon gar nichts speziell für Frauen, denn um die geht es auch hier nicht).

Tja, was machen wir nun mit meiner Geschichte? Daß der Christ ist, der glaubt, das wissen die meisten Christen schon. Der Konflikt Judenchrist – Heidenchrist läßt sich nur schwer aktualisieren. Aber halt! Bekanntlich erstehe ich ins Kerygma auf. Hm.

Was macht nun dies naive Frauenvolk? Sie lesen und hören, wie sie's verstehen. Ich werde ihnen zur lebendigen Gestalt, sie sehen mich als Mann, der Frauen verletzt und sie später verstehen gelernt hat. Sie glauben in dieser Geschichte das Wunder zu erleben, daß ein Mann, der gerade in Fahrt war, in seinem Dünkel und seiner Selbstgerechtigkeit innegehalten hat; daß er eine Begegnung und Bereicherung erlebt hat, weil es ihm möglich war, auf ein (hinterletztes) weibliches Wesen zu hören. Sie finden im Evangelium ihre eigene Situation wieder. Ich hatte mir meine Auferstehung ins Kerygma etwa in dieser Weise vorgestellt.

Aber die Theologen, die männlichen, versichern mal nachsichtig, mal genervt, so ginge das nun wirklich nicht mit meiner Auferstehung. Schließlich könne man doch nicht auferstehen, wo man will.«

Für diese Frauen ist Jesus in der Tat auferstanden. Der tote Buchstabe wurde zu neuem Leben erweckt, weil Frauen sich in ihm selbst wiederfanden, sich eigenen Problemen gegenübergestellt sahen und schließlich auch in Jesus und seinen Jüngern typisch männliche Reaktionen wiedererkannten, die ihnen nur allzu gut vertraut waren. Es ist sicher nicht der Jesus der Theologen, der Frauen in dieser Geschichte ganz neu begegnet. Es ist der Jesus der Frauen, der Männern 2000 Jahre entgangen ist oder den sie Frauen vorenthalten haben, weil er so gar nicht in ihr theologisches Konzept paßt. Bei ihnen ist kein Raum für einen Jesus, der sich von einer Frau belehren läßt. Sie wollen nicht sehen, daß es sich hier um mehr als ein Lehrstück handelt, mit dem der Evangelist der Gemeinde veranschaulicht, daß Jesus die jüdische Gesetzlichkeit verworfen hat. »Für die Christenheit steht diese Geschichte als Zeichen; ihr Herr ist der Helfer und Heiland der Juden und Heiden und öffnet auch den Heiden sein Haus, in dem er der Hausvater ist und das Brot spendet.« So will es der theologische Kommentator des Textes[6].

Doch zu diesem Zweck genügte die Geschichte vom römischen Hauptmannn, der zu Jesus kommt und für seinen Knecht um Heilung bittet. Ihm antwortet Jesus ohne Zögern: »Ich will kommen und ihn heilen.«[7]

Die unterschiedlichen Reaktionsweisen Jesu auf fast dieselbe Situation finden keine Erklärung. Warum behandelt er den Römer so zuvorkommend und die Frau dermaßen abweisend? In beiden Fällen handelt es sich um Heiden. Matthäus berichtet die Geschichte vom römischen Hauptmann vor jener, um die es uns geht. Sollte diese zeitliche Reihenfolge eine historische Grundlage haben, so müssen wir davon ausgehen, daß sich in dem vermeintlichen Rassismus in Wirklichkeit Sexismus ausdrückt, das heißt, daß Jesus sich weigert, einer Heidin zu helfen. Ist die zeitliche Reihenfolge hingegen ohne Bedeutung, so könnten wir mit Recht annehmen, daß sich die Geschichte vom römischen Hauptmann später ereignet hat und hierin ein Lernfortschritt Jesu zu erkennen ist, das heißt, daß der Hauptmann von der Geduld und Beharrlichkeit der Kanaanäerin profitiert. In ihr könnten wir demnach die erste Heidin sehen, die von Jesus geheilt wurde; denn anders wäre seine anfängliche Ablehnung nicht zu verstehen. Durch ihre Beharrlichkeit führte sie ihn zu der Erkenntnis, daß nicht die Zugehörigkeit zu einem bestimmten Volk darüber entscheiden darf, wem er seine Hilfe angedeihen läßt, sondern die Bedürftigkeit des Menschen, die dann zum einzigen Kriterium seiner Hilfsbereitschaft wurde und die sich schließlich in jenem Wort niederschlägt, das alle drei Synoptiker überliefern: »Nicht die Starken bedürfen des Arztes, sondern die Kranken.«[8]

Doch noch etwas lernt Jesus in der Begegnung mit der kanaanäischen Frau. Es ist anzunehmen, daß sein späteres entschiedenes Auftreten gegen jegliche Form der Menschenverachtung ihre Wurzeln in dieser Begegnung hat. Er, der eine Frau als »Hund« abtat, lehrt in der Bergpredigt: »Ihr habt gehört, daß zu den Alten gesagt ist: ›Du sollst nicht töten‹, wer aber tötet, soll dem Gericht verfallen sein. Ich aber sage euch: Jeder, der seinem Bruder zürnt, soll dem Gericht verfallen sein. Wer aber zu seinem Bruder sagt ›Raka‹ (Ausdruck der Verachtung), soll dem Hohen Rat verfallen sein. Wer aber sagt: ›du Tor‹ (Ausdruck noch stärkerer Verachtung), soll der Hölle mit ihrem Feuer verfallen sein.«[9] Nur weil er selbst durch die Phase der Menschenverachtung gegangen und bereit war, sich von einer Frau eines Besseren belehren zu lassen, konnte er zum Lehrer seiner Brüder werden und an sie weitergeben, was er durch die Frau empfangen hatte.

Zum Messias befreit

Es bedurfte gewiß mehrerer Begegnungen mit ausländischen Frauen, damit Jesus den ihm eingeimpften Rassismus und Sexismus überwinden konnte, denn diese auf Absonderung des orthodoxen jüdischen Mannes von anderen Völkern wie auch von Frauen bedachte Haltung macht bis heute den jüdischen Männern um so stärker zu schaffen, je religiöser sie sind[10]. Sie sind sozusagen ein wesentlicher Bestandteil der religiösen Erfahrung eines auserwählten Volkes und eines auserwählten Geschlechts. Bis heute sind Rassismus und Sexismus überall auf der Welt *die* Ausdrucksform patriarchaler Gespaltenheit und Selbstentfremdung. Sie beruhen auf der systematischen Abwertung anderer Völker und Religionen wie auch des anderen Geschlechts – der Frau – und sind Ausdruck eines Bewußtseins, das der linearen Zeitebene, auf der die Wirklichkeit in Gegensätze auseinanderfällt, verhaftet ist und keinen Zugang mehr hat zur Dimension der Zeitlosigkeit, in der das Erleben von Einheit möglich wird. In der Begegnung mit ausländischen Frauen wurde das jüdisch-patriarchale Absonderungsbedürfnis, das sich auch in Jesus regte, in Frage gestellt. Das muß jeder Evangelist auf seine Weise erfahren haben, so daß darüber in recht unterschiedlicher Weise berichtet wird.

Der Evangelist Johannes berichtet von einer solchen Begegnung in Samarien, der im Gesamtzusammenhang des Evangeliums eine ganz besondere Bedeutung zukommt. In dieser Begegnung mit einer Frau spricht Jesus zum ersten Mal eines seiner tiefsinnigen typisch johanneischen Ich-bin-Worte aus, derer sich im Alten Testament Jahwe, in vorpatriarchaler Zeit jedoch Göttinnen bedienten, um die Tiefen ihres Seins zu offenbaren. Jesus enthüllt auf diese Weise seine Messianität, seine Teilhabe an einer nicht-patriarchalen Welt, in der die von Männern geschaffenen Gegensätze aufgehoben sind und die Verbundenheit aller mit allem im Vordergrund steht.

Die Kirche hat einer solchen Erstoffenbarung Jesu als Messias immer eine ganz besondere Bedeutung zugeschrieben und sie daher ausschließlich in Zusammenhang mit Petrus, der ersten Autorität der frühen Kirche, gebracht. Die beiden ersten Evangelisten berichten nämlich, daß auf einer Wanderung Jesu mit den Jüngern durch die Dörfer bei Cäsarea Philippi Petrus in einer Art Erleuchtung oder göttlichen Eingebung erkennt, daß Jesus der Messias ist. Auf diese Weise erfahren es auch die anderen Jünger[11]. Mit dieser Erzählung wird der Lieblingsjünger der Kirche in besonderer Weise hervorgehoben.

Johannes dagegen berichtet nichts dergleichen. Er verbindet die Erstoffenbarung Jesu wie auch das erste Bekenntnis zu ihm als Messias in auffallender Weise mit dem weiblichen Geschlecht. Protestiert er damit möglicherweise gegen die Anmaßung der frühen Männerkirche? Die Frau am Jakobsbrunnen, mit der ich mich hier näher befassen möchte, wird Adressatin der ersten Selbstoffenbarung Jesu, während die ihm vertraute Martha aus Bethanien das erste Messiasbekenntnis ablegt[12]. Martha tut das kurz vor der Auferweckung ihres Bruders Lazarus, nachdem Jesus selbst sich als »die Auferstehung und das Leben«[13] bezeichnet hatte, Worte, mit denen er sich als Repräsentant des ewigen Lebens darstellt, als Überschreiter patriarchaler Dimensionen, denen kein Anteil an der Dimension der Ewigkeit zukommt.

Bei seiner Selbstoffenbarung gegenüber der Samariterin am Jakobsbrunnen wird ein ähnlicher Zusammenhang sichtbar. In dieser Geschichte geht es vorrangig um die Aufhebung des patriarchalen linearen Zeitgefüges, das immer mit Aus- und Abgrenzungen einhergeht. Das zeigt bereits der Ort der Begegnung. Sie findet an einem Brunnen statt, der den mütterlichen Schoß als ewige Quelle neuen Lebens versinnbildlicht. Zu allen Zeiten war der Brunnen ein Ort der Frauen. Sie waren es, die den täglichen Gang zum Brunnen machten, um aus seinen Tiefen das Wasser des Lebens zu schöpfen. An ihm erfuhren sie, wie wichtig der Gang in die Tiefe ist, der zu neuem Leben führt; denn ohne das Wasser aus der Tiefe war kein Leben möglich.

An diesem Ort läßt Johannes ein recht tiefsinniges Gespräch zwischen Jesus und einer Samariterin stattfinden, das bei genauerem Hinsehen nicht nur Tiefgang, sondern ebenfalls sexistische und rassistische Tendenzen erkennen läßt, die allerdings im Laufe des Gesprächs überschritten, transzendiert werden. Auch wenn es sich bei dem Text nicht um einen historischen Bericht handelt, kann es durchaus sinnvoll sein, sich in diese Schilderung hineinzubegeben. Dazu sollte sich die Leserin in folgende Situation versenken:

»Sie sind eine Samariterin und daher für einen jüdischen Mann von doppelter Minderwertigkeit: erstens als Frau und zweitens als Zugehörige zu einem Volk der Unreinen. Dazu gesellt sich aber noch eine dritte Minderwertigkeit, die sich aus Ihrer persönlichen

Situation ergibt: Sie leben mit einem Mann in einem nicht-ehelichen Verhältnis. Sie waren mehrmals verheiratet. Wiederholt hat der Tod den Mann von Ihrer Seite gerissen. Mit dem letzten Ehemann klappte es nicht. Sie haben sich getrennt. Der Mann, mit dem Sie jetzt zusammenleben, ist zu einer Ehe nicht mehr bereit.

Durch dieses nicht-eheliche Verhältnis sind Sie jedoch aus der Gemeinschaft der anderen Frauen ausgestoßen. Alle mußten sich von Ihnen zurückziehen. Keine spricht mehr mit Ihnen. Auch ist es Ihnen untersagt, die tägliche Arbeit des Wasserholens in der Gemeinschaft mit den anderen Frauen zu verrichten, was immer sehr lustig und interessant war. Sie sind nunmehr gezwungen, diese Arbeit mittags in sengender Hitze zu verrichten, statt abends in der Abendkühle beim Gespräch mit den anderen.

Sie befinden sich gerade auf dem Weg zum Brunnen außerhalb des Dorfes. Als Sie sich dem Brunnen nähern, sitzt ein Mann auf dessen Rand. Sie erkennen ihn als einen Juden und wundern sich über seine Gegenwart, denn kein einigermaßen frommer Jude ließ sich dazu hinreißen, Samarien zu betreten. Als Sie beim Brunnen ankommen, spricht der Mann zu Ihnen: Gib mir zu trinken. Kein »bitte«, keine Erklärung, daß er Sie als Frau so ohne weiteres anspricht, kein Vorstellen, nichts. Er will nur Ihr Schöpfgefäß benutzen. Sie wundern sich: Die samaritische Frau nun sagt zu ihm: Wieso begehrst du, der du ein Jude bist, von mir, die ich eine samaritische Frau bin, zu trinken? (Juden verkehren nämlich nicht mit Samaritern.) Jesus antwortete und sprach zu ihr: Kenntest du die Gabe Gottes und [wüßtest du] wer der ist, der zu dir sagt: Gib mir zu trinken, so hättest du ihn gebeten, und er hätte dir lebendiges Wasser gegeben. Sie sagt zu ihm: Herr, du hast kein Schöpfgefäß, und der Brunnen ist tief; woher hast du nun das lebendige Wasser? Bist du etwa größer als unser Vater Jakob, der uns den Brunnen gegeben hat – und er hat daraus getrunken und seine Söhne und sein Vieh? Jesus antwortete und sprach zu ihr: Jeder, der von diesem Wasser trinkt, wird wieder dürsten; wer aber von dem Wasser trinkt, das ich ihm geben werde, wird in Ewigkeit nicht dürsten, sondern das Wasser, das ich ihm geben werde, wird in ihm zu einer Quelle von Wasser werden, das sprudelt, um ewiges Leben zu spenden. Die Frau sagt zu ihm: Herr, gib mir dieses Wasser, damit ich nicht dürste und nicht hierher kommen muß, um zu schöpfen!

Er sagt zu ihr: Geh hin, rufe deinen Mann und komm hierher! Die Frau antwortete und sagte: Ich habe keinen Mann. Jesus sagt zu ihr: Mit Recht hast du gesagt: Ich habe keinen Mann; denn fünf Männer hast du gehabt, und der, den du jetzt hast, ist nicht dein Mann. Da hast du die Wahrheit gesagt.

Die Frau sagt zu ihm: Herr, ich sehe, daß du ein Prophet bist. Unsre Väter haben auf diesem Berge angebetet, und ihr sagt, in Jerusalem sei der Ort, wo man anbeten muß. Jesus sagt zu ihr: Weib, glaube mir, die Stunde kommt, wo ihr weder auf diesem Berge noch in Jerusalem den Vater anbeten werdet. Ihr betet an, was ihr nicht kennt; wir beten an, was wir kennen; denn das Heil kommt von den Juden. Aber die Stunde kommt und ist jetzt da, wo die wahren Anbeter den Vater in Geist und Wahrheit anbeten werden; denn so will der Vater seine Anbeter haben. Gott ist Geist, und die ihn anbeten, müssen ihn in Geist und Wahrheit anbeten. Die Frau sagt zu ihm: Ich weiß, daß der Messias kommt, der der Christus genannt wird; wenn dieser kommt, wird er uns alles kundmachen. Jesus sagt zu ihr: Ich bin's, der ich mit dir rede.

Und währenddem kamen seine Jünger, und sie verwunderten sich, daß er mit einer Frau redete. Doch sagte keiner: Was hast du im Sinn? oder: Was redest du mit ihr? Die Frau nun ließ ihren Wasserkrug stehen und ging weg in die Stadt und sagte zu den Leuten: Kommet, sehet einen Menschen, der mir alles gesagt hat, was ich getan habe! Sollte dieser etwa gar der Christus sein? Sie gingen zur Stadt hinaus und machten sich auf den Weg zu ihm.

Inzwischen baten ihn die Jünger: Rabbi, iß! Er aber sprach zu ihnen: Ich habe eine Speise zu essen, die ihr nicht kennt. Die Jünger sagten nun zueinander: Es hat ihm doch niemand zu essen gebracht? Jesus sagt zu ihnen: Meine Speise ist, daß ich den Willen dessen tue, der mich gesandt hat, und sein Werk vollende. Sagt ihr nicht: Es sind noch vier Monate, dann kommt die Ernte? Siehe, ich sage euch: Erhebet eure Augen und betrachtet die Felder: sie sind schon weiß zur Ernte. Der, welcher erntet, empfängt Lohn und sammelt Frucht fürs ewige Leben, damit sich zugleich der freue, welcher sät, und der, welcher erntet. Hier nämlich ist das Wort wahr: Ein andrer ist's, der sät, und ein andrer, der erntet. Ich habe euch ausgesandt, zu ernten, was ihr nicht erarbeitet habt; andre haben gearbeitet, und ihr seid in ihre Arbeit eingetreten.

Aus jener Stadt aber glaubten viele von den Samaritern an ihn um des Wortes der Frau willen, die bezeugte: Er hat mir alles gesagt, was ich getan habe.«[14]

Die Geschichte veranschaulicht recht deutlich einen Schwerpunkt christlicher Botschaft: Was im Patriarchat töricht ist, was nichts gilt, da es niedriggeboren ist, was verachtet wird, das hat Gott erwählt[15]. Der Evangelist läßt keines dieser Negativmerkmale aus. Nicht nur daß jene Frau aufgrund ihres Lebenswandels aus der Dorfgemeinschaft ausgeschlossen wurde, als Samariterin war sie auch von Haus aus »niedriggeboren« und wurde von den meisten Juden verachtet und gemieden und damit ausgegrenzt.

Diese nur allzu gut belegte jüdische Verachtung steht bei der Begegnung am Brunnen zwischen ihr und Jesus. Zu Recht wundert sie sich, daß er ihr Schöpfgefäß benutzen will, denn die Juden tranken normalerweise nicht mit Samaritern aus einem Gefäß, da sie sie für unrein hielten. Diese Form des Rassismus wird hier überwunden. Gilt das aber in gleichem Maße für das spalterische patriarchale Bewußtsein? Leider nicht, wie der weitere Verlauf des Gesprächs zeigt, das sämtliche Klischees beinhaltet, die Männerhirne seit Jahrtausenden produzieren: Die Frau ist ignorant[16], so daß Jesus sie belehren kann. Sie kapiert nichts[17], so daß er ihr die Tiefen seines Denkens erklären kann. Sie führt einen unmoralischen Lebensstil, der es Jesus gestattet, ihr gegenüber als Prophet aufzutreten. Ihre Ignoranz bezieht sich nicht nur auf seine Person, sondern erstreckt sich ebenfalls auf ihre religiöse Praxis, denn sie gehört einem Volk an, von dem Jesus sagt: »Ihr betet an, was ihr nicht kennt; wir beten an, was wir kennen; denn das Heil kommt von den Juden.«

Wie viele Frauen vor ihr und nach ihr wird diese Frau zur Adressatin eines unerträglichen religiösen Hochmuts, der über andere Glaubensrichtungen abfällig urteilt und das Heil der Welt nur aus den eigenen Reihen kommen sieht. Gerade noch hatte sich die Frau ihm geöffnet und ihn um Aufklärung gebeten über jene religiösen Barrieren zwischen ihrem und seinem Volk, die sie nie so recht verstanden hatte. Schöpften sie nicht beide aus einem Brunnen? Verstanden sie sich nicht beide als Nachkommen jenes Stammvaters Jakob, auf den dieser Brunnen zurückging? Warum benutzte er nun ihre Frage dazu, die Überlegenheit seines eigenen Glaubens herauszustellen und ihr und ihrem Volk religiöse Unkenntnis und Minderwertigkeit vorzuhalten?

Die Worte Jesu zeigen, daß er an dieser Stelle noch aus dem nationalen Brunnen seines Volkes schöpft, so wie die Frau ihr Wasser aus dem Brunnen Jakobs holt. Doch anscheinend will die Frau mehr. Sie ahnt, daß es mehr gibt als die Vätertradition, die an einen bestimmten Berg gebunden ist. Ob Jerusalem jedoch die befreiende Alternative sein kann, erscheint ihr fraglich.

Hatte er ihr nicht zu Beginn ihres Gesprächs verheißen, die Quelle ihrer eigenen Tiefe zum Sprudeln zu bringen, so daß sie *ewiges*, das heißt zeit- und ortunabhängiges Leben spenden konnte? Hatte er sie nicht gerade mit jenen Worten vom Brunnen ihrer Väter weggelockt? Sollte das etwa nur geschehen sein, um ihr *seine* Väter vor Augen zu führen? Gab es denn wirklich nur jenes Heil, das von den Juden kommt und für die Zukunft erwartet wurde? War die *eigene* Tiefe denn nicht der Ort des Heils? Warum aber dann warten, bis »die Stunde kommt, wo ihr weder auf diesem Berge noch in Jerusalem den Vater anbeten werdet«? Solche Worte ließen die Frau wieder einmal leer ausgehen. War nicht diese auf die Zukunft gerichtete Hoffnung immer wieder als Rechtfertigung dafür mißbraucht worden, daß ihr die Gegenwart vorenthielt, wonach sie sich in ihrem tiefsten Innern sehnte? Wie sehr muß sich diese Frau innerlich ausgehöhlt gefühlt haben von einem geistigen Leben aus zweiter Hand, das sie zwischen den eigenen Vätern und den Juden verbrachte und das ihr selbst alle Beziehungen verwehrte. Aus der Gemeinschaft mit anderen Frauen war sie auf der Grundlage eines »göttlichen« Gesetzes von ihrer eigenen Dorfgemeinde ausgestoßen worden wegen ihrer »illegitimen« Partnerbeziehungen. Aus der Gemeinschaft mit Gott war ihr Volk von den jüdischen Nachbarn bereits seit längerem ausgeschlossen worden, da diese es für »unrein« erklärt hatten, nur weil es als assyrisches Mischvolk Reste seiner nicht-jüdischen religiösen Herkunft in den jüdischen Kult integriert hatte und somit an »illegitimen« Beziehungen festhielt. Was aber bleibt einer

Frau bei einer derart patriarchalen, auf Ausgrenzung bedachten Verwaltung der zwischenmenschlichen und Gottesbeziehungen? Welche Möglichkeiten bleiben da noch, ihre geistig-sozialen Bedürfnisse im Hier und Jetzt zu erfüllen?

Bis zu diesem Punkt scheint das ganze Gespräch darauf angelegt zu sein, die Frau zu entblättern, um ihr ihre moralische, soziale und religiöse Minderwertigkeit vor Augen zu führen, aus der es in der Gegenwart kein Entrinnen zu geben scheint.

Doch plötzlich wendet sich das Blatt. Jesus bekommt ein Gespür für die Gegenwart, für den Kairos, die erfüllte Zeit[18]. In der unmittelbaren Nähe zu dieser Frau scheint er ihre Bedürfnisse wahrzunehmen. Er vertröstet sie nun nicht länger auf die Zukunft, sondern holt diese in die Gegenwart herein mit den Worten: »Aber die Stunde kommt und ist *jetzt* da, wo die wahren Anbeter ...« Gegenwart und Zukunft klaffen nicht länger auseinander. Die Heil-Suchende wird nicht mehr auf eine ferne Zukunft vertröstet. Gleichzeitig wird ihr gestattet, nationale Grenzen zu überschreiten, denn die wahren Anbeter und Anbeterinnen scheinen nicht an eine bestimmte Nationalität oder Religionszugehörigkeit gebunden zu sein. Sie gibt es überall. Jene Trennungen, die Jesus selbst zuvor noch bestätigt hatte, sind nunmehr aufgehoben[19].

Im Geist und in der Wahrheit soll das Göttliche angebetet werden, unabhängig von Bergen und heiligen Städten, von Vätern und Nationalitäten, von Geschlecht und Bildungsstand; denn das Göttliche selbst ist Geist (pneuma), ist Heilige Geistin (ruah) und Wahrheit, wenn es jenseits patriarchaler Trennungen wahrgenommen wird. Wer immer den Menschen *diese* Botschaft bringt, wird ihnen zum Messias, zum Erlöser aus patriarchaler Gefangenschaft.

Bedurfte Jesus nicht der unmittelbaren Nähe zu dieser Frau als einer Unreinen und Ausgestoßenen, um diese Erkenntnis heranreifen zu lassen und ihm zu helfen, auch die letzten Reste jenes religiösen Rassismus zu überwinden, an dem auch er Anteil hatte? War es nicht ihre absolute Heilsbedürftigkeit, die in ihm das Bedürfnis weckte, ihr zum Heiland, zum Messias zu werden, genauso wie in der vorigen Geschichte das Heilungsbedürfnis von Mutter und Tochter ihm die Bereitstellung seiner Heilungskräfte abgerungen hatte? Und berichtet nicht auch Johannes zwei Kapitel zuvor von ganz ähnlichen Zusammenhängen? War es nicht auf der Hochzeit zu Kana ebenfalls eine Frau – seine Mutter – gewesen, die ihn auf das Bedürfnis der Hochzeitsgäste nach mehr Wein hingewiesen und damit den Anstoß zu jenem ersten Wunder gegeben hatte, von dem Johannes berichtet? Liegt nicht vielleicht auch in diesen Begebenheiten der Ursprung seines Wissens um die Macht der Bitte, das er in immer neue Bilder und Gleichnisse goß? Waren ihm Frauen nicht wieder einmal ganz unbemerkt zu Lehrerinnen geworden, indem sie ihm Erfahrungen vermittelt hatten, die ihm wichtiger wurden als alle Philosophien und Theologien seiner Lehrer?

»Ich weiß, daß der Messias kommt«, hatte die Frau mit großer Bestimmtheit zu ihm gesagt. Wie unzählige andere Menschen – Juden und Samariter – wartete auch sie auf jenen Gesalbten, der ihr alles kundtun, alle Verirrungen des Geistes aufheben und ihr zu vollem Menschsein verhelfen würde. Gewiß, die Messiaserwartungen waren allgegenwärtig in seinem und ihrem Volk, aber in dem *Erleben* der Isoliertheit und des Abgeschnittenseins dieser Frau von Beziehungen zu Gott und Mensch bekam Jesus die Sehnsucht nach jener Erlösergestalt ganz unmittelbar und fernab von aller Spekulation aus einem tiefen inneren Bedürfnis heraus zu spüren. Und seine Antwort auf diese Sehnsucht lautet: »Ich bin's, der ich mit dir rede.«

Ich glaube, wir machen es uns zu leicht, wenn wir in dieser ersten Selbstoffenbarung Jesu lediglich eine Information in Form einer Selbstaussage sehen. Wenn Johannes in so krasser Form die soziale und religiöse »Minderwertigkeit« sowie die daraus resultierende Heilsbedürftigkeit dieser Frau herausstellt, dann will er damit einen inneren Zusammenhang zwischen ihr und der Messiasoffenbarung am Ende des Dialogs herstellen. Dieser innere Zusammenhang besteht meines Erachtens darin, daß Jesus mit seiner Offenbarung auf die Bedürftigkeit der Frau reagiert und damit zu einer typisch weiblichen Erlebnisweise vordringt, dem tiefen emotionalen Wunsch nämlich, die Bedürfnisse anderer zu befriedigen, andere Menschen glücklich zu machen. Diese Haltung ist Ausdruck einer reifen, einer erwachsenen Liebe, die sich für das Wohl anderer einsetzt, nicht um etwas zurückzubekommen, sondern weil sie um die eigene Stärke, die eigene Fähigkeit zur Hilfe weiß und andere daran teilhaben lassen möchte, damit sie ihre positiven Eigenschaften entwickeln und stärken können.

Diese Form der Liebe als Offenheit für die Bedürfnisse anderer kann in der Menschheitsgeschichte am durchgängigsten in der Liebe der Mutter zu ihrem Kind beobachtet werden. In dieser vorübergehend symbiotischen Beziehung erwecken die Bedürfnisse des Kindes in der Mutter das genuine Bedürfnis danach, diese zu befriedigen. Auf diesem ursprünglich sinnvollen Verhaltensmuster baut das patriarchale Eheverständnis auf, das die Frau primär auf die Versorgung des Ehemannes ausrichtet und sie außerdem in überdimensionaler Einseitigkeit auf dieses Versorgungsverhalten festlegt und reduziert.

Dem Knaben und Mann hingegen wird diese Fähigkeit, auf die Bedürfnisse anderer in positiver Weise zu reagieren, eher aberzogen als bestätigt, geschweige denn, daß er darauf festgelegt würde. Statt dessen wird er zu einer Form der Versorgung erzogen, die ihm den Erwerb von Macht über Frau und Kinder sichert. Als Versorger der Familie stehen ihm gewisse Rechte zu, durch die die Freiheit der ihm unterstellten Versorgungsabhängigen eingeschränkt wird.

In unseren Tagen sind wir Zeuginnen eines Konflikts, der sich insbesondere aus diesem weiblichen Verhaltensmuster ergibt, das nach Robin Norwood, wie sie in ihrem Bestseller »Wenn Frauen zu sehr lieben« schreibt, inzwischen pathologische Formen angenommen hat. In ihrer therapeutischen Praxis konnte sie feststellen, daß Frauen an ihrer Fixiertheit auf den Mann und seine Bedürfnisse zunehmend leiden, da sie zur Sucht geworden ist, zur »heimlichen Sucht, gebraucht zu werden«, die in enger Beziehung zu stehen scheint zu dem distanzierten Verhalten des Mannes, mit dem dieser auf die Versorgungsmentalität der Frau reagiert, ohne die gleiche Offenheit für die Bedürfnisse der Partnerin zu zeigen.

Die Fähigkeit des patriarchalen Erziehungs- und Sozialisationssystems, ursprünglich sinnvolle Verhaltensmuster auszubeuten und zu pervertieren, spricht aber noch nicht gegen diese Verhaltensmuster als solche, die schließlich zu den menschlichsten Qualitäten gehören und außerdem ganz wesentliche Bereiche der Erfahrung des Göttlichen berühren. Auch Jesus beschreibt den göttlichen Vater vorrangig als einen, der für seine Kinder sorgt und ihre Bedürfnisse befriedigt. Und wird nicht schließlich Jesus selbst als Verkörperung dieses göttlichen Vaters angesehen? Die beiden bisher behandelten Geschichten sind meines Erachtens ein Hineinwachsen Jesu in diese Verkörperung des göttlichen beziehungsweise weiblichen Vorbildes. Daß es dabei jedesmal um eine Ausländerin geht, muß als zusätzliche Überwindung einer Hürde in einem solchen Lernprozeß angesehen werden, denn es war für ihn als Juden wohl weitaus schwieriger, seine Zuwendung auch nicht-jüdischen Frauen zukommen zu lassen. Daß es sich bei der ersten Selbstoffenbarung Jesu als Messias in der Geschichte des Johannes um geistig-seelische Zuwendung handelt, steht meines Erachtens außer Frage. Was aber sagt er aus über das johanneische Messiasverständnis? Um diese Frage beantworten zu können, müssen wir uns mit den jüdischen Messiasvorstellungen befassen.

Gerade in den Tagen Jesu stand die Messias-Erwartung in voller Blüte. Sie war in verschiedenen Kreisen des Volkes in recht unterschiedlicher Weise lebendig. Es gab viele messianische Bewegungen, da immer wieder Männer auftraten, die von ihren Anhängern als der kommende Messias, der Gesalbte des Herrn, verehrt wurden. Die Selbstoffenbarung Jesu paßt also durchaus in den Geist seiner Zeit.

Fast durchgängig wurde für den erwarteten Messias der Titel »Sohn Davids« gebraucht. Die Vorstellung, die damit verbunden wurde, liegt auf der Hand: »Wie Gott einst David ausgerüstet und gestärkt hat, so wird er auch den endzeitlichen Befreier mit Kraft gürten, damit er Jerusalem von den Heiden reinige, die Sünder mit eisernem Stabe zerschmettere und die Heiden mit dem Worte seines Mundes vernichte. Denn ›er läßt nicht zu, daß ferner Unrecht in ihrer Mitte weile, und niemand darf bei ihnen wohnen, der um Böses weiß‹. Er wird regieren als ›gerechter König, von Gott unterwiesen über sie, und in seinen Tagen geschieht kein

Unrecht unter ihnen, weil sie alle heilig sind und ihr König der Gesalbte des Herrn ist‹.«[20] Die Vorstellung vom Messias als »Sohn Davids« knüpft also an den patriarchalen Absolutismus in Israel an, der mit dem von David etablierten Herrschaftssystem seinen Anfang nahm. Hier waren politische und priesterliche Macht miteinander verschmolzen. Getragen wurde dieses Messiasbild insbesondere von jenen, die sich dem Gesetz verschrieben hatten. An der Vorstellung, der Messias werde von Gott selbst unterwiesen, erkennt Lohse, »daß das Bild des Messias von den Gesetzestreuen gezeichnet wurde, die von dem Gesalbten Gottes vor allem erwarteten, daß er Gottes Gebot gehorsam sei, um seinen Willen wisse und das Gesetz zur einzigen Richtschnur seines Handelns mache.«[21] Unter den messianischen Bewegungen machte besonders die Gruppe der Zeloten (= Eiferer) von sich reden. Sie waren eine revolutionäre Bewegung mit einem »harten Kern«, einer »terroristischen Vereinigung«, die mit unzähligen Terroranschlägen und Meuchelmorden gegen die römische Besatzungsmacht anging, um so das Kommen des messianischen Reiches zu beschleunigen. Für sie stand fest, daß der verheißene Messias aus ihren Reihen kommen würde. Auch unter den Jüngern Jesu waren einige (ehemalige?) Zeloten[22]. Namentlich bekannt sind Simon der Eiferer und Judas Iscariot, dessen Beiname dahingehend gedeutet wird, daß er zu jenen Dolchmännern (= Sikariern) gehörte, die römische Soldaten von hinten angriffen und erdolchten[23]. Wenn solche Männer ihre Hoffnung in Jesus als den verheißenen Messias setzten, dann unterschieden sich ihre Erwartungen mit Sicherheit ganz eindeutig von jenen der Samariterin am Jakobsbrunnen, die Johannes beschreibt …

Eine weitere der vielfältigen Messiasvorstellungen, die in unserem Zusammenhang von Interesse ist, sieht in dem Gesalbten einen endzeitlichen Priester, »der das von Unreinheit und Sünde befreite Volk sammeln wird. Seine Wirksamkeit wird weder nach dem Vorbild Davids noch nach dem eines Propheten, sondern als die Zeit des wiederkehrenden Paradieses beschrieben. Dann wird das gegen Adam drohende Schwert weggestellt, den Heiligen vom Holz des Lebens zu essen gegeben, die Macht des Bösen beseitigt.«[24]

Mit diesem Rückgriff auf ein vorpatriarchales Weltbild wird das messianische Reich in gleicher Weise wie das Reich Gottes Jesu als das Ende patriarchaler Herrschafts- und Besitzverhältnisse beschrieben. Neben die Vorstellung vom politischen Umsturz, dem die Entstehung einer neuen Gesellschaft folgt, tritt die Erwartung der Wiederherstellung einer nur noch im Mythos gegenwärtigen Wirklichkeit.

Andere rückwärts gewandte Vorstellungen erwarten in dem Gesandten Gottes, der in den letzten Tagen auftreten wird, um das messianische Reich zu errichten, *den* Propheten schlechthin, der von manchen auch als wiederkehrender Mose angesehen wird. Apokalyptische Schilderungen sprechen vom Menschensohn, »der schon bei Gott bereit steht, um am Ende der Tage auf den Wolken des Himmels herabzukommen«[25]. Hier zeigt sich, daß in der messianischen Hoffnung auf eine erfüllte Zeit Vergangenheit, Gegenwart und Zukunft eine enge Verbindung eingehen. Dieses zeitliche Ineinandergreifen tritt auch in unserer Geschichte zutage. Dort geht es dem Evangelisten um die Beschreibung der Vergegenwärtigung der Zukunft, die sich in der Zusammenkunft Jesu mit der Frau ereignet.

In dieser Begegnung transzendiert Jesus nicht nur gängige Messiasvorstellungen, sondern auch die Beschränkungen ihrer Vertreter. Einer Ausgestoßenen, die das römische Joch nicht spürte, weil das von ihrer eigenen Dorfgemeinschaft wie auch von ihren kulturellen Nachbarn auferlegte Joch bereits in die Ausgrenzung, Unterdrückung und Isolation geführt hatte, offenbarte er sich als Messias, als Bringer des Heils im Hier und Jetzt. Sie bedurfte keines politischen Befreiers, denn die Überwindung und Vertreibung der Römer, die viele sich vom Messias erhofften, hätte an ihrem Zustand nicht das geringste geändert. Sie wäre auch weiterhin gezwungen worden, sich fernzuhalten von zwischenmenschlichen und Gottesbeziehungen. Ihre Bedürfnisse unterscheiden sich so grundlegend von jenen der Männer ihres und des jüdischen Volkes. Weder der politische Befreier der einen noch der Bringer eines zukünftigen Paradieses der andern konnte für sie im Hier und Jetzt Bedeutung gewinnen. Sie bedurfte der Überwindung all jener Ausgrenzungen, die aus der männlichen Errichtung von Barrieren durch zahllose Lügen resultierten und ihr den Blick für die Wahrheit versperrten.

An diesem ihrem Bedürfnis nach Überwindung von Barrieren lernt Jesus wie zuvor bei der kanaanäischen Frau das Offensein für die Gegenwart. Das kann nur gelingen, wenn dem unmittelbaren Kontakt von Mensch zu Mensch nichts mehr im Wege steht; das heißt, wenn alle zwischen Menschen errichteten Mauern und Barrieren, alle Spaltungs- und Abgrenzungsmechanismen überwunden, wenn die Mächte von außen, Vorschriften und Tabus, in ihre Schranken verwiesen werden und die inneren Liebesmächte sich ausbreiten können und es so zur Erfahrung tiefer Seinsverbundenheit kommt.

Indem sich Jesus den Bedürfnissen der Samariterin nach Wahrheit und Gemeinschaft mit dem Göttlichen öffnete und sich für *ihre* Gegenwart sensibilisieren ließ, gewann er den Zugang zur Sprache des Herzens, die die Grundlage jeglicher Religion der Liebe ist. Mit ihr verbindet sich ein ganz neues Messiasverständnis, das alle patriarchalen Vorstellungen transzendiert, da es einem ganz anderen Bewußtsein entspricht. Ausgangspunkt dieses neuen Verständnisses ist Jesu Wunsch, für eine Frau zum Messias zu werden und ihr die Möglichkeit zu jener Gottesnähe zu eröffnen, die ihr von seinem und ihrem Volk vorenthalten wurde. Daß dazu auch die Erneuerung der zwischenmenschlichen Beziehungen gehört, zeigt der weitere Verlauf der Geschichte.

In der Begegnung mit dem weiblichen Geschlecht wurde Jesus zum Messias der Frauen. Diese Botschaft durchzieht unterschwellig nicht nur das Evangelium des Johannes. Alle vier Evangelisten beschreiben Jesus als den Gesalbten der Frauen …

Von Frauen zum Messias gesalbt

Die traditionelle Theologie geht davon aus, daß Jesus der Christus-Titel, der ihn zum Messias (= zum Gesalbten) erhöhte, erst nach seinem Tode verliehen wurde und daß diese Verleihung in engem Zusammenhang mit dem Auferstehungserleben steht, von dem Frauen zuerst ergriffen wurden. Sie waren die ersten, die dem historischen Jesus eine mythische Gestalt verliehen und ihn so zu einem Traumbild von Mann machten, das nicht erst im christlichen Zeitalter die Seelen der Menschen – und ganz besonders der Frauen – durchwandert.

Nun verweist aber der Christus-Titel ganz unmißverständlich auf Jesus den Gesalbten und nicht auf den Auferstandenen. Die Salbung Jesu ist also Zentrum und Ausgangspunkt des Christus-Titels, was nur allzugerne übersehen wird. Theologen scheint sehr daran gelegen, diesen Umstand aus den Augen zu verlieren, denn schließlich waren es Frauen, die die Salbung an Jesus vornahmen – Grund genug, sie in die Bedeutungslosigkeit sinken zu lassen.

Anders ist es bei den Gnostikern. Sie weisen ganz klar darauf hin, daß Jesus den Christus-Titel aufgrund seiner Salbung erhielt. Im Philippusevangelium finden wir folgenden Hinweis: »Die Salbung ist der Taufe überlegen. Denn aufgrund der Salbung wurden wir ›Christen‹ genannt, nicht wegen der Taufe. Auch Christus ist wegen der Salbung so genannt worden.«[26] Die Salbung gehörte also neben der Taufe noch zum festen rituellen Bestand der frühen Christen, die sich, wie der Text erkennen läßt, als »Gesalbte« verstanden. Wir haben wohl allen Grund zu der Annahme, daß das Salbungsritual bei den Orthodoxen seine Bedeutung vor der Taufe nicht eingebüßt hätte, wenn es Berichte gäbe, daß Jesus von einem seiner Jünger und nicht von Frauen gesalbt wurde. Die Tatsache aber, daß es nun einmal Frauen und nicht Männer waren, wird bis heute zum Anlaß genommen, die Bedeutung dieser Handlung an Jesus zu verdrängen. Wie sonst ist es zu erklären, daß zum Beispiel Manfred Lurker in seinem »Wörterbuch biblischer Bilder und Symbole« über knapp drei Seiten von Salbungen in der Bibel schreibt, ohne auch nur mit einem Wort auf die Salbung Jesu durch die Frauen einzugehen, obwohl doch alle vier Evangelisten von diesem Ereignis berichten? Solche massiven Verdrängungsakte sind fast immer ein Indiz dafür, daß es um ganz Wesentliches geht. Versuchen wir also, der Salbung Jesu jene Bedeutung zurückzugeben, die sie möglicherweise einmal gehabt hat.

Salbungsrituale sind weit verbreitet in der antiken Welt, die eine Fülle von Gesalbten eines Gottes oder einer Göttin kennt. Auch im Alten Testament begegnen wir den unterschiedlichsten Formen der Salbung, die an Menschen und Gegenständen vorgenommen werden. So salbt beispielsweise Jakob den Stein, auf dem sein Haupt ruhte, um ihn dem Herrn zu weihen und ihn zum Haus Gottes zu machen[27]. Mose erhält den Auftrag, die Wohnung Gottes mit allen Geräten zu salben und auf diese Weise zu weihen, damit sie heilig sind[28]. Durch die Salbung werden die Gegenstände dem profanen Bereich entzogen und dem Heiligen geweiht. Gesalbte Männer werden zu Auserwählten des Herrn und zu Empfängern seines Geistes. So frohlockt der Psalmist: »Du salbest mein Haupt mit Öl ...«[29] David und Saul wurden von Samuel zu Königen Israels gesalbt. Wiederholt wird davon berichtet, daß David vor dem Mord an Saul zurückschreckt, weil dieser der »Gesalbte des Herrn« ist und somit einen ganz besonderen Schutz genießt. Als Auserwählter und Geweihter des Herrn ist er tabu. So will es jedenfalls die offizielle biblische Berichterstattung[30].

Auch Jesus wurde in der nachösterlichen Predigt des Petrus als Gesalbter Gottes verkündet[31]. Dennoch wurde ihm ein besonderer Schutz nicht zuteil. Ganz im Gegenteil ist es späteren Christen möglich, seine Ermordung als göttlichen Willen zu deuten. Immer wieder wird die Frage laut, ob das wirklich die einzige Möglichkeit ist, das Leben und Sterben Jesu zu verstehen. Verweist nicht die Tatsache, daß in den Evangelien ausschließlich von der Salbung Jesu durch Frauen berichtet wird, auf ein ganz anderes Verständnis und damit eventuell auch auf eine ganz andere Tradition? Gibt es möglicherweise einen Kontext von Salbung und folglich auch vom Gesalbten, der nichts mit den gängigen orthodoxen

Vorstellungen von Juden- und Christentum zu tun hat? Ein Blick auf weitere Anlässe für die Salbung eines Menschen außerhalb prophetischer und königlicher Weihen bestätigt diese Vermutung.

Weltweit wird die Salbung zu Heilungszwecken praktiziert, denn das Öl heilt und lindert Wunden und Schäden. Im Gleichnis vom barmherzigen Samariter heißt es, daß der samaritische Kaufmann Öl in die Wunden des Verletzten goß, das er selbstverständlich bei sich hatte. Auch von den Jüngern heißt es, daß sie bereits zu Jesu Lebzeiten viele Kranke mit Öl salbten und sie heilten[32]. Und der Herrenbruder Jesu empfiehlt, im Krankheitsfall die Presbyter der Gemeinde zusammenzurufen, die über der oder dem Kranken beten und sie/ihn mit Öl salben sollen[33]. In der ganzen antiken Welt wurde der Salbung heilende und heiligende Wirkung zugesprochen. So kann die Salbung auch ein Ausdruck der Erleuchtung werden, denn das Öl schenkt dem Gesalbten Glanz, so daß er strahlt. Es schützt aber auch vor äußeren Einflüssen und hat eine versiegelnde Wirkung und kann in diesem Zusammenhang auch als Bild für die Heilige Geistin, die Ruah, gebraucht werden[34]. Das gilt insbesondere für das die Lampen speisende Öl, das zu einem Bild der Erleuchtung und der Heiligen Geistin wird. Doch das Öl schenkt nicht nur Heilung, Heiligung und Erleuchtung, die Salbung verhilft dem Menschen auch zum ewigen Leben. Dieser Gedanke liegt allen Totensalbungen zugrunde, die mit ihrem religiösen Hintergrund am detailliertesten in Ägypten beschrieben werden. Da auch die Salbung Jesu von drei Evangelisten als Totensalbung gedeutet wird, kann uns der Blick nach Ägypten möglicherweise die Augen öffnen für wichtige Zusammenhänge. Schließlich scheint dieses Land aus der Perspektive des Matthäus eine ganz besondere Bedeutung gehabt zu haben, verbrachte doch nach seiner Darstellung Jesus dort seine frühe Kindheit.

An dem reichhaltigen Material zur Totensalbung fallen gewisse Ähnlichkeiten zu jenen neutestamentlichen Texten auf, in denen Frauen eine vergleichbare Schlüsselrolle zukommt, wie sie im ägyptischen Kultus Göttinnen oder deren Priesterinnen innehaben. Die Priesterinnen der Isis und

Nephthys treten als Klagefrauen auf und begleiten den Bestattungszug[35]. Auch an der Balsamierungsstätte setzen sie ihre Klagen fort, die ein wichtiger Bestandteil jenes Rituals sind, das letztendlich den Toten zu neuem Leben erwecken soll. In Ägypten versichert die Gottheit dem Toten: »Ich habe dir Isis unter deinen Kopf gegeben, damit sie dich beweint, damit sie dich verklärt.«[36] Entsprechend wird auch Jesus von den Töchtern Jerusalems beweint[37]. Umgekehrt heißt es beispielsweise im germanischen Mythos, daß Balder das Totenreich der Hel nicht verlassen kann, weil ihn die Riesin Thökk nicht beweint hat[38].

Eine ähnliche Bedeutung wie den Klagen der Frauen scheint auch der Salbung selbst zuzukommen. Sie ist ein wichtiger Schritt auf dem Wege zur Wiederbelebung des Toten. Sein »Leib ist zerfallen, seine Glieder sind gelähmt und gelöst. An ihm bewährt darum das Öl seine Heilkraft, indem es die Glieder verknüpft, die Knochen verbindet, das Fleisch zusammenfügt und alle bösen Ausflüsse (der Verwesung) hinwegnimmt.«[39] In der Heilkraft der Salben aber sind die Göttinnen anwesend. Das zeigt der Text einer Rede, die Teil jener Handlungen ist, die Isis und Nephthys gemeinsam zur Belebung des Toten ausführen. »Schwester, sagt Isis zu Nephthys, unser Bruder ist das. Komm, erheben wir seinen Kopf; komm, verknüpfen wir seine Knochen; komm, versorgen wir seine Glieder.«[40] An anderer Stelle ist es Hathor, die den Toten gesalbt hat und ihm dadurch Leben geben wird[41]. Der Sarg, in den der Tote gelegt wird und der von innen als Sternenzelt ausgemalt ist, symbolisiert die Göttin Neith, die sich als Himmelszelt über die Erde beugt. Sie nimmt den Toten auf. Zusätzlich umarmen ihn jedoch die beiden Göttinnen, um ihn dadurch zu beschützen und zu beleben[42]. Wollte nicht auch Maria Magdalena ihren totgeglaubten Herrn umarmen, bevor dieser sie bat: »Rühre mich nicht an!«[43]? Die Tatsache, daß Frauen dem Auferstandenen zuerst begegnen und die Freudenbotschaft: »Der Herr lebt!« verkünden, könnte als Entsprechung angesehen werden zu den refrainartig wiederkehrenden Rufen der Isis und Nephthys: »Osiris, lebe! Der große Müde auf seiner Seite soll aufstehen. Ich bin Isis! Ich bin Nephthys!«[44] Der Tote wird zum Bruder

der Göttinnen. Folglich heißt es: »Isis jubelt, wenn sie dich sieht; sie freut sich, wenn sie dein Erscheinen sieht, indem du vollkommen neu bist ... indem du erscheinst ... Steh auf, erhebe dich zum Leben, du bist nicht tot!«[45] Auch in den neutestamentlichen Auferstehungsberichten begegnen den Frauen Erscheinungen am Grab, die ihnen die Auferstehung des Herrn verkünden. Bei Johannes ist es der Auferstandene selbst, der Maria Magdalena erscheint. Matthäus wiederum berichtet von der Freude der Frauen, die erfahren und verkünden: Der Herr lebt! Er ist nicht tot! Wie sich die Szenen ähneln! Das zeigt meines Erachtens, daß es für das Verständnis der hier angesprochenen neutestamentlichen Texte der Hinzuziehung des rituellen und mythischen Geschehens als Teil des mythischen Weltbildes der Antike bedarf, in dem ja auch Jesus und die Frauen lebten und sich verständigten. Nur so können wir den Erlebnishintergrund nachvollziehen, der mit den uns überlieferten Texten untrennbar verbunden ist. Allen Entmythologisierungsprogrammen zum Trotz können wir nicht umhin einzugestehen, daß auch der historische Jesus bereits einen gewissen Anteil am Mythos seiner Zeit hat; denn es spricht vieles dafür, daß sich in ihm uralte Mythen verdichteten und erneut Gestalt annahmen, also Fleisch wurden, wie es ja auch von Jesus heißt.

Schon Albert Schweitzer hat darauf hingewiesen, daß religionsgeschichtlich zu erwägen ist, »ob es an der Wende der Zeitrechnung eine orientalisch-griechisch-jüdische, synkretistische Bewegung gegeben haben kann, die die Idee eines sterbenden und auferstehenden Erlösergottes dachte und dann dazu fortschritt, ihm eine historische Existenz beizulegen, wie sie in den Evangelien geschildert ist«[46]. Der in der antiken Welt ständig wiederkehrende Mythos vom sterbenden und auferstandenen Sohn- oder Brudergeliebten der orientalischen Göttin, die nach seiner Auferweckung die Heilige Hochzeit mit ihm feiert, scheint Schweitzer in der Tat recht zu geben. Wir müssen uns daher diesen Mythenkreis näher anschauen, denn zu ihm gehört – wie wir gesehen haben – auch die Salbung des Gottes, die dieser anläßlich seines Begräbnisses, aber auch im hochzeitlichen Salbungsritual erfährt. Anklänge daran finden wir noch im Hohen Lied, das rituelle Texte aus dem Kult der Heiligen Hochzeit enthält[47]. Dort wird der köstliche Duft der Nardensalbe der Braut gepriesen, mit der der Bräutigam gesalbt wurde[48]. Und dieser jubelt: »Wie schön ist deine Liebe, meine Schwester, liebe Braut! Deine Liebe ist lieblicher als Wein, und der Geruch deiner Salben übertrifft alle Würze.«[49]

Wie diese Texte zeigen, versinnbildlicht das Salbungsgeschehen die Liebe der Göttin zu ihrem Geliebten im Leben wie im Tode (»stark wie der Tod ist die Liebe«[50]), die aber letztendlich den Tod zu überwinden vermag. Übereinstimmend schreiben diese Mythen der Liebe der Göttin die Kraft zu, den Geliebten zu neuem Leben zu erwecken. Solche Vorstellungen entstammen dem Gedankengut einer vorpatriarchalen Zeit, als die Väter das Weltbild noch nicht nach ihren Wünschen formten, sondern sich dieses primär aus weiblichen Erlebnisweisen entfaltete.

Ausgangspunkt dieses Weltbildes ist die Erfahrung, daß das weibliche Geschlecht allein in der Lage ist, Leben zu gebären, wohingegen das männliche Geschlecht unfruchtbar ist. Sie ist die Schöpferin, er das Geschöpf und folglich darauf angewiesen, von ihr immer wieder neu geboren zu werden. Weiblichkeit und Männlichkeit werden also primär als Polarität von Schöpferin und Geschöpf erlebt, eine Polarität, die überall, im Himmel und auf Erden, wahrgenommen wird. So wie die Große Himmelsgöttin das Licht des Tages und das der Nacht gebiert, Sonne, Mond und Sterne also als ihre Kinder gedacht werden, so gebiert die Mutter Erde die Vegetation. Beide, die Gestirne wie auch die Vegetation, sind auf ihre Art und Weise dem Rhythmus des Werdens und Vergehens unterworfen, während die Göttin allein ewig bleibt und so zur Garantin des neuen Lebens wird, das sie immer wieder aus dem Tode zurückholt. Im Untergang der Sonne, im Abnehmen des Mondes, im Verdorren der Vegetation wurde das sterbende Männliche wahrgenommen und vom weiblichen Geschlecht betrauert. Vielfältig sind die Klagelieder um den dahingeschiedenen Geliebten der Großen Göttin. Sie ertönen bis ins Alte Testament hinein, wo die Frauen selbst am Tempel zu Jerusalem um ihren Gott, den Tammuz, weinen[51]. Doch immer wieder folgt auf den Untergang der Aufgang der

Sonne, auf den abwesenden gestorbenen Mond der neue, der am dritten Tage von den Toten aufersteht, auf die verdorrte Natur folgt ihr Wiedererwachen im Frühling. Grund genug, die Auferstehung männlichen Lebens zu feiern. So gehören Trauer und Freude zum polaren Erleben der Wirklichkeit. Eins folgt aus dem andern. Keines kann ohne das andere existieren. So wie die dunkle Nacht den lichten Tag ablöst, so folgt auf jedes Sterben neues Leben. Jeden Tag, jeden Monat, jedes Jahr wurde die männliche Schöpfung dahingegeben und erhielt durch diese Hingabe, durch die Bereitschaft zu sterben, den Rhythmus der Jahreszeiten und des Lebens aufrecht. Die feindliche Todesmacht wurde als integraler Bestandteil des Lebens erfahren und daher widerstandslos hingenommen. In dieser Hinnahme des Todes bestand ein ganz wesentliches Merkmal männlicher Zugehörigkeit zum matriarchalen Weltbild. Im anbrechenden Patriarchat dagegen verweigert der Mann seine Bereitschaft zur kultischen Vereinigung und Hingabe seines Lebens. Recht detailliert wird dieser Umbruch im babylonischen Gilgamesh-Epos dargestellt. Der Held Gilgamesh weigert sich, die Rolle des Tammuz zu übernehmen und sich mit Ischtar beziehungsweise ihrer Priesterin zu vermählen. Er versinnbildlicht eine ganz neue männliche Haltung, die letztendlich das alte matriarchale Wertgefüge ins Wanken bringt. Von ihm heißt es: »Am lichten Tag und bei Nacht trotzt er dem Volke! Und er ist nun der Hirte von Uruk-Gart. Er, ihr Hirte – und dennoch bedrückt er sie! Übermächtig, stattlich, kundig und weise! Nicht läßt Gilgamesh die Jungfrau zum Geliebten ...«[52] In Gilgamesh wird der neue patriarchale Herrschertyp veranschaulicht, der seine Aufgabe nicht mehr in der Hingabe, sondern in der Eroberung sieht; der sich selbst zum Mittelpunkt allen Lebens macht und nicht mehr aus dem Erleben und Wissen des Eingebettetseins in ein Umfassenderes heraus handelt. Er vertraut nicht mehr auf die Erlangung des Lebens nach dem Tode durch die Göttin, sondern will sich das ewige Leben selbst erobern, was ihm allerdings nicht gelingt.

Mit dem anbrechenden Patriarchat wird der Tod zum Problem, wie uns ja auch der biblische Paradiesmythos erkennen läßt. Der Tod wird allmählich aus dem Lebensganzen abgespalten und daher gefürchtet und bekämpft. Dennoch wird er gleichzeitig verstärkt riskiert, denn das Männliche identifiziert sich immer stärker und ausschließlicher mit dem Prinzip der Eroberung, dem es nunmehr seine Hingabe unterwirft. Diese Fortentwicklung eines Teils des männlichen Geschlechts vom matriarchalen Weltbild und den dazugehörigen Lebenszusammenhängen schlägt sich auch im Mythos nieder. Dort erhält der sterbende Gott einen Widersacher, der die Schuld an seinem Tode trägt. Auf diese Weise wird die Spaltung des Männlichen in Anhänger einer matriarchalen und jene einer patriarchalen Lebensweise veranschaulicht.

In der feindseligen Tötung des Geliebten der Göttin wird aber auch – nach Meinung des Kulturphilosophen Otfried Eberz – der Kampf patriarchaler Männerbünde gegen die matriarchal gesinnte und zur Hingabe an das weibliche Prinzip bereite Männerwelt zum Ausdruck gebracht. Aus dem ursprünglichen Naturmythos entwickeln die Vertreterinnen des untergehenden Matriarchats einen Kulturmythos, eine Art Menschheitsdrama, das Eberz in drei Akten beschrieben sieht:

Der erste Akt spielt im sogenannten Paradies in der Urzeit des Menschengeschlechts, das später als goldenes Zeitalter des Friedens in die Mythen der Menschheit einging und so als kollektive Erinnerung erhalten blieb. Es ist ein matriarchales Weltalter, ein Äon, der durchtränkt ist von weiblichen Vorstellungen, die auch von Männern geteilt werden. Die Menschen ordnen sich in einem Frauenbund, dem die Führung obliegt, und einem Männerbund, der als Geführter symbolischer Sohn des weiblichen Geschlechts ist. Als Geführter ist er ihr Gefährte. Diese Sozialstruktur leitet sich aus der Tatsache ab, daß »die Göttin in allen diesen Mythen die überragende Gestalt (ist), der Geliebte zuweilen nur menschlicher, nicht göttlicher Herkunft«[53], was bedeutet, daß bei dem matriarchalen Frauenbund die Führung des männlichen Geschlechts zur Erkenntnis liegt.

Der zweite Akt beginnt mit dem Auftreten eines dritten Gottes, Menschen oder Bundes, der den Verlust des Paradieses bewirkt. In der biblischen Paradieserzählung ist der erste

Äon zusammengeschmolzen. Er hat sich lediglich in der Handlung der Eva erhalten, die dem Adam die Frucht ihrer Erkenntnis darreicht. Ansonsten liegt das Interesse der Erzähler bei der Vertreibung der beiden aus dem Paradies und der Strafverhängung durch den patriarchalen Gott Jahwe. Die patriarchalen Männerbünde betreten mit ihren Vatergöttern die Weltenbühne und lösen mit ihrem Geschlechtergesetz, das die Frau abwertet und unterdrückt, das Zeitalter des Matriarchats (= Gynäkokratie) ab. Um die Macht übernehmen zu können, müssen sich die patriarchalisch strukturierten Männerhorden der matriarchalen Männerbünde entledigen. Wie dies geschieht, berichtet uns wiederum der Mythos. In Ägypten wird Osiris von seinem Widersacher zerstückelt. In Ugarit bringt Mot den Geliebten Baal der Göttin Anat auf grausame Weise um, und auf Zypern wird Adonis von Ares zerfleischt. Das weibliche Geschlecht wird dem patriarchalen Gesetz unterworfen. In ihren Kulten aber setzen Frauen die Trauer um ihre matriarchalen Männerbünde fort. Groß ist jedoch ihre Freude, wenn sie hier und da einen Vertreter ihrer matriarchalen Werte finden ...

Es gibt einen gnostischen Text, in dem sich Adam zurückbesinnt auf jenen ersten Äon, aus dem er mit Eva hervorging und in dem er mit ihr eines Sinnes war: »Sie lehrte mich ein Wort der Erkenntnis des ewigen Göttlichen ...« Evas Glanz war auf ihn übergegangen, bis ein Gott auftritt, der in seinem Zorn die beiden zerteilt, so daß aus ihnen zwei Äonen wurden. »Und der Glanz in unseren Herzen verging ... gemeinsam mit unserer ersten Erkenntnis, die in uns atmete.« Aus dieser Erkenntnis wird ein Samenkorn großartiger Zeitalter.

Seit sich die Erkenntnis von ihnen zurückgezogen hatte, lernten sie nur noch etwas über tote Dinge und anerkannten gleichzeitig jenen Gott, der sie geteilt hatte. »Und wir dienten ihm in Furcht und Sklaverei. Und nach diesen Ereignissen wurden unsere Herzen verdunkelt. Jetzt schlief ich im Gedanken meines Herzens ...« Schließlich weiß Adam, daß er »unter die Macht des Todes gekommen ist«[54]. Da der Mensch die Wahrheit nicht mehr kennt, nicht mehr weiß, woher er kam und wohin er geht, ist er sterblich; denn ewiges Leben haftet nur an der Wahrheit, von der Jesus sagt, daß sie den

Menschen frei macht – eine durch und durch gnostische Lehre.

Der zweite Äon, der bis in die Gegenwart andauert, bietet alle erdenklichen Kräfte auf, die Wahrheit des ersten Äons zu verschütten, zu verstümmeln oder unkenntlich zu machen. Das zeigt sich an unzähligen Beispielen wie an den Diffamierungskampagnen gegen die Ergebnisse der Matriarchatsforschung, aber auch an Verstümmelungen von Texten, die gerade für Frauen wichtige Aussagen enthalten[55]. Auf diese Weise kann die Patriarchalisierung der Frauen, die Entfremdung von ihrer eigenen Tradition, fortgesetzt werden.

Aber der Mythos beschreibt noch einen dritten Akt, der als Verheißung über dem kommenden Äon schwebt wie die Taube über den Wassern. Es ist die Zeit der Auferstehung des matriarchalen Mannes und seines Bundes: »Die Göttin Ischtar holt ihren getöteten Geliebten, den Tammuz, aus der Unterwelt, und sie feiert mit dem vom Tode Auferstandenen wieder den hieros gamos«[56], die Heilige Hochzeit. Beide Geschlechter leben nunmehr in derselben Wahrheit und nicht mehr im Widerspruch zueinander, denn die patriarchalen Männerbünde, die alle weibliche Erkenntnis ablehnten, sind von der Erde verschwunden.

Der Mythos vom sterbenden und auferstandenen Bruder- oder *Sohn*geliebten der Göttin ver*söhnt* also die Vergangenheit mit der Zukunft. Er ist überall dort zu Hause, wo es um die Erhaltung oder Rückgewinnung matriarchaler Werte geht und das weibliche Geschlecht seinen eigentlichen Wert wiederfindet.

In Jesus müssen die Frauen seiner Zeit eine solche Versöhnungsbereitschaft gespürt haben, denn sie lebten noch ganz und gar in dem hier beschriebenen Mythenkreis, der ihr Weltbild, ihr Erleben der Gegenwart, ihren Umgang mit dem Männlichen wie auch ihre Hoffnungen und Sehnsüchte bestimmte. Schließlich waren sie die Töchter jener Frauen, die noch einige Generationen zuvor am Jerusalemer Tempel den Tammuz beweint hatten und in Ägypten zum Kult der Großen Himmelskönigin zurückgekehrt waren und sich dort an ihre matriarchale Vergangenheit als an ein friedliches Zeitalter erinnert hatten. Texte wie Jeremia 44,15 ff. und Hesekiel

8,14 zeigen, daß die Frauen immer wieder zu ihrer alten Religion zurückkehrten, »der sie im Unterbewußtsein wahrscheinlich nie untreu geworden waren«[57]. Seit Jahrtausenden irren sie durch das Patriarchat auf der Suche nach jenem Männlichen, das sich ihrer Liebe wert und ihrer Erkenntnis würdig erweist.

In Jesus hatten die Frauen diesen Mann wieder einmal gefunden. Er hatte sich ihnen zugewandt, war bereit gewesen, von ihnen zu lernen, und hatte sich ihre Werte zu eigen gemacht, wie ich im weiteren Verlauf noch zeigen werde. Die Frauen hatten also Grund genug, ihn in Dankbarkeit, Liebe und Trauer als ihren Messias zu salben. Liebe und Dankbarkeit, weil er mit ihrer Weisheit einsgeworden war und sich dadurch als Reinkarnation des matriarchalen Männlichen erwies, das ihre Weisheit und Werte erneut dem männlichen Geschlecht verkündete, das schon lange nicht mehr auf die Frauen hörte. Die Trauer aber entsprang dem Wissen, daß ihr Gesalbter sterben mußte. So sicher wie die Natur in jedem Sommer den Dürretod starb, wie der Mond einmal im Monat für drei Tage sterben mußte, so sicher würde patriarchaler Geist das Leben dieses Mannes fordern, der sich weigerte, zum Träger patriarchaler Prinzipien zu werden.

Lukas übermittelt die weibliche Trauer mit dem folgenden Bild: Die Frau »brachte eine Alabasterflasche voll Salbe und trat hinten zu seinen (=Jesu) Füßen, weinte und fing an, seine Füße mit ihren Tränen zu benetzen, und trocknete sie mit den Haaren ihres Hauptes, küßte seine Füße und salbte sie mit der Salbe«[58]. Die übrigen drei Evangelisten deuten das Salbungsgeschehen auf das Begräbnis hin, Jesus erklärt den Jüngern: »Sie hat im voraus meinen Leib zum Begräbnis gesalbt.«[59] Die ihn salbende Frau weiß also um das ihm bevorstehende Todesschicksal. Anders als Petrus bei der ersten Leidensansage[60] wehrt sich die Frau nicht gegen sein Sterben, das durchaus in ihr mythisches Weltbild paßte und sie lehrte, den Mord an ihrem Geliebten genauso schicksalhaft hinzunehmen wie das Sterben der Natur, während Petrus meinte, diesen Tod verhindern zu müssen. Jesus verweist Petrus in seine Schranken und bekennt sich damit zum matriarchalen Weltbild der Frauen. Die Schroffheit seiner Worte ist auffallend: »Hinweg von mir, Satan! Denn du sinnst nicht, was göttlich, sondern was menschlich ist.«[61] Göttlich wäre demnach das matriarchale Hineinnehmen des Todes in das Leben, die männliche Bereitschaft zur Hingabe an den Tod, die nicht das geringste zu tun hat mit der patriarchalen Todessucht. Frauen bereiten ihn auf seinen Tod vor, indem sie ihn salben und ihn damit zu *ihrem* Messias machen. Wo immer dieser Messias verkündet wird, da kann von der ihn salbenden Frau nicht geschwiegen werden. Das macht Jesus unmißverständlich klar mit den Worten: »Wahrlich ich sage euch! Wo immer in der ganzen Welt dieses Evangelium gepredigt wird, da wird auch das, was sie getan hat, zu *ihrem* Gedächtnis erzählt werden.«[62] Für Jesus ist die Botschaft von ihm untrennbar mit der Botschaft von der Frau verbunden. Deutlicher hätte er kaum zum Ausdruck bringen können, daß er sich als Gesalbter der Frau verstand.

Das Evangelium ist die Frohe Botschaft von der Überwindung patriarchaler Verhältnisse, für die Jesus und die Frauen sich einsetzten. Frauen sind es daher, deren Gedächtnis mit der Frohen Botschaft in der Welt erhalten werden soll. Den Jüngern wird ein solches Andenken an keiner Stelle gestiftet. Das Bild des Gesalbten und der ihn salbenden Frau wird hier zum wesentlichen Bestandteil des Evangeliums gemacht. Damit aber greift Jesus zurück auf matriarchale Vorstellungen, zu denen auch das Bild des aktiv handelnden Weiblichen und des passiv erleidenden Männlichen gehört. Es ist im Mythenkreis der Großen Göttin und ihres Sohngeliebten lebendig, der auch durch die Worte des Gekreuzigten bei Johannes an Maria: »Siehe, das ist dein Sohn«, und an den Jünger gerichtet: »Siehe, das ist deine Mutter«[63] zu neuem Leben erweckt wird. Dieses von Jesus am Kreuz geschaffene Paar von Mutter und Sohn veranschaulicht sehr wahrscheinlich das Selbstbild der Frauen und Männer in der johanneischen Gemeinde, die sich als Mütter und Söhne verstanden. Heißt das nicht aber wiederum, daß durch den Messias der Frauen jedwede Vaterherrschaft abgeschafft wurde für diese Gemeinde[64]?

Die Bilder des Gesalbten und der ihn salbenden Frau wie auch der Mutter-Sohn-Beziehung von Maria und Johannes weisen demnach auf eine Wiederbelebung eines matriarchalen Verständnisses von Frausein und Mannsein hin, nach dem das weibliche Geschlecht die Führerin des männlichen ist und dieses sich an ihren Werten orientiert. Da es sich bei diesen Werten im Vergleich zu männlichen um die menschlicheren Werte handelt (wie ich noch zeigen werde), dürfen sie nicht nur an das weibliche Geschlecht gebunden bleiben, sondern müssen zur Grundlage auch der männlichen Erziehung werden. Diese gelebte Form des geistigen Mutter-Sohn-Verhältnisses basiert auf einer natürlichen Priorität des Weiblichen, die nicht nur auf körperlicher, sondern auch auf sozialer Ebene offenkundig ist. Sie hat nicht das geringste mit der Unterdrückung des Mannes zu tun, sondern resultiert aus den natürlichen Lebensbedingungen beider Geschlechter, deren Berücksichtigung dem Patriarchat ganz offenkundig schwerfällt, obgleich auch hier die menschlichsten Verhaltensweisen von den Müttern und nicht von den Vätern erlernt werden. Jesus der Messias wäre demnach der von Frauen Gesalbte, der ihre alten Werte den Männern verkündet und ihnen auf diese Weise den Weg zur Gottesherrschaft auf Erden weist. Nach Eberz' Auffassung war nämlich »die Zeit des ersten Äon ... die des wahren Christentums«[65]. Der Meinung muß wohl auch Jesus gewesen sein, der von sich sagte: »Ehe denn Abraham ward, bin ich.«[66] Er repräsentiert also ganz bewußt in seiner Gegenwart einen bereits vergangenen Äon, um dessen Wiederherstellung er bemüht ist.

Zweifellos tritt mit der Salbung Jesu durch die Frau das Messiasverständnis jener drei Evangelisten zutage, die diese Salbung auf seinen Tod hin deuten. Für Markus bedeutet sie die endgültige Preisgabe des Messiasgeheimnisses, das sein ganzes Evangelium durchzieht. Jesus »ist Messias nicht in der Form der jüdischen Erwartung, sondern er ist es durch seine Passion und seinen Tod hindurch«[67]. Dieses Messiasverständnis aber kann nur als ein weiteres Indiz für seine Zugehörigkeit zum Mythenkreis des sterbenden und auferstehenden Frauengottes angesehen werden. Damit wird gleichzeitig der Verrat des Judas verständlich, den die beiden ersten Evangelisten unmittelbar im Anschluß an die Salbungsszene folgen lassen. Sie deuten damit an, daß bei Judas das Salbungsritual das Faß zum Überlaufen gebracht und alle Hoffnungen auf den politischen Erlöser des Landes zunichte gemacht hat. Wie sein Beiname »Iscariot« sagt, war er als »Dolchmann« zu Jesus gestoßen, war also ein Angehöriger einer extremen Terrorbewegung der Zeloten gewesen, der nun auf Jesus gesetzt hatte. Ein Befreier Israels, der sich von Frauen salben ließ, muß für ihn das Letzte gewesen sein! Er fühlte sich und seine Hoffnungen verraten und wurde selbst zum Verräter.

Der ungeheure Kontrast im Verhalten der Frau und des Jüngers ist unübersehbar. Hier die Jesus zum Messias salbende Frau, dort der Jesus verratende und an seine Mörder ausliefernde Jünger. Auch an dieser Stelle werden Erinnerungen an den matriarchalen Mythos wach. Hat nicht auch dort der Frauengott sein feindliches Gegenüber, das an seinem Tod schuldig wird? So ermordet Mot den Baal, Seth zerstükkelt den Osiris, und Ares zerreißt den Adonis. Und treten nicht überall auf der Welt die Vertreter des patriarchalen Weltbildes auf mit ihrem brutalen Willen zur Vernichtung allen Lebens, das sich ihren Vorstellungen nicht beugt? Daß dabei immer die Vertreter einer nicht-patriarchalen Gewaltlosigkeit und Erneuerung des Bestehenden zu Opfern gemacht werden, beweist nicht nur das Schicksal Mahatma Gandhis und Martin Luther Kings.

Neben die Feindseligkeit des Judas gegenüber Jesus tritt bei allen vier Evangelisten die Feindseligkeit der männlichen Zeugen des Salbungsgeschehens gegen die Jesus salbende Frau. »Da murrten etliche bei sich selbst: Wozu ist diese Verschwendung der Salbe geschehen? Man hätte diese Salbe ja für mehr als dreihundert Denare verkaufen und [den Erlös] den Armen geben können. Und sie fuhren sie an.«[68] In allen vier Evangelien stößt die heilige Handlung der Frau auf den Unmut der Männer, die nur Markus nicht namentlich nennt. Bei Matthäus sind es die Jünger, bei Johannes ist es Judas, der sich über die Verschwendungssucht der Frau empört und plötzlich seine Liebe zu den Armen entdeckt, so daß die männliche Kritik ein soziales Mäntelchen erhält. In der Salbungsgeschichte des Lukas ist es der Pharisäer Simon, der dem weiblichen Treiben verächtlich zuschaut und an der prophetischen Gabe Jesu zweifelt, da dieser die Liebeshandlung der Frau geschehen läßt. In allen vier Geschichten stellt Jesus sich auf die Seite der Frauen und weist die Männer zurecht. Dem Pharisäer stellt er die Liebe der Frau als vorbildlich vor Augen und fordert ihn damit indirekt auf, von ihr zu lernen: »Ich bin in dein Haus gekommen; Wasser für die Füße hast du mir nicht gegeben; sie aber hat meine Füße mit ihren Tränen benetzt und mit ihren Haaren getrocknet. Einen Kuß hast du mir nicht gegeben; sie aber hat, seit sie hereingekommen ist, nicht aufgehört, meine Füße zu küssen. Mit Öl hast du mein Haupt nicht gesalbt; sie aber hat mit Salbe meine Füße gesalbt.«[69]

Diese unterschiedlichen Verhaltensweisen sind Ausdruck unterschiedlichen Denkens und Fühlens, sind Ausdruck einer völlig unterschiedlichen Grundhaltung dem Leben gegenüber, die sich in auffallender Weise auf die beiden Geschlechter verteilt. Dem Mann – auch wenn er als Pharisäer um besondere Nähe zum Göttlichen bemüht ist – muß Jesus immer wieder Lektionen erteilen in Sachen Menschlichkeit. Von einer solchen Belehrung der Frau wissen die Evangelisten nichts, sonst hätten sie sie mit Sicherheit überliefert. Wo immer aber dieser Kontrast zwischen männlichem und weiblichem Verhalten aufbricht, stellt sich Jesus auf die Seite der Frau, da übernimmt er ihre Anschauungen und gibt sie an die Männerwelt weiter.

Auch in den übrigen drei Evangelien nimmt er die Frau vor den Männern in Schutz. »Was betrübt ihr sie? (Johannes: Laß sie gewähren!) Sie hat doch eine schöne Tat an mir getan. Die Armen habt ihr ja allezeit bei euch, und sooft ihr wollt, könnt ihr ihnen wohltun; mich aber habt ihr nicht allezeit. Was sie vermochte, hat sie getan, sie hat im voraus meinen Leib zum Begräbnis gesalbt.«[70] Die Männer begriffen nichts von dem, was hier geschah. Sie blieben ihrem materialistischen Weltbild verhaftet und vermochten nicht, in die mythisch-seelische Tiefe vorzudringen, die die Frau mit Jesus verband, in der sie jene männliche Gestalt wiedergefunden hatte, die sich von alters her ihrer Seele eingeprägt hatte und die mit dem um sich greifenden patriarchalen Welt- und Männerbild unterzugehen drohte, da sie systematisch bekämpft und ausgerottet wurde. Hier fand das große Drama, das sich am

Menschheitskörper vollzog, noch einmal eine individuelle Ausprägung. Die Frau leistete *ihren* Beitrag dazu, wie sie es immer getan hatte. Sie übernahm jenen weiblichen Part, der mythisch in so vielfältiger Weise belegt ist. Wie unzählige Priesterinnen vor ihr bereitete sie den männlichen Körper auf sein Begräbnis und damit auf seine Auferstehung vor.

Zwei Evangelisten berichten davon, daß die Frau Jesus das Haupt salbte, die beiden anderen hingegen wissen, daß es die Füße waren. Exegeten gehen im allgemeinen davon aus, daß es sich hierbei um ein und dasselbe Geschehen handelt, über das nur unterschiedlich berichtet wird. Dieses Schwanken der Berichterstatter zwischen Haupt und Füßen Jesu erinnert in auffallender Weise an ein recht ähnliches Schwanken in den bereits erwähnten ägyptischen Bestattungstexten, aus denen hervorgeht, daß die Göttinnen Isis und Nephthys zu Häupten und zu Füßen des Toten standen. Im Mittleren Reich ist ihre Position noch nicht festgelegt. Isis oder Nephthys kann das Kopfende zugewiesen werden[71]. Im Neuen Reich ist es dann jedoch die Regel, daß Isis am Fußende und Nephthys zu Häupten des Toten steht. Aus dem Mittleren Reich existieren zahlreiche Inschriften, in denen Isis zum Toten spricht: »Ich bin gekommen, damit ich dein Haupt hochhebe.« Und dementsprechend steht an der Sargwand geschrieben: »Gegrüßt seist du, Herrin der Schönheit, die das Haupt des Osiris hochhebt.«[72] Bekannt ist auch, daß für die Salbung des Hauptes das kostbarste Öl verwendet wurde. Für beides stehen im Ägyptischen fast gleichlautende Begriffe[73]. Die Tatsache, daß alle Evangelisten auf die Kostbarkeit der Salbe verweisen, mag auf eine weitere Parallele hindeuten.

Wie die ägyptischen Texte erkennen lassen, wird jeder Tote als Osiris, als Brudergeliebter der Göttin Isis, aufgefaßt. Im Akt der Salbung wird er nun zum Geliebten der in ihrem Namen handelnden Priesterinnen. Der Salbungsakt muß also in jedem Fall auch als ein Liebesakt aufgefaßt werden, denn die weibliche Liebe ist es letztendlich, die dem Toten das neue Leben schenkt. Auch die Liebe der Jesus salbenden Frau schimmert noch durch alle vier Texte hindurch. Bei Lukas findet sie ihren Ausdruck am deutlichsten. Die Frau tritt von hinten an die Füße Jesu, weint unaufhörlich und hinterläßt dabei Rinnsale auf seinen staubigen Füßen, die sie mit dem Haar ihres Hauptes säubert. Bevor sie seine Füße salbt, küßt sie sie zärtlich. Der Text deutet an, daß es sich hier um die Fortsetzung einer vorherigen Begegnung zwischen Jesus und der Frau handelt; was sich dabei ereignete, wird uns leider nicht übermittelt.

Die Frau selbst wird bei Lukas als »Sünderin« bezeichnet. Die beiden ersten Evangelisten kennzeichnen sie nicht weiter. Johannes hingegen weiß, daß es sich bei ihr um Maria, die Schwester der Martha und des Lazarus zu Bethanien, handelte. Exegeten vermuten in ihr eine Hetäre[74], eine jener Frauen also, die sich der patriarchalen Ehe verweigerten und weiterhin die kultische Hingabe, den Vollzug der Heiligen Hochzeit im Namen der Göttin pflegten. Mit zunehmender Patriarchalisierung der Religion wurden diese Tempel allerdings allmählich zu reinen Freudenhäusern jener Männer, die ihre Ehefrauen zu Hause unter Verschluß hielten.

Markus und Johannes beschreiben die Salbe der Frau als kostbares Nardenöl, das auch in Palästina bei Reichen und Vornehmen bekannt war[75]. Diese Kostbarkeit des Salböls weist auf eine wohlhabende Person hin, »ist aber auch in der Hand einer Hetäre denkbar«[76]. Berücksichtigen wir auch noch die Beziehung zum Hohen Lied, in dem an mehreren Stellen von der kostbaren Nardensalbe der Geliebten gesungen wird anläßlich der Vorbereitungen zur Heiligen Hochzeit, so bestätigt sich noch einmal die Zugehörigkeit des Salbungsgeschehens zum matriarchalen Mythenkreis, der hier als Quelle des Bewußtseins der agierenden Personen angenommen werden muß. Im matriarchalen Salbungsritual drückt die Frau mit dieser Handlung ihr Wohlgefallen an dem Geliebten aus, was wir wohl auch für die Jesus salbenden Frauen annehmen können.

Dieser Zusammenhang legt nahe, uns etwas genauer mit der Frau zu befassen. Wer war sie? Sollen wir wirklich an ihre Namenlosigkeit glauben, nur weil drei der Evangelisten sich weigern, uns ihren Namen preiszugeben? Warum nennen zum Beispiel die ersten drei Evangelisten den Namen des Gastgebers, in dessen Hause die Salbung stattfand, während sie die Frau in der Anonymität belassen? Haben wir es hier wieder einmal mit einem Akt der Verdrängung zu tun, der darauf hinweist, daß etwas Wichtiges unterschlagen werden soll? Dann wären genauere Untersuchungen angebracht.

Wie Johannes berichtet, war es Maria von Bethanien, die Jesus die Füße salbte und sie mit ihren Haaren trocknete. Sie wird in der kirchlichen Tradition mit Maria Magdalena identifiziert. Von ihr geht ein eigenartiger Zauber aus, der uns ahnen läßt, daß sich hinter dieser Gestalt mehr verbirgt, als uns die Evangelisten preisgeben und Theologen wahrhaben wollen. In der Personenkonkordanz wird sie wie folgt beschrieben: »Sie wird durch Jesus von schwerer Besessenheit geheilt und darf im Kreis der Frauen, die ihm dienten, ihm nachfolgen. Sie liebt Jesus und kann sich nicht von ihm trennen, auch nicht von seinem Leichnam, glaubt aber nicht ... Sie hängt am irdischen Leben und glaubt nicht, daß er auferstanden ist und lebt ... Der Herr führt sie zum Glauben.«[77] Jesus gibt ihr vor allen anderen die Gewißheit seiner Auferstehung, indem er sie beim Namen ruft. Sie wird die erste Osterbotin.

Wie anders klingen dagegen die gnostischen Beschreibungen der Maria Magdalena als Frau, die das All kennt, als Lebensgefährtin Jesu, die auch nach seinem Tode in zahlreichen Visionen Botschaften von ihm empfing und um die sich frühchristliche Gruppen scharten. Aus gnostischen Texten geht hervor, daß sie sozusagen als Zentrum der Gemeinde hohes Ansehen genoß und als christliche Autorität angesehen wurde. Diese Frau machen die orthodoxen Christen zur reumütigen Prostituierten, während die Evangelisten von ihr schweigen und sie lediglich als erste Zeugin der Auferstehung in Erscheinung treten lassen. Warum aber wird eine Frau, die *die* Schlüsselrolle unter den Zeuginnen und Zeugen der Auferstehung einnimmt, dermaßen totgeschwiegen?

Wie ich bereits zu Beginn erwähnt habe, müssen Salbung und Auferstehung als die beiden zentralen Ereignisse angesehen werden, die den historischen Jesus in den mythischen Christus umwandelten. Läßt dieser innere Zusammenhang möglicherweise zu Recht darauf schließen, daß die erste Verkünderin der Osterbotschaft auch die Initiatorin der Salbung war und ihm die Messiasweihe verlieh? Und ließe sich daraus

– wie auch aus den übrigen Informationen aus gnostischen Schriften – gar folgern, daß es sich bei ihr um eine bedeutende Priesterin der zahlreichen Mysterienreligionen handelte, die daher von orthodoxen Christen abgewertet, diffamiert und zur Bedeutungslosigkeit verdammt wurde? Daß solche Schlußfolgerungen ganz und gar nicht abwegig sind, zeigt die Tatsache, daß sie auch für andere Kenner des religiösen Umfeldes zur Zeit Jesu recht naheliegend erscheinen. So schreibt beispielsweise Eberz dazu: »Ohne Bedenken aber darf man annehmen, daß Maria von Magdala Mitglied eines der religiösen weiblichen Geheimbünde war, die zu ihrer Zeit, in allerdings hoministisch-profanierter Gestalt, eine neue Blüte entfalteten. Für die Frauen des jüdisch-palästinensischen Bundes war das Hohe Lied in einer ursprünglicheren und vollständigeren Gestalt, als wir es kennen, das heilige Buch. Salomo war nur der Geheimname für den Bundesgott, den andere Adonis, Osiris, Tammuz nannten. Und wenn sie den Herrn, Adonai, anriefen, so riefen sie in Wahrheit den Herrn und Frauengott von Byblos, den Adonis oder den Adon an; denn der Name hat bei den Juden und in dem an Galiläa angrenzenden Phönikien dieselbe Bedeutung.«[78] Könnte nicht auch die Tatsache, daß Lukas Maria Magdalena als Frau beschreibt, aus der sieben Dämonen ausgefahren waren[79], etwas von ihren kultischen Praktiken durchschimmern lassen?

»Wäre es nicht denkbar«, so vermuten Lincoln, Baigent und Leigh, »daß die ›sieben Dämonen‹ für einen heidnischen Kult stehen, dessen Initiation sich aus sieben Stufen zusammensetzte? Eine solche siebenfache Steigerung der Aufnahmeriten ist zum Beispiel vom Muttergöttinnenkult der Astarte her bekannt«[80], die ja in Israel als Aschera besondere Verehrung genoß, wie der starke Widerstand gegen sie im Alten Testament beweist. Ob sich nun hinter der Dämonenaustreibung »eine Art Umkehrverfahren der sieben Initiationsstufen« verbirgt, wie die Autoren vermuten, oder ob die Dämonenaustreibung als solche bereits als Umkehrung der Tatsache aufzufassen ist, daß Maria nicht von Dämonen, sondern von der Heiligen Geistin besessen war, können wir natürlich nicht entscheiden. Auch Eberz' Vermutungen gehen in die zuvor beschriebene Richtung. Er nimmt an, daß sie in eine gnostizistische Mysterienreligion eingeweiht war, »in der die Seele durch die von sieben Geistern beherrschten Planetensphären wandern mußte, um im Empyreum die letzte Erkenntnis zu finden«[81].

Es gibt inzwischen Belege dafür, die Eberz möglicherweise noch gar nicht gekannt hat, die aber seine Vermutungen unterstützen. Im gnostischen Evangelium der Maria finden wir eine Stelle, in der Maria den anderen Jüngern, deren Wortführer Petrus ist, den Aufstieg der Seele beschreibt und damit eine Art Geheimwissen weitergibt, das sie in einer Vision »vom Herrn« empfangen hat. Bei ihrem Aufstieg gelangt die Seele an eine vierte und letzte Macht, die sieben Formen annimmt und die es zu überwinden gilt. Es handelt sich bei ihnen um die Finsternis, das Begehren, die Unkenntnis, die Todesfurcht, das Reich des Fleisches, die Torheit des Fleisches und die zornige Weisheit. Diese sieben Zornesmächte fragen die Seele: »Woher kommst du, Menschenschlächter, oder wohin gehst du, Eroberer des Raumes?«[82] Daraufhin antwortet die Seele, daß sie Freiheit erlangt hat von Gebundenheit, von Verkehrungen, vom Begehren, von Unwissenheit und von den Fesseln des flüchtigen beziehungsweise vergänglichen Vergessens. Damit hat sie ihr Ziel erreicht und kann sich in Schweigen hüllen.

Wenn aber das Ziel der Seele das unendliche Schweigen ist, so ist sie damit heimgekehrt zur Urgöttin des Anfangs, die in einer anderen gnostischen Schrift von sich sagt:

»Ich bin das Haupt des Alls,
die ich vor einem jeden da bin.
Ich bin der Ruf einer leisen Stimme,
die ich vom Uranfang an im Schweigen bin.
Ich bin der Raum, in dem jeder Ruf erklingt,
und der verborgene Ruf, der in mir ist,
ist in dem unerreichbaren, unmeßbaren Gedanken
des unermeßlichen Schweigens.«[83]

In diesen Texten schimmert eine weibliche Einweihungslehre durch, die von Maria Magdalena ausgegangen sein könnte. Möglicherweise galt sie als eine Priesterin, die die sieben Zornesmächte überwunden hatte. Daraus machte dann Lukas eine Befreiung von sieben Dämonen durch Jesus. Es war die Legende, die Maria Magdalena in das Salbungsritual einführte. Sie ist es auch, die Maria Magdalena und Maria von Bethanien zu einer Gestalt verschmolz, obgleich sie doch im Neuen Testament anscheinend so klar voneinander unterschieden werden. Doch werden sie das wirklich? Wenn wir uns die Überlieferungen ansehen, die es von den beiden Frauen gibt, so fällt auf, daß von Maria Magdalena (wenn wir einmal von der erwähnten Lukas-Stelle absehen) ausschließlich im Zusammenhang mit der Kreuzigung und dem Ostereignis die Rede ist. Alle Evangelisten sind sich darüber einig, daß Maria Magdalena mit einigen anderen Frauen unter dem Kreuz stand. In keinem Fall wird Maria von Bethanien genannt, die doch ein so inniges Verhältnis zu Jesus gehabt haben muß und von der ansonsten einiges überliefert wird. Ist es wirklich vorstellbar, daß sie nicht unter dem Kreuz stand, wenn es sie gab? Warum erfahren wir andererseits von Maria Magdalena vorher nichts, wo sie doch unter dem Kreuz zu finden ist und schließlich nach der Auferstehung den Verkündigungsauftrag erhält?

Wenn wir aus beiden Gestalten (wieder) eine machten, ergäbe das Ganze einen Sinn. Wir hätten dann eine durchgängige, wenn auch entstellte Überlieferung von der Lebensgefährtin Jesu, die ihn salbte und seine Auferstehung verkündete und die damit ihren festen Platz erhält in der Reihe all jener Priesterinnen, die als Vertreterinnen der Göttin zum Andenken an das große Menschheitsdrama ihren Auserwählten zum Herrscher salben, ihn in den Tod entlassen und ihm schließlich zu neuem Leben verhelfen.

Aus dem hier Zusammengetragenen ergibt sich die Möglichkeit, daß Maria in Bethanien eine Mysterienschule unterhielt, in der sie Jesus zum Messias salbte, womit sie ihn in ihre Mysterienreligion aufnahm, in der der Gedanke an die Bestimmung des weiblichen Geschlechts erhalten geblieben war. Ihre Aufgabe war es, das Ende des patriarchalen Äons zu proklamieren und den Beginn des neuen anzukündigen, das vorsichtig das »Reich der Himmel« genannt wurde. Diese Aufgabe wurde Jesus übertragen, da insbesondere in Israel der Stimme der Frauen keinerlei Bedeutung beigemessen wurde und sie daher des männlichen Verkünders ihrer Werte bedurften.

Wenn es also stimmt, daß Jesus in der Mysterienschule zu Bethanien praktisch zu Hause war, erklärt sich auch die innige Beziehung, die ihn mit seinem Schwager Lazarus verband und die wiederum Johannes recht eindrücklich in seiner Auferweckungsgeschichte beschreibt. Mehrfach heißt es dort, daß Jesus ihn liebhatte.

Wie Morton Smith annimmt, handelt es sich bei dieser Geschichte um die Beschreibung eines (möglicherweise mißglückten) Sterberituals, durch das Lazarus die höheren Weihen empfangen sollte, ähnlich wie dies in den Eleusinischen und anderen Mysterien der Fall war. Bei solchen Ritualen wurde der Initiand drei Tage lang in absoluter Dunkelheit – oftmals in einer Grabkammer – gehalten und erfuhr dann am Ende seine symbolische Auferstehung oder Wiedergeburt. Die Beziehung zum Mythenkreis des sterbenden und auferstandenen Sohngeliebten der Göttin ist auch hier wiederum unverkennbar. Und würden sich auf diesem Hintergrund nicht auch die rätselhaften Worte des Jüngers Thomas erklären, von denen Johannes in seiner Lazarus-Geschichte berichtet: »Laßt uns mitziehen, daß wir mit ihm sterben«[84]? Deuten diese Worte dann nicht auf den Wunsch des Jüngers, ebenfalls einem solchen Ritual unterzogen zu werden? Solche Mysterienkulte, die im Laufe der Zeit den Männern immer leichter zugänglich wurden, könnten als ein letzter verzweifelter Versuch angesehen werden, sich nicht nur auf den Tod vorzubereiten, sondern in einem Sterberitual das patriarchale Bewußtsein auszuschalten, um so die Erinnerungen an den ersten Äon aus dem Unbewußten an die Oberfläche treten zu lassen und damit »die Fesseln des Vergessens«, wie es in der Gnosis heißt, zu zersprengen.

Mit dieser Vermutung komme ich ans Ende meines Versuches, das religiöse Umfeld Jesu und der ihn salbenden Frauen abzuklopfen auf jene Inhalte hin, die uns weitgehend vorenthalten werden, wodurch insbesondere für Frauen wesentliche Informationen unberücksichtigt bleiben. Abschließend fasse ich noch einmal die wichtigsten Ergebnisse zusammen:

Wie ich zu zeigen versucht habe, spielen kostbare Salben in den orientalischen Religionen eine ganz wesentliche Rolle, und zwar insbesondere in jenen Ritualen, die mit der Heilung und männlichen Machtverleihung sowie mit der Heiligen Hochzeit und dem Begräbnis des Mannes in Verbindung stehen. Gemeinsam ist diesen Ritualen, daß bis weit ins politisch-patriarchale Zeitalter hinein Frauen in ihnen eine aktive Rolle spielen und diese Rituale mit und an Männern vollziehen. Grundlage dieser Rollenzuteilung ist ein Weltbild, in dem das weibliche Geschlecht als Erschafferin und Erhalterin allen Lebens, das männliche Geschlecht hingegen als vom weiblichen erschaffen erfahren wurde, was ganz wesentliche Folgen für die Sozialstruktur und das religiöse Erleben jener Menschen hatte. Das Wissen um Geburt, Sterben und Wiedergeburt des Menschen lag beim weiblichen Geschlecht, dem zunehmend mehr daran gelegen war, auch den Mann in die tieferen geistigen Zusammenhänge des matriarchalen Weltbildes einzuweihen. Mit der immer stärker werdenden religiösen Patriarchalisierung des Orients wurde das matriarchale Mysterienwesen immer mehr in den Untergrund gedrängt. Das heißt, daß es in den offiziellen religiösen Schriften verketzert oder aber verschwiegen wurde, so daß neue patriarchalisch bestimmte Zusammenhänge hergestellt werden konnten. Nirgends ist der weibliche Anteil an Bestattungs- und Wiederbelebungsritualen, die aus dem Mythenkreis der Großen Göttin und ihres Sohngeliebten hervorgegangen sind, so eindeutig belegt wie im ägyptischen Kulturkreis, von wo aus sich ganz eindeutige Parallelen zu den neutestamentlichen Salbungsgeschichten aufzeigen lassen. Im patriarchalen Mythos ist die Salbung des Welterlösers durch das weibliche Geschlecht an keiner Stelle vorgesehen, so daß diese Erzählungen auf eine Zugehörigkeit zu einem nicht patriarchalen Weltbild hinweisen.

Dennoch scheint der Evangelist Johannes versucht zu haben, wenigstens einen Teil dieses Rituals auch für die christliche Nachwelt zu erhalten, indem er von einem Ereignis berichtet, das keiner der drei anderen Evangelisten übermittelt. Er beschreibt Jesus als echten matriarchalen Heros, als Gesalbten des Priesterinnenordens, der als priesterlicher

König zu den Männern gesandt wird, um ihnen jene Belehrungen weiterzureichen, die er zuvor selbst empfangen hat.

Jesus vollzieht jenes Ritual, in dem ihm selbst die Füße gereinigt und gesalbt wurden, in den letzten Stunden ihres Beisammenseins an seinen Jüngern. Jene Waschszene, die der Salbung vorausgegangen ist, wird nur noch bei Lukas thematisiert. Dort reinigt die Frau Jesu Füße mit ihren Tränen und trocknet sie mit ihren Haaren. Eine sehr intime Szene, die auch in der Fußwaschung, die Jesus an den Jüngern vollzieht, noch erhalten geblieben ist dadurch, daß Jesus die Füße der Jünger mit seinem Schurz trocknet, mit dem er umgürtet war.

Wie sich die Szenen ähneln:

»Da nahm Maria ein Pfund Salbe von ungefälschter, köstlicher Narde und salbte die Füße Jesu und trocknete mit ihrem Haar seine Füße« (12,3).

»Darnach goß er Wasser in ein Becken, hob an, den Jüngern die Füße zu waschen, und trocknete sie mit dem Schurz, damit er umgürtet war« (13,5).

Besonders die Erklärungen aber, die Jesus zu seiner Waschhandlung abgibt, zeigen, daß er seinen Auftrag, weibliches Verhalten an das männliche Geschlecht weiterzugeben, erfüllt hat und damit gleichzeitig das patriarchale Vorstellungsgebäude von männlicher Größe und Macht zusammenbrechen läßt. Nach der Fußwaschung fragt er seine Jünger: »Wißt ihr, was ich euch getan habe?« und erklärt ihnen daraufhin: »Ihr heißt mich Meister und Herr und sagt recht daran, denn ich bin es auch. So nun ich, euer Herr und Meister, euch die Füße gewaschen habe, so sollt ihr auch euch untereinander die Füße waschen. Ein Beispiel habe ich euch gegeben, daß ihr tut, wie ich euch getan habe Wahrlich, wahrlich ich sage euch, der Knecht ist nicht größer als sein Herr, noch der Apostel größer als der ihn gesandt hat. So ihr solches wisset, selig seid ihr, so ihr's tut« (13,12-17).

Nun, sie haben es nicht getan, seine Nachfolger, und daher auch dieses Ritual nicht übernommen. Statt der Füße waschen sie einander lieber die Köpfe und schlagen sie ein, wenn es sein muß, zeigen damit, daß Jesus keine wahren Nachfolger hatte, daß er der letzte von Frauen gesalbte matriarchale Priester-König war und daher so unvergeßliche Spuren in der Seele von Frauen hinterlassen konnte.

Wenn diese These ihre Berechtigung hat, dann müßte sie sich auch an Jesus selbst, an seinem Verhalten und seinen Belehrungen der Männerwelt nachweisen lassen. Diesem Unterfangen sind die nachfolgenden Kapitel gewidmet.

Die weibliche Ethik Jesu

Wie ich im vorigen Kapitel zu zeigen versucht habe, war Jesus in bezug auf die Frau Lernender, in bezug auf den Mann hingegen Lehrer.

Durch das Verhalten der Syro-Phönizierin lernte er die Abkehr (Umkehr!) von jeglicher Form der Menschenverachtung, die in einer entsprechenden Lehre an seine Brüder in der Bergpredigt ihren Niederschlag findet.

Von der Frau am Jakobsbrunnen lernte er die Preisgabe rassistischen und sexistischen Denkens. Durch sie erfuhr er, daß wahrer Glaube jenseits nationaler und patriarchaler Ausprägung zu finden ist. Durch sie erhielt er aber auch die Gelegenheit, zum Messias zu werden, und erkannte seinen diesbezüglichen Auftrag. Dieser wird von der Frau im Salbungsritual bestätigt, so daß er nunmehr vom weiblichen Geschlecht den offiziellen Auftrag erhält, mit der Autorität eines Gesalbten seinen Geschlechtsgenossen die weibliche Weisheit zu vermitteln.

Wenn Frauen und Männer demnach der Ethik Jesu gegenüberstehen, so ist die Botschaft, die beide Geschlechter daraus empfangen, eine grundverschiedene: Der Mann wird aufgefordert, seine Welt zu verlassen, in der er sich so allmächtig eingerichtet hat. An ihn ergeht der Ruf, sich von seinen männlich-patriarchalen Denkstrukturen und Einseitigkeiten abzuwenden. »Kehret um, denn das Himmelreich ist nahe herbeigekommen!« Um ihm die Umkehr aus seinem patriarchalen System zu erleichtern, wird ihm das Himmelreich in einer Fülle von Bildern vor Augen geführt. Es ist jenes Reich jenseits des Patriarchats, in dem alles das beheimatet ist, was Männer in ihrer langjährigen Tradition zu vernichten versucht haben.

Die Ethik Jesu bestätigt den Mann also keinesfalls in seiner einseitigen Männlichkeit, sondern führt ihm weibliche Verhaltensweisen und Werte vor Augen, auf die er sich einlassen soll. Seiner Männlichkeit fehlt noch etwas Wesentliches, damit sie menschlich sein kann. Die Botschaft, die die Ethik Jesu für die Frau enthält, bestätigt sie hingegen in ihren schon immer praktizierten Verhaltensweisen und in ihren seit undenklichen Zeiten gehegten Anschauungen über das Menschliche und das Göttliche. Die Botschaft Jesu ist das dem weiblichen Geschlecht seit jeher Vertraute. Die Faszination des Fremden geht also für sie von seiner Lehre nicht aus, solange sie sich selbst und ihren eigenen Werten treu geblieben war. Das ist heute selbstverständlich kaum noch möglich, nachdem uns eine mehrtausendjährige Patriarchatserziehung zu ethisch Desorientierten gemacht hat. Verglichen mit dem männlichen Geschlecht aber stehen Frauen auch heute noch der Ethik Jesu wesentlich näher. Schließlich entstammt sie jenem Seinsgrund der Menschheit, der sich für das weibliche Geschlecht als tragend erwies, der jedoch im Zuge der Patriarchalisierung in der Praxis immer stärker mit Füßen getreten und statt dessen für Sonntagspredigten reserviert wurde.

Wenn aber dennoch bis heute eine besondere Faszination von Jesus ausgeht, die Frauen in stärkerem Maße erfaßt als Männer, so liegt dies meines Erachtens an jener inneren Vertrautheit, die sie im Umgang mit ihm spüren. In ihm erfahren sie einen Mann, der mit seiner Lehre die Verkehrtheit des patriarchalen Weltbildes verkündet und gleichzeitig weiblichen Vorstellungsbildern Gehör verschafft und ihren Wert erneut bewußtmacht. Immer wieder schlägt er sich auf ihre Seite. Er lehrt und praktiziert eine Form der Menschlichkeit, die der ihren entspricht, und wird folglich als zu ihnen gehörig empfunden.

Doch leider begnügten Frauen sich mit Jesu und ihrer eigenen Menschlichkeit, statt diese auch von jenen Nachfolgern Jesu einzuklagen, die sich die Macht, die der Menschensohn über die Seelen der Menschen hatte, für ihre eigenen Machtinteressen zunutze machten. Statt das Bild Jesu als Vorbild für die Erziehung von Söhnen und Ehemännern zu nehmen, begnügten sie sich damit, ihn zum Maßstab eigenen Handelns zu machen, der ja letztendlich auch ihr eigener war.

Aus ehemaligen Vorläuferinnen Jesu wurden auf diese Weise seine Nachfolgerinnen, die mit ihrem Verhalten der Menschlichkeit in jedem Jahrhundert neu auf die Sprünge halfen. Offiziell allerdings fühlten sich die Männer ausschließlich aufgrund ihrer Geschlechtszugehörigkeit als die wahren Nachfolger Jesu, was ihnen allerdings weniger Anlaß zu mitmenschlichem Dienen als vielmehr Anlaß zum Herrschen und uneingeschränkten Machtgebrauch als Herren der Welt und Stellvertreter Christi (wenn nicht gar Gottes) auf Erden war. Dieser Mißbrauch der christlichen Botschaft findet bis heute statt. Ihm muß die Frau energisch entgegentreten und verhindern, daß er sich auch noch unter der nächsten Generation der Töchter (und Söhne) seine Opfer suchen kann. Frauen und Mädchen müssen lernen, daß ihnen der christliche Glaube nicht in erster Linie Verpflichtungen auferlegt, sondern ihnen das Recht auf Unversehrtheit ihrer Menschenwürde zuspricht und sie in ihrem Sosein bestätigt, während er gleichzeitig die Korrekturbedürftigkeit des männlichen Geschlechts hervorhebt und ihm unübersehbare Auflagen macht.

Diese Unterschiede können wir erst wahrnehmen, wenn wir nicht nur das frauenfreundliche Verhalten Jesu zur Kenntnis nehmen, sondern uns auch der geschlechtsspezifischen Aspekte in seiner ethischen Lehre bewußt werden.

Umgang mit Schuld

Am Kreuz befreite Jesus die Menschen von ihrer Sünde. Das ist die Antwort, die die Kirche auf das Problem menschlicher Schuld gibt. Sie ruft immer stärkeren Widerspruch bei Frauen hervor, die angefangen haben, ihren christlichen Glauben kritisch zu hinterfragen. Gewiß, das mag auch hier und da für Männer gelten – insbesondere die jüngeren Pastoren –, doch sind es Frauen, insbesondere feministische Theologinnen, die ihr Unbehagen öffentlich kundtun. Sind wir aber deshalb wirklich die großen Abweichlerinnen vom »wahren christlichen Glauben«, wie es uns Bischöfe glauben machen wollen?

Nirgends läßt sich die Verfälschung der Lehre Jesu durch das offizielle Christentum so eindeutig nachweisen wie bei seinem Umgang mit der Schuld. Keine andere Religion ist dermaßen stark auf dem menschlichen Schuldgefühl errichtet worden wie das Christentum, obwohl doch in seinem Zentrum das Kreuz als Symbol der Befreiung von aller

Schuld steht. Jahrhundertelang wurde den Menschen die Schuldvergebung gegen bare Münze verschachert, obwohl doch »Christus am Kreuz all unsere Schulden ein für allemal bezahlt« hat. Die schrecklichste Höllenpein wurde den Menschen angedroht für geringfügige Vergehen. Auf diese Weise wurden Furcht und Schrecken verbreitet von einer Religion der Liebe, die gleichzeitig lehrt: »Furcht ist nicht in der Liebe.« Da kann doch etwas nicht stimmen! Aber was ist es, das da nicht stimmt? Um die Antwort gleich vorwegzunehmen: Es ist die Verquickung von Schuldbefreiung und Kreuz. Die Menschen müssen gespürt haben, daß aus einem Mordwerkzeug keine Vergebung kommen kann, sonst hätten sie es ja in Anspruch genommen, ohne der Kirche ihre Schulden in Heller und Pfennig durch den Kauf von Ablässen zu bezahlen. Und woher rühren all die bis ins Neurotische ansteigenden Schuldgefühle vieler Christen, wenn sie doch wissen, daß ihre Schuld am Kreuz getilgt wurde? Das Kreuz scheint im Hinblick auf die Befreiung von Schuld ein recht unwirksames Symbol zu sein. Da spürt die menschliche Seele etwas ganz Richtiges. Was aber ist das christliche Kreuz dann?

Nun, das Kreuz ist ein (nicht nur) römisches Folter- und Mordwerkzeug in den Händen von Unterdrückern, die mit brutaler Gewalt anderen ihren Willen aufzwingen. Nicht umsonst wurde es zu *dem* Symbol der christlichen Kirche – allerdings erst durch Konstantin, der es zum Heilssymbol der Christusherrschaft erhob, unter dessen Banner er seine mörderischen Siege erringen konnte, und der gleichzeitig aus dem Vatergott Jesu einen Kriegsgott machte. Für die frühe Christengemeinde, die ja noch maßgeblich von der Verkündigung der Frauen lebte, war nicht das Kreuz, sondern der Fisch als Ausdruck des hereinbrechenden Fischezeitalters das sie verbindende Symbol. Nicht der Tod Jesu war die Grundlage ihrer Heilserfahrung, sondern die Liebe, die sie zur Vergebung bereit machte. Die frühe Gemeinde mit ihrer »Religion für Frauen und Sklaven«, wie sie Spötter verächtlich nannten, war eine Liebesgemeinschaft und kein Leichenzug. »Der Herr lebt!« war ihr Jubelruf. Als *Lebender* wurde er verherrlicht und nicht als Gekreuzigter. Das Erlebnis seiner *Auferstehung* wurde als *die* göttliche Heilstat gefeiert und nicht seine Ermordung. Wenn wir einen Blick auf die beiden Grundmuster theologischer Deutung der Kreuzesverherrlichung werfen, wird deutlich, warum feministische Theologinnen für ihr Glaubensverständnis die Bereitstellung von Lebens- und Liebessymbolen fordern und es ablehnen, das Kreuz als Symbol des Todes – genauer gesagt: der Ermordung eines wehrlos Liebenden durch die Inhaber der Macht – für ihre religiösen Erfahrungen als verbindlich anzuerkennen.

Im ersten der beiden theologischen Erklärungsmuster für die Heilsbedeutung des Kreuzes wird dieses als »Heilstat Gottes« angesehen, der der Menschheit seinen Sohn zum Opfer gab zur Vergebung der Sünden. Dabei wird der alttestamentliche Gedanke von der Sühnkraft unschuldigen Opferblutes aufgegriffen und weitergeführt. Der »Fort-schritt« besteht nun darin, daß hier ein *Mensch* geopfert werden muß, während im Alten Testament immerhin Tiere ausreichten. Hinter solchen Vorstellungen steht das Bild eines Gottes, der die Sünde des Menschen so ernst nimmt, daß sie nur durch das Blut gesühnt werden kann. Ein solches Gottesbild ist mit der Lehre Jesu unvereinbar.

Die Interpretation des Kreuzes als »Heilstat Gottes« impliziert außerdem, daß – wie bereits oben angedeutet – das mörderische Handeln des Patriarchats, das immer wieder und auf vielfältige Weise das Blut seiner Gegner fordert, mit dem Handeln der Gottheit identifiziert wird. Die Annahme eines solchen Glaubens, die ja nach wie vor gefordert wird, verwirrt das menschliche Rechtsempfinden bereits in frühem Alter, wenn es dies nicht sogar ganz außer Kraft setzt.

Die zweite – von der ersten grundverschiedene Deutung – sieht in dem Gekreuzigten Gott selber, der sich den Menschen als Opfer darbringt. Durch die Gleichsetzung Jesu mit Gott wird nun alles vernebelt. Der Adressat des Opfers kann nun nicht mehr Gott sein; denn er ist ja das Opfer. Also ist es der Mensch? Worin liegt dann aber die Heilswirksamkeit, wenn der Gottmensch durch Menschenhand getötet wird? Was hat solch ein Geschehen mit der Vergebung der Sünden zu tun? Auch gerät mit dieser Deutung die Lehre vom dreieinigen Gott ins Wanken.

Dennoch kann ich persönlich meine Sympathie für die Interpretationsmöglichkeiten, die in dieser Deutung liegen, nicht verhehlen, vorausgesetzt allerdings, daß sie abgekoppelt wird von der Vorstellung, das vergossene Blut Jesu habe sündenvergebende Kraft, wo es doch in Wirklichkeit gen Himmel schreit, ihm also eher eine anklagende als vergebende Funktion zuzusprechen ist. Die Anklage lautet: Mord an der Gottheit!

Die Machtinhaber des Patriarchats bringen das Göttliche um, nicht nur einmal, nicht nur in der Gestalt Jesu, nein, überall, wo es sich offenbaren will, sei es nun in männlicher oder aber in weiblicher Gestalt. *Das* Göttliche aber, so steht es im Neuen Testament, ist *die Liebe.* Sie wird in vielfältiger Weise gefoltert und gemordet, und das Patriarchat wendet sein ganzes Potential an rationalem Denken dafür auf, diese Schandtaten zu rechtfertigen. Für viele Frauen, die in Jesus in erster Linie den Liebenden sehen, ist also das Kreuz die Erinnerung an den patriarchalen Mord an der Liebe, den sie ja selbst nur allzuoft am eigenen Leibe erfahren. So wie sie um den Tod ihrer eigenen ermordeten Liebe trauern, so können sie auch um den Gekreuzigten trauern. Doch können sie nicht »alles Heil im Tod Christi am Kreuz« im Glauben für sich in Anspruch nehmen, wie es ihnen die Kirche nahelegt.

Wie aber kommen Kirchenmänner eigentlich dazu, ihr Heil im Tode Christi zu suchen, wo er sie doch etwas ganz anderes gelehrt hat? Auch zu Jesu Zeit waren es Männer, die die Frage nach dem Heil des Menschen und nach dem ewigen Leben bewegte. Daß von Frauen derlei Fragen nicht kamen, mag als Zeichen dafür angesehen werden, daß ihnen diese Frage kein Problem war. Die Heilsproblematik scheint dort um so dringlicher zu sein, wo das Patriarchat am stärksten verankert ist. Bei den drei Männern, die in ihrem religiösen Glauben anscheinend keine Antwort auf dieses Problem bekommen, die sie zufriedenstellen kann, handelt es sich um Repräsentanten patriarchaler Herrschaft. Einer von ihnen gehört zu den Reichen, ein anderer zu den Gesetzeskundigen, und der dritte ist ein Pharisäer und Mitglied des Hohen Rates. Alle sind auf ihre Weise Inhaber der Macht, also besonders männlich im patriarchalen Sinn.

Jeder dieser drei Machthaber erhält von Jesus eine andere Antwort. Für jeden sind die Bedingungen des Heils anders, doch entstammen sie in jedem Fall einer matriarchalen Vorstellungswelt, einem Glauben, den Frauen geprägt hatten. Keine der Antworten, die Jesus gibt, legt den Fragern nahe, das Heil in seinem Tod zu suchen.

Das wird ganz deutlich, wenn wir uns die Stellen im Neuen Testament ansehen, bei denen es um den Kern, die Essenz seiner Lehre geht. Bei allen drei Synoptikern taucht die Frage auf: Was muß der Mensch tun, um das ewige Leben zu erben[1]? Darauf antwortet Jesus einmal mit jenen Geboten, die die Beziehung zum Mitmenschen thematisieren. Die Beziehung zu Gott bleibt ausgeklammert. Jesus antwortet dem Reichen, der ihm die Frage gestellt hatte: »Du kennst die Gebote: Du sollst nicht töten, du sollst nicht ehebrechen, du sollst nicht stehlen, du sollst nicht falsch Zeugnis reden; ehre deinen Vater und deine Mutter!«, und Matthäus fügt noch hinzu: »und du sollst deinen Nächsten lieben wie dich selbst.« Trotz der Einhaltung dieser Gebote schien dem Reichen doch noch etwas zu fehlen für seine Heilsgewißheit. Es war aber anscheinend nicht der Glaube an die sündenvergebende Kraft des Blutes Jesu; denn dieser antwortet ihm: »Geh hin, verkaufe alles, was du hast, und gib es den Armen und du wirst einen Schatz im Himmel haben; und komm, folge mir nach!« Mit *dieser* Lehre ist natürlich kein Staat zu machen – weder bei Reichen noch bei Herrschenden, die es der Kirche ja immer wieder angetan hatten und auf deren Bedürfnisse es die Kernthesen christlichen Glaubens zurechtzuschneiden galt und anscheinend noch gilt.

Was Jesus hier fordert, ist im Grunde genommen eine Rückkehr zu matriarchalen Verhältnissen. Für diese Gesellschaftsform ist das materielle Gleichheitsprinzip charakteristisch, wie Matriarchatsforscher immer wieder bestätigen. Daß Männerherrschaft nicht in der Lage ist, einen solchen Zustand herzustellen, zeigen die zahllosen sozialistischen Mißerfolge auf diesem Gebiet. Daß Reichtum im Patriarchat ein geschlechtsspezifisches Phänomen ist und sich männlich definiert, zeigt die Tatsache, daß mehr als 99 Prozent des Besitztums der Welt in männlicher Hand sind[2].

Doch schauen wir uns die zweite Lösung an, die Jesus für die Heilsproblematik anbietet. Auf die Frage nach der Erlangung des ewigen Lebens, die ein wohl weniger begüterter Gesetzeskundiger stellt, lautet Jesu Antwort: »Gott und den Nächsten lieben wie dich selbst.« Und als der Frager – Begriffsstutzigkeit vortäuschend – wissen möchte: »Und wer ist mein Nächster?«, antwortet ihm Jesus mit dem Gleichnis vom barmherzigen Samariter, in dem er den verachteten Nicht-Juden und daher Ungläubigen zum Vorbild für den Juristen aus dem »Volke Gottes« erhebt. Auch hier fehlt der Hinweis auf einen bestimmten Glauben, den der Mensch aufzuweisen habe und auf dem angeblich »alles Heil« gründet. Auch von der Heilswirksamkeit seines eigenen Todes scheint Jesus noch nichts zu wissen. Mit ihr hätte er sich die Mühe so unterschiedlicher Antworten eigentlich schenken können.

Die Antwort, die Jesus statt dessen gibt, zeigt, wie gut er von den Frauen gelernt hat: Dem Gesetzeskundigen, der in den heiligen Schriften zu Hause ist und weiß, »das Heil kommt von den Juden« (eine Überzeugung, die Jesus noch vor der Begegnung mit der Frau am Jakobsbrunnen mit ihm teilte), diesem Mann also mutet Jesus zu, das Verhalten eines Unreinen, eines Samariters als heilsrelevant anzusehen. Und was ist so großartig an dessen Tun? Er versorgt die Wunden eines Verletzten. Wie viele Frauen haben das vor und nach ihm getan! Gelegenheit dazu bot ihnen das mörderische System zur Genüge. In Familien, Krankenhäusern und Lazaretten, überall haben Frauen zu heilen versucht, was Männer zuvor verletzt hatten. Einer Frau brauchte Jesus diese Geschichte wahrlich nicht zu erzählen. Sie hätte ihn belächelt, lebte sie doch schon immer nach einer Ethik, in der Hilfsbereitschaft zu den wichtigsten Tugenden gehört, der Männer wesentlich »bedeutsamere« Tugenden wie Kampf und Eroberung entgegenzusetzen haben. In Ermangelung eines geeigneten Kampfplatzes setzen sie ihren Perfektionismus der weiblichen Hilfsbereitschaft entgegen und erheben ihn zum Ideal, an dem sie ihren Wert messen. Wie Carol Gilligan aufgezeigt hat, besteht ein recht unterschiedliches Verständnis von Verantwortung zwischen den Geschlechtern. Wie entsprechende Tests zeigen, besteht für Jungen und Männer die Übernahme von Verantwortung in der Begrenzung einer Aktion, in der Einschränkung von Aggression. Für Frauen und Mädchen hat Verantwortung dagegen etwas mit »Antwort« zu tun. Sie bedeutet nicht Einschränkung, sondern ist als Erweiterung des Handelns ein Akt der Zuwendung.

Demnach hätte also der beispielhafte Samariter ein typisch weibliches Verhalten an den Tag gelegt, während sich der Priester und der Levit, die sich dort, wo es um die notwendige Erweiterung ihres Handelns ging, nicht zuständig fühlten und vorbeigingen, nach einem typisch männlichen Wertemuster verhielten. Jesus überträgt also besonders von Frauen geprägte Seinsweisen auf das männliche Geschlecht, um dieses damit zu belehren. Bezeichnend ist hier die Frage nach dem Nächsten, die der Gesetzeskundige stellt. Natürlich war für ihn der Nächste nur als Mitglied seines Volkes vorstellbar; denn der nationale Egoismus ist ein wesentlicher Bestandteil des patriarchal-religiösen Denkens. Der entgegengesetzte Pol dazu liegt in den hehren Vorstellungen von der *Menschheit*, die das Patriarchat in eine bessere Zukunft führen will. In beiden Anschauungen fehlt das konkrete menschliche Wesen, das unabhängig von seiner nationalen Zugehörigkeit das Bedürfnis hat, als Mensch geachtet zu werden.

Auch hier haben wir es wiederum mit einem geschlechtertypischen Weltbild zu tun. Wie Carol Gilligan gezeigt hat, wird unsere ethische Entwicklung von ganz bestimmten Vorstellungen geprägt, die wir vom Menschen und unseren Beziehungen zu anderen haben. Um die geschlechtsspezifischen Unterschiede im Verhalten wie auch in der Reflexion ethischer Normen durchschaubar und meßbar zu machen, hat ihr Mentor Kohlberg eine Wertungsskala festgelegt, auf der es sechs Stufen gibt. In die obersten Stufen kommen nur Menschen, die es fertiggebracht haben, sich von ihrer konkreten Umwelt zu lösen und die Prioritäten von Ideen – für ein ganzes Volk oder gar für die Menschheit – mit Entschlossenheit zu vertreten. Und siehe da, auf den beiden höchsten Stufen ethischen Verhaltens sind keine Frauen zu finden. Sie müssen mit den unteren Rängen vorliebnehmen, weil sie sich nun einmal von konkreten Menschen nicht lösen können, weder in ihrem Verhalten noch auch in ihren Anschauungen.

Es ist anzunehmen, daß auch Jesus nicht bis zu den oberen Rängen der Werteskala Kohlbergs vorgedrungen wäre, zieht er doch das Heilsdenken, das um das ewige Leben kreist, in den Staub der Wüste zu den Wunden eines unter die patriarchalen Räuber Gefallenen; mutet er doch einem Gesetzeskundigen, der mit nichts Geringerem als dem Willen Gottes und seinen Geboten befaßt ist, zu, sich in den Wüstenstaub zu bücken und sich dem konkreten Menschen zuzuwenden – und damit aus einer weiblichen Ethik zu schöpfen.

Eine dritte Antwort auf die Frage nach dem Heil gibt Jesus bei Johannes in der Nikodemus-Geschichte: »Wahrlich, wahrlich, ich sage dir, wenn jemand nicht von neuem geboren wird, kann er das Reich Gottes nicht sehen.«[3] Und der Verfasser des Theologischen Handkommentars wundert sich: »Merkwürdigerweise nennt Jesus nicht die Buße«[4], die wesentlich besser in das kirchliche Heilskonzept gepaßt hätte.

Diese Bedingungen der Wiedergeburt zur Erlangung des Heils werden einem Mann gestellt, der zur religiösen Elite seines Volkes gehörte, den ursprünglichen Trägern der patriarchalen Religion und ihres Weltbilds. Was Jesus diesem Mann zumutet, ist im Grunde genommen ungeheuerlich; denn der Gedanke der Wiedergeburt des Mannes mit den entsprechenden Sterbe- und Auferstehungsritualen gehört zum Kern matriarchaler religiöser Anschauungen. In ihnen repräsentiert das Männliche die Natur, die dem Rhythmus von Geburt, Wachsen, Sterben und Wiederauferstehen unterworfen ist, während die Frau das Ewige und Unwandelbare in seiner Wandlungsvielfalt verkörpert. Es gibt wohl keine Göttinnenreligion, die die entsprechenden Rituale nicht kennt. Mit dem Beginn des Patriarchats wurden sie dann auf ein soziologisches Verständnis übertragen, wie ich im vorigen Kapitel dargelegt habe. Der Pharisäer scheint diese Rituale nicht zu kennen – und wenn er von ihnen gehört hat, so hat er sie als »Götzendienst« oder »Hurerei« abgetan. Erstaunt fragt er daher: »Wie kann ein Mensch geboren werden, wenn er alt ist? Kann er auch wiederum in seiner Mutter Leib gehen und geboren werden?«[5] Daß Geburt etwas mit dem weiblichen Geschlecht zu tun hat, ist ihm wohlbekannt. Daß es aber für ihn darum geht, das irdisch-physische Weibliche mit der geistigen Dimension zusammenzubringen, scheint er nicht zu begreifen. So antwortet ihm Jesus: »Wahrlich, wahrlich, ich sage dir! Es sei denn, daß jemand geboren werde aus Wasser und Geist, so kann er nicht in das Reich Gottes kommen.«[6]

Hier treffen wir sie wieder an, die durchgängige, ausschließlich weibliche Symbolik für geistige Neuschöpfung, der wir bereits im letzten Kapitel begegnet sind. Durch die Anbindung des männlichen Heils an diese weibliche Symbolik macht Jesus unmißverständlich deutlich, daß die patriarchale Welt an jener Spaltung leidet, die das Männliche vom Fleisch – und damit vom konkreten Menschsein – und das Weibliche vom Geist beziehungsweise vom Göttlichen trennt. Grundlage des patriarchalen Weltbildes ist ja die Aufteilung: Geist (Gott) = männlich, Materie (Körper) = weiblich. Wenn es auch im jüdischen Schriftgut noch die weibliche Geistvorstellung gab, so war diese doch nicht mehr mit der Materie verbunden und hatte schon gar nichts mit der konkreten Frau zu tun. Von Frauen im Hohen Rat ist nichts bekannt. Aufgrund ihrer Menstruation stand ihre Kultunfähigkeit ein für allemal fest. Ihre Tempeldienste beschränkten sich auf jene Handlungen, zu denen sich die Männer zu fein waren. Auch von Frauen, die das göttliche Wort auslegen, hören wir nichts. Die Heilige Geistin (ruah) ist also von der konkreten Frau abgelöst, während der männliche Gott sich durch die Männer seines Volkes darstellt.

Mit seiner Antwort verweist Jesus den Pharisäer auf die ursprüngliche Einheit von irdischem und göttlichem Weiblichen am ersten Schöpfungstag. Erst wenn der Mann sich dieser beiden Kräfte wieder neu bewußt wird und aus ihnen seine Neugeburt erlebt, kann er in das (matriarchale) Reich Gottes eingehen. Die Anerkennung der Verbindung zwischen dem irdischen und dem göttlichen Weiblichen ist demnach die Bedingung für das Heil des Mannes.

Die Tatsache, daß keiner Frau eine solche Belehrung zuteil wurde, zeigt meines Erachtens, daß Frauen ihrer in dieser

Weise nicht bedurften. Sie waren anscheinend noch stärker mit ihrer matriarchalen Geisteswelt verbunden, die nur an der patriarchalen Oberfläche ausgerottet werden konnte. Darunter schien sie höchst lebendig gewesen zu sein. Damals kannten Frauen noch die Bedingungen des Heils, doch hatten sie keine Möglichkeiten oder Mittel, sie durchzusetzen. In der patriarchalen Welt hat sich der Mann unentbehrlich gemacht, zu ihrer Aufrechterhaltung ebenso wie zu ihrer Vernichtung.

Bei einer Zusammenfassung der Heilslehre Jesu stelle ich fest, daß er das Kommen des Reiches Gottes vom Vergehen des patriarchalen Systems abhängig gemacht hat[7]: Der Reiche soll seinen Reichtum unter die Armen verteilen; das heißt, die materiellen Unterschiede, auf denen die Herrschaft der Reichen basiert, müssen abgebaut werden. Der Gesetzeskundige muß seine Wahrnehmung, die er in der Vergangenheit für das Wort Gottes geschärft hatte, und dessen männliche Auslegung, versteht sich, nunmehr für den konkreten Menschen und seine aktuellen Bedürfnisse sensibilisieren. Der Pharisäer und religiöse Machthaber soll das von seiner Kaste verdrängte religiöse Weltbild als heilsnotwendig anerkennen. Das ist die Essenz der Heilsbotschaft des von Frauen Gesalbten, der das Heil des Mannes nicht loslöst von sozialen Bedingungen, sondern es im gesellschaftlichen Diesseits verankert. Damit hat sich gezeigt, daß das Patriarchat *die* Schuld an sich ist, die den Mann vom Reich Gottes trennt.

Heute sehen wir klarer denn je, daß es die »männische Ordnung« (D. Sölle) ist, das männische Verhalten auf individueller, politischer, wirtschaftlicher und wissenschaftlicher Ebene, das Liebe und Leben zerstört, ja selbst den Globus in ein Jenseits zu befördern droht, das in keiner Weise mit dem Reich Gottes identisch sein wird.

Statt diese Zusammenhänge deutlich zu machen, die Jesus ganz klar herausstellt, hat es die patriarchale Theologie seit jeher darauf angelegt, die Sünde in besonderer Weise mit dem weiblichen Geschlecht zu assoziieren. Urheberin der Sünde ist die Frau, die seit Eden in einem besonderen Spannungsverhältnis zum Göttlichen steht. Ihre Sünde war es, wissen zu wollen, was gut und was böse ist, ein Wissen, das

Gottvater sich allein vorbehalten hatte. Diese »Schuld« mußte sie mit dem Abtreten ihrer Selbstbestimmung und Freiheit an den Mann büßen – bis heute. Zur Vergebung *dieser* Sünde war der Gottessohn nicht am Kreuz gestorben, und so trug das jüdische Erbe im Christentum Zins und Zinseszins. Es hat wohl kaum einen Kirchenmann gegeben, der der Frau nicht in stereotyper Manie ihr besonderes Gefährdetsein bestätigt hätte, bis sie irgendwann selbst davon überzeugt war, schlechter zu sein als der Mann. Bis heute leidet sie in weitaus stärkerem Maße an Schuldgefühlen als der Mann. Schließlich war es nicht nur die Kirche, die der Frau ihre Schuld vorhielt. Als sie (die Kirche) ihre Glaubwürdigkeit in Sachen Mensch allmählich verlor, bestätigten es ihr die Psychologen Freudscher Prägung: Die Frau hat ein geringeres Rechtsgefühl als der Mann. Auch kommt ihr keinerlei Anteil bei der Schaffung ethischer Werte zu[8]. Und Ähnliches sagt ja auch die Kohlbergsche Werteskala. Den Ball, den die Theologen geworfen hatten, haben die Psychologen also aufgefangen. Doch haben sie ihn an die Theologen zurückgegeben. Inzwischen traut man sich nicht mehr, sich so unbekümmert über Eva als Urheberin der Sünde auszulassen, wie es früheren Theologengenerationen vergönnt war. Wie überall haben sich auch hier die Methoden der Schuldzuweisung beträchtlich verfeinert. Der Inhalt als solcher hat sich natürlich nicht geändert.

So heißt es im Evangelischen Erwachsenen-Katechismus, dem Kursbuch christlichen Glaubens: »Obgleich sich die Sünde als Störung des Gottesverhältnisses auf rein psychologischem Wege nicht erfassen läßt, zeigt uns die Tiefenpsychologie doch vergleichbare Vorgänge, die uns zum Verständnis der Erbsünde verhelfen können. Sie bietet viele Beispiele dafür, wie ein Kind von Anfang an durch die Schuld anderer, durch Haltung und Verhalten seiner Eltern, am Anfang *vor allem der Mutter*, geprägt wird.«[9] Unter Berufung auf die Psychologie wird hier wiederum recht subtil assoziiert: Mutter – Erbsünde. Mit dieser Art von Theologie sollten Frauen sich nicht länger die Ohren vollblasen lassen.

Ich möchte statt dessen untersuchen, ob sich aus Lehre und Verhalten Jesu eine solche Assoziation rechtfertigen läßt, die die Frau stärker in die Nähe der Sünde rückt als den

Mann. Doch zunächst möchte ich der Frage nach der Bedeutung des Kreuzes bei der individuellen Schuld des Menschen nachgehen.

Wenn das Kreuz auch nicht geeignet zu sein scheint, das Reich Gottes auf die Erde zu holen und damit den Menschen das Heil zu bringen, ist es dann nicht wenigstens für die Sünden der einzelnen und ihre Vergebung von Bedeutung? Auch diese Frage findet in der Auseinandersetzung mit der Lehre Jesu keine Bestätigung. Die Lehre des Paulus, daß Christus uns durch seinen Kreuzestod die Vergebung der Sünden erwirkt hat, ist nicht mit der Lehre Jesu und seinem Umgang mit der Schuld des Menschen in Einklang zu bringen. Wie aber erlangt dann der Mensch sein individuelles Heil, seine persönliche Vergebung von Schuld?

Bei Lukas sagt es Jesus ganz deutlich: »Richtet nicht, so werdet ihr nicht gerichtet werden; verurteilt nicht, so werdet ihr nicht verurteilt werden; sprecht frei, so werdet ihr freigesprochen werden.«[10] Jesus wirft also den Menschen auf sich selbst und sein eigenes Verhalten gegenüber den Mitmenschen zurück. In diesen Worten ist nichts zu spüren von der magischen Kraft seines Blutes, dessen es bedarf, um sich von Schuld zu befreien.

Auch Matthäus und Markus stimmen mit Lukas darin überein, daß der Mensch in der Schuldfrage nicht an sich selbst vorbeikommt: »Denn mit welchem Gericht ihr richtet, mit dem werdet ihr gerichtet werden.«[11] Und: »Mit welchem Maß ihr meßt, mit dem wird euch gemesen werden.«[12] In Übereinstimmung mit dieser Lehre betet die Gemeinde Jesu jeden Sonntag im Vaterunser: »Und vergib uns unsere Schuld, wie auch wir vergeben unseren Schuldigern ...«

Es besteht demnach ein innerer Zusammenhang zwischen der aktiven und passiven Vergebung des Menschen. Wer selbst bereit ist zu vergeben, kann auch für eigene Schuld mit Vergebung rechnen. Es ist also keineswegs die Inanspruchnahme des Kreuzes oder der Glaube an die vergebende Kraft seines Blutes, die Jesus den Menschen anempfiehlt, sondern allein die eigene Bereitschaft zur Vergebung. Sollte nun mit dem Tode Jesu alles anders geworden sein und diese Lehre ihre Gültigkeit verloren haben? Das kann wohl niemand im

Ernst behaupten. Warum aber wurde dann die rational durchschaubare und auch psychologisch stimmige Lehre Jesu ersetzt beziehungsweise ergänzt durch die irrationale »Torheit vom Kreuz«, deren Paulus sich rühmt? Warum die Verquickung von Kreuz und Sündenvergebung? Warum die Übernahme des alttestamentlichen Sühnegedankens, obwohl Jesus ihn an keiner Stelle selbst aufgreift? Dahinter scheint sich eine männlich-patriarchale Form der Schuldbewältigung oder besser -verdrängung zu verbergen.

Es gibt klare Hinweise darauf, daß das aktive Vergeben Männern wesentlich schwerer fällt als Frauen, die in der Lage sind, alles, aber auch alles zu verzeihen, was ihnen Ehemänner und Partner antun. Wer sich beispielsweise mit mißhandelten Frauen befaßt, ist immer wieder erschüttert, wie groß die weibliche Vergebensbereitschaft sein kann. Eine wahrhaft göttliche Eigenschaft, doch zu wessen Nutzen? Hierzu ein Beispiel unter vielen: Eine 41jährige Ärztin verliebt sich unsterblich in einen Mann und macht ihn zum Mittelpunkt ihres Lebens. »Dieser Mann wirft sie eines Tages gegen einen Ofen und verletzt sie dabei so, daß eine Niere entfernt werden muß. Er läßt sie ohnmächtig liegen, ohne Hilfe zu holen (= Priester und Levit im Gleichnis vom barmherzigen Samariter! C.M.). Nachdem ihre Wut durch seine erneute Freundlichkeit zerstreut wurde und er sie zu einer Schiffsreise einlädt, sagt sie: ›Er kann nicht gewollt haben, daß ich so schwer verletzt wurde, wie ich es war. Es muß ein Unfall gewesen sein.‹«[13] Unzählige Beispiele ließen sich hinzufügen. Es ist immer wieder dasselbe: Frauen glauben unerschütterlich an den »guten Kern« im Mann und gehen dabei häufig selbst zugrunde, während es Männer fertigbringen, eine ansonsten intakte Ehe mit Kindern wegen einer außerehelichen Affaire der Frau aufzulösen. Unversöhnlichkeit scheint das Merkmal des männlichen Geschlechts zu sein, unendliche Vergebensbereitschaft das des weiblichen.

Im Neuen Testament werden ausschließlich Männer über die Pflicht zur Vergebung belehrt, mit der schon Petrus Schwierigkeiten gehabt zu haben schien. So fragt er Jesus: »Herr, wir oft soll ich meinem Bruder, der wider mich sündigt, vergeben? Bis siebenmal? Jesus sagt zu ihm: ›Ich sage dir:

Nicht bis siebenmal, sondern bis 77mal.‹«[14] Wohlgemerkt, es geht hier wie in dem ganzen Kapitel, das von »Bruderpflichten« handelt, um die Belehrung von Männern. Frauen sollten endlich lernen, daß für sie andere Maßstäbe gelten. Sie müßten lernen, *nicht* zu verzeihen, um sich so besser schützen zu können, *nicht* zu vergessen, was ihnen angetan wurde, um nicht falschen Hoffnungen nachzurennen und ihre Liebesperlen weiterhin vor die Schweine zu werfen[15]; denn ihre große Vergebensbereitschaft resultiert aus ihrer größeren Liebesfähigkeit. »Ihre vielen Sünden sind ihr vergeben; denn sie hat viel geliebt«[16], sagt Jesus von der ihn salbenden Frau. Sollte es wirklich Zufall sein, daß wieder einmal eine Frau dem Mann als Beispiel für Liebe und Vergebung vor Augen geführt wird? Auch hier bestätigt die Lehre Jesu für Frauen nur wieder das, was sie sowieso schon praktizieren. An Männer gerichtet sind solche Forderungen in der Tat neu. Vielleicht sollten sich Frauen in der Weise auf die Seite Jesu stellen, daß auch sie solches Verhalten *fordern*, statt es ausschließlich zu *praktizieren*.

Und wie geht Jesus selbst mit Schuld um, wo er ihr begegnet? Auch hier wieder recht eindeutige Unterschiede.

Auf einer Wanderung streiten sich die Jünger, »wer der Größte wäre«[17]. Immer noch hatten sie nichts kapiert von seiner »weiblichen Ethik«. So ruft er die Zwölf zusammen, um ihnen eine von vielen Lektionen zu erteilen: »Wenn einer erster sein will, muß er der letzte von allen und aller Diener sein. Und er nahm ein Kind, stellte es mitten unter sie und schloß es in seine Arme und sagte ihnen: ›Wer eines solcher Kinder aufnimmt in meinem Namen, nimmt mich auf; und wer mich aufnimmt, nimmt nicht mich auf, sondern den, der mich gesandt hat ... Und wer eines dieser Kleinen, die glauben, ärgert, besser wäre es für ihn, wenn ein Mühlstein um seinen Hals gehängt und er in den See geworfen würde.‹«[18] Diese recht unversöhnlichen Worte Jesu, die nichts von einer Bereitschaft zur Vergebung erkennen lassen, legen die Vermutung nahe, daß seine Lehre von der Verpflichtung zur Vergebung nur auf Ranggleiche anwendbar ist. Es ist eine Verpflichtung für Gleichstarke, die nicht auf Schwächere ausdehnbar ist. (Auch die andere Wange hinhalten setzt körperliche Stärke und nicht Schwäche voraus, ist also nicht auf Frauen und Kinder gegenüber Männern übertragbar.) Hier ist die Frau durchaus mit dem Kind vergleichbar, da auch sie physisch und rechtlich dem Mann im Patriarchat ausgeliefert ist. Für Jesus stehen die Schwachen unter besonderem göttlichen Schutz. Für die Starken wäre ein gewaltsamer Tod durch Ertränken nicht so schlimm wie der Anstoß, den sie den Schwachen geben. Diese Gedanken müssen insbesondere auf prügelnde und Frauen und Töchter sexuell mißbrauchende Ehemänner und Väter übertragen werden. (Selbstverständlich aber auch auf Kinder mißhandelnde Mütter und Geschwister!)

Besonders hervorzuheben ist wohl auch, daß Jesus hier das Göttliche mit einem Kind, also dem schwächsten Glied in der sozialen Kette, identifiziert, was bis heute weder gesellschaftliche noch theologische Relevanz hat. Diese Gleichsetzung muß gerade im Zusammenhang mit der Vergebung gesehen werden, sind doch Kinder Meister der Vergebung und daher in der Tat »göttlich«.

Dem gnadenlosen Umgang mit dem Schuldigwerden des Starken am Schwachen steht wiederum ein ganz anderer Umgang gegenüber, wo es um die Schuld einer Frau geht. Ich denke an die Geschichte von der Ehebrecherin. Auch hier wendet sich Jesus gegen die Starken, die doch nach jüdischem (= göttlichem) Gesetz durchaus im Recht waren. Jesus ist gar nicht der Meinung, daß die »Schuld« der Frau gesühnt werden müsse, zumal die Gesetzestreuen den Ehebrecher laufen ließen. Auch hier hat der Schutz des Schwachen absolute Priorität – eine durch und durch weibliche Haltung.

Vielleicht ist an diesen Beispielen deutlich geworden, wieviel größer die Schwierigkeiten des Mannes sind, wenn es um die Vergebung geht. Seine Nachfolger fühlten sich von Jesus überfordert und setzten daher an die Stelle der eigenen Pflicht zur Vergebung den Glauben an das Kreuz, der ihnen wesentlich leichter war und sie gleichzeitig der »Bürde« enthob, die ihnen Jesus auferlegt hatte.

Selbstverständlich ist dieses Motiv nicht ausreichend, um die Verwandlung des Kreuzes als Mordwerkzeug in ein Symbol des Heils und die des Mordes an Jesus in *die* Heilstat

Gottes zu erklären. Hier drängt sich ein wesentliches psychologisches Moment auf. Wenn wir die Passionsgeschichten lesen, fällt auf, daß nur noch die Jüngerinnen Jesu die letzten Stunden mit ihm unter dem Kreuz verbrachten. Die Jünger hatten sich aus dem Staube gemacht. Judas hatte ihn verraten. Petrus hatte ihn verleugnet. Das Kreuz Jesu muß demnach auch für sie mit eigener Schuld verbunden gewesen sein.

Nicht anders sieht es bei Paulus aus. Wenn er auch den Tod Jesu wohl selbst noch nicht miterlebt hat, so wissen wir doch, daß er bei der Steinigung des Stephanus zugegen war und maßgeblich an der Verfolgung der ersten Christen in Jerusalem durch die Juden (und nicht etwa die Römer) beteiligt war. Ihm ging es darum, die Gemeinde als Leib Christi auszurotten. Um diesen Auftrag auszuführen, zog ihn sein ehrgeiziger Fanatismus bis nach Syrien, wohin die Jerusalemer Christen vor ihm geflüchtet waren. Auch für ihn mußte daher der Tod des Gekreuzigten aufs engste verbunden sein mit seiner eigenen Schuld am Tode der ersten Christen. Diese Schuld muß er jedoch verdrängt haben. Es fällt nämlich auf, daß, wenn immer er von seiner Verfolgung der christlichen Gemeinde berichtet[19], er dies ohne eine Spur von schlechtem Gewissen tut. Sein Handeln deutet er »als radikale Konsequenz seiner früheren untadeligen Gesetzlichkeit; nicht als ein quälendes Unrecht seiner Vergangenheit«[20].

Möglicherweise hat er diese Schuld nie bewußt verarbeitet und sich statt dessen dadurch Erleichterung verschafft, daß er den Mord an Jesus einfach in sein Gegenteil verkehrte und ihn mit dem Heilsgedanken verband: Der Mord geschah zum Heil derer, die daran glauben. Ja er wurde gar nicht umgebracht, sondern hat »sich selbst für unsere Sünden gegeben, daß er uns errettete von dieser gegenwärtigen, argen Welt nach dem Willen Gottes und unseres Vaters«[21]. Patriarchales Unrecht wird zum göttlichen Willen erhoben.

Auf diese Weise konnte dann auch der Mord an den Christen in die Nähe des Heils gerückt werden, hatte er doch ihn, Paulus, vom Gesetzesgehorsam geheilt. Paulus ersetzte nunmehr seine eigene Gesetzesgerechtigkeit – das Motiv seines mörderischen Handelns – durch das »Gesetz des Glaubens«[22]. Jenen Gehorsam, den er gegenüber dem Gesetz geübt – nun aber angeblich abgelegt – hatte, läßt er jetzt unter der Fahne des Glaubens segeln und macht es sich zur Aufgabe, kraft seines Apostelamtes, »unter allen Heiden den Gehorsam des Glaubens aufzurichten«[23]. Die Rechtfertigung, die er zuvor aus den Werken des Gesetzes erfahren hatte, erfuhr er nunmehr aus des Glaubens Gesetz. Gesetzesfanatismus schlägt um in Glaubensfanatismus. Glauben aber heißt für ihn in letzter Konsequenz, das zu glauben, was er sagt; denn gleich zweimal verflucht wird, wer ein anderes Evangelium predigt als er[24]. Religiöser Fanatismus und verdrängte Schuld klebten also von Anfang an an jenem Kreuz, das nicht mehr die Schandtat des Patriarchats, sondern vielmehr das Heil symbolisieren sollte. Als Heilssymbol war das Kreuz seelisch ungefährlich. Möglicherweise haben sich die verdrängten Schuldgefühle der Männer der ersten und zweiten Stunde, die am Kreuz kleben, bis heute fortgesetzt und sind mit verantwortlich dafür, daß das Christentum zu einer Schuldverdrängungsreligion wurde und nicht von Schuld befreite, wie es immer wieder verhieß.

Ganz allgemein läßt sich beobachten: Je »gläubiger« Christen sind, desto weniger sind sie in der Lage, mit eigenem Fehlverhalten umzugehen oder mit anderen darüber zu sprechen. Sie leiden dann entweder unter Selbstgerechtigkeit, das heißt, ihre Umwelt leidet darunter, oder aber an einem diffusen Schuldgefühl, das sich in Gefühlen der Ohnmacht, Hilflosigkeit, Sündhaftigkeit bis hin zur Selbstverachtung Ausdruck verschafft – zwei Seiten einer Medaille, die auch bei Paulus deutlich werden. Mal fühlt er sich als Fehlgeburt: »Ich elender Mensch, wer wird mich erlösen?«[25] Dann aber weiß er sich von Gott ausgesondert und beauftragt[26].

Der Anteil der Schuld jener ersten Christenmänner am Tode Jesu und seiner Nachfolger hat sich fortgepflanzt und durchzieht weiterhin den christlichen Glauben in Form von Liedern:

»Ach, das hat unsre Sünd
und Missetat verschuldet,
was du an unsrer Statt,
was du für uns erduldet.
Ach, unsre Sünde bringt
dich an das Kreuz hinan,
o unbeflecktes Lamm,
was hast du sonst getan.«[27]

»Nun, was du, Herr, erduldet,
ist alles meine Last;
ich hab es selbst verschuldet,
was du getragen hast.
Schau her, hier steh ich Armer,
der Zorn verdienet hat;
gib mir, o mein Erbarmer,
den Anblick deiner Gnad!«[28]

Das Schlimme aber ist, daß nunmehr der Glaube an das Kreuz zur Bedingung für die Vergebung von Schuld gemacht wird und nicht mehr die eigene Bereitschaft zu vergeben:

»Wer nicht glaubt dieser großen Gnad,
der bleibt in seinen Sünden,
und ist verdammt zum ewgen Tod
tief in der Hölle Gründen.
Nichts hilft sein eigen Heiligkeit,
all sein Tun ist verloren;
die Erbsünd macht's zur Nichtigkeit,
darin er ist geboren;
vermag sich selbst nicht helfen.«[29]

Differenzierter Umgang mit Schuld ist natürlich nicht möglich, wenn der Glaube an ein Dogma alles entscheidet und die gegenwärtige Schuld bereits vor zweitausend Jahren vergeben wurde, egal was diejenigen sagen, an denen ich schuldig werde. Das ist die totale Regression hinter die hochdifferenzierte Ethik Jesu, bei der es um Bewußtmachung und nicht um Verdrängung und Einebnung geht.

Wie mir Kindergottesdiensthelferinnen berichten, legt mancher Pfarrer besonderen Wert darauf, bereits den Kleinsten Schuldgefühle einzureden, um ihnen dann hinterher das Kreuz zur Entlastung anbieten zu können. Eine Lehre aber, die Kindern und Erwachsenen zumutet, einen Mord als Heilstat sowie einen bestimmten Glauben und nicht das Verhalten als Bedingung für Schuldvergebung anzusehen, muß das ethische Gefühl zutiefst verletzen und verunsichern und jedem Versuch einer Erziehung zu Selbstverantwortlichkeit und Mündigkeit ins Gesicht schlagen.

Das muß bereits Matthäus, der einige Jahrzehnte nach Paulus schreibt, gespürt haben, dessen Evangelium einen visionsartigen Einschub enthält, der von einer Gerichtssitzung handelt, die der Sohn des Menschen auf seinem Thron der Herrlichkeit abhält. Die Botschaft, die Matthäus mit dem erhöhten Herrn verbindet, scheint ein einziger Widerspruch zu sein gegen den Glaubensfanatismus, den Paulus mit dem erhöhten Herrn verknüpft. Hier wäre auch der Schreiber des Jakobusbriefes als bewußter Kontrahent des Paulus zu nennen. Die Essenz des matthäischen Gleichnisses vom Scheiden der Schafe von den Böcken[30] lautet: »Was der Mensch am Menschen versäumt, wird für ihn tödlich, was immer er sonst geleistet oder verfehlt (oder geglaubt, C.M.) haben mag; denn mit dem Menschen in seiner Not hat sich der Sohn des Menschen verbündet.«[31] Die Handlungen, die Matthäus als heilsbringend herausstellt, könnten dem Tagebuch einer Frau entstammen: »Denn ich war hungrig, und ihr habt mir zu essen gegeben; ich war durstig, und ihr habt mich getränkt; ich war fremd, und ihr habt mich beherbergt; nackt, und ihr habt mich bekleidet; ich war krank, und ihr habt mich besucht; ich war im Gefängnis, und ihr seid zu mir gekommen.« Grundlage dieses Handelns ist das Menschsein und nicht ein bestimmter Glaube. So läßt Matthäus Jesus bereits in der Bergpredigt sagen: »Nicht jeder, der zu mir sagt: ›Herr, Herr!‹ wird in das Reich der Himmel kommen, sondern wer den Willen meines Vaters in den Himmeln *tut*.«[32]

Daß es aber gerade dem weiblichen Geschlecht wichtiger ist, zu tun als zu reden oder zu glauben, bescheinigt der Jung-Psychologe Erich Neumann[33]. Ist es vielleicht gar kein Zufall, daß in der Vision des Matthäus der Menschensohn ausgerechnet zu den Muttertieren sagt: »Kommet her, ihr Gesegneten meines Vaters, ererbet das Reich, das euch von Grundlegung der Welt an bereitet ist«, und die Böcke »in das ewige Feuer« schickt?

Umgang mit dem Gesetz

Das ganze Neue Testament durchzieht eine enge Verbindung von Schuld und Gesetz. Paulus sieht das Gesetz sogar als Ursache jeglicher Schuld an. Für ihn gäbe es ohne das Gesetz keine Schuld[34]. Das zeigt einerseits, wie absolut sein Gesetzesverständnis ist, macht andererseits aber auch deutlich, wie wenig er die Schuld als ein zwischenmenschliches Problem ansah. Sie war für ihn in erster Linie ein Problem zwischen dem Menschen und Gott. Auch darin unterschied er sich grundlegend von Jesus. Für diesen standen die Bedürfnisse des Menschen im Vordergrund. Nicht um Gottes oder des Gesetzes willen soll der Mensch etwas tun oder unterlassen, sondern allein um des Menschen willen. Dementsprechend findet auch Schuld im zwischenmenschlichen Bereich statt und muß dort bereinigt werden.

Anders als bei Paulus ist bei Jesus nicht die Verlorenheit aller Menschen vor Gott die Ausgangsbasis, sondern die Fähigkeit des Menschen, zu verzeihen, zu beschützen, zu teilen, schlichtweg: zu lieben. Wo der Mensch diese Fähigkeiten aktiv einsetzt, braucht er sich um das Gesetz keine großen Gedanken zu machen: »Alles nun, was ihr wollt, daß euch die Menschen tun, sollt ihr ihnen tun; denn darin besteht das Gesetz der Propheten.«[35] Zwar gelangt auch Paulus zu der Erkenntnis, daß »die Liebe des Gesetzes Erfüllung« ist[36], doch müßte er sich fragen lassen, wie er gleichzeitig lehren kann, daß die Gerechtigkeit bei Gott bereits durch den Glauben, und allein durch den Glauben an Jesus Christus, zu den Menschen kommt und sie ohne Eigenleistung »gerecht werden aus seiner Gnade durch die Erlösung«[37]. Beide Lehren sind unvereinbar, ja schließen einander sogar aus. Zu erkennen ist nur, daß Paulus aus dem striktesten Gesetzesgehorsam in das absolute Gegenteil verfällt und nun auf die Gnade setzt, weil er sich in erster Linie als Sünder vor Gott erfährt und nicht als Mensch unter Menschen. Doch kann die Abkehr vom Gesetz – das hat Jesus gezeigt – nur um des Menschen willen geschehen.

Wie die Evangelisten berichten, hatte Jesus eine höchst differenzierte Haltung gegenüber dem Gesetz. Das wird in vielen Auseinandersetzungen mit Pharisäern und Schriftgelehrten (oder wer immer sich hinter diesen Bezeichnungen verborgen hält) deutlich. Dem Gesetz kommt kein Wert an sich zu, es ist dazu da, die menschlichen Beziehungen zu verbessern, nicht aber sie einzuschränken.

Wieder einmal kann ich nicht anders als auch diese Haltung als spezifisch weiblich zu interpretieren. Dies geht wiederum aus den Untersuchungen Carol Gilligans, aber auch aus anderen Beobachtungen hervor. Frauen und Mädchen entnehmen ihre moralischen Vorstellungen einer Beziehungsethik, der die Vorstellung zugrunde liegt, daß die Fürsorge für andere Menschen und die aktive Teilnahme an deren Entwicklung das eigene Selbstwertgefühl steigert[38]. Menschliche Beziehungen haben für sie absolute Priorität, während das männliche Geschlecht stärker auf seine Unabhängigkeit von menschlichen Beziehungen bedacht ist. Gesetze und Regeln haben für den Mann Absolutheitscharakter, ihnen muß sich der Mensch anpassen. Für das weibliche Geschlecht stellen Regeln nichts Festes dar. Sie sind veränderbar, wenn es darum geht, Beziehungen zu erhalten. Weibliche Rechtsauffassungen sind abhängig von den Wirkungen, die sie auf zwischenmenschliche Beziehungen haben, wobei die Aufrechterhaltung von Bindungen für sie am wichtigsten bleibt. Jungen und Männer gehen dagegen von einer Welt aus, die aus Individuen besteht, und so werden Rechtsprobleme nach mathematisch-logischen Grundsätzen geregelt. Diesem Vorgehen liegt auch der männliche Glaube an Autorität und Gesetz zugrunde.

Entsprechend unterschiedlich ist das Verständnis, das beide Geschlechter von verantwortlichem Handeln haben. Wie bereits erwähnt, bedeutet er für Mädchen eine Ausweitung ihres Handelns, ein positives Tun, während Jungen darunter die Einschränkung von Aggressionen verstehen, die Verhinderung von Handlungen also. Es ist recht aufschlußreich, auf diesem Hintergrund die »Goldene Regel« Jesu zu betrachten und die Veränderung, die sie im Patriarchat erfuhr. In der Bergpredigt des Matthäus sagt Jesus: »Alles nun, was ihr wollt, daß es euch die Menschen tun, das sollt auch ihr ihnen tun; denn darin besteht das Gesetz und die Propheten« (7,12). Die Übereinstimmung mit weiblicher Ethik liegt auf der Hand. In beiden Fällen geht es um eine Erweiterung des Handelns, um eine positive Verhaltensbestimmung also. Im Volksmund hat sich diese jedoch in eine negative Beschreibung verwandelt, die zur Einschränkung des Verhaltens auffordert: »Was du nicht willst, daß man dir tu, das füg auch keinem andern zu.« Aus der weiblicher Ethik entsprechenden Regel Jesu wurde jene auf männlichen Vorstellungen basierende des Patriarchats, die nicht zu richtigem Verhalten ermuntert, sondern zur Restriktion.

Wir können also durchaus sagen, daß der Umgang Jesu mit dem Gesetz typisch weiblichen Vorstellungen entsprach, während jener der Pharisäer und Schriftgelehrten in einer typisch männlichen Vorstellungswelt beheimatet war.

Schauen wir uns dazu einige Beispiele an:

Die Geschichte von der Ehebrecherin zeigt wohl am deutlichsten den Unterschied zwischen einer typisch männlichen und weiblichen Ethik. Sie veranschaulicht aber auch, daß Männer für Frauen andere Maßstäbe haben als für ihr eigenes Geschlecht, daß sie zu allen Zeiten dazu tendierten, männliche Schuld unter den Teppich zu kehren oder der Frau zuzuschieben, weibliche Schuld aber an den Pranger zu stellen und für sie die schärfsten Strafen zu fordern.

Juristinnen haben sich die Mühe gemacht, männliche Rechtsurteile daraufhin einmal zu überprüfen, und festgestellt, daß Frauen, die ihre Ehemänner umgebracht haben, um ein Vielfaches härter bestraft werden als Männer, die ihre Ehefrau umgebracht haben.

Solch zweierlei Maß zeigt sich auch in dieser Geschichte. Die Männer behaupten, die Frau »auf frischer Tat im Ehebruch« ertappt zu haben[39]. Warum bringen sie dann aber nur die Frau zu Jesus? Warum soll nur die Frau zu Tode gesteinigt werden und nicht auch der Mann, wie das Gesetz es doch befiehlt? Das männliche Bedürfnis, Frauen zu bestrafen, ja sie umzubringen, muß uralt sein. Dafür machen sie hier Gebrauch vom Gesetz, an dem ihnen gar nicht primär gelegen ist, sonst hätten sie den Mann nicht laufen lassen können. Jetzt aber verschafft ihnen das Gesetz die Möglichkeit, Frauenmord zu begehen.

Gleichzeitig wollen sie Jesus auf die Probe stellen und ihrem Bedürfnis nach Spaltung frönen. Gehört er zu ihnen? Ist er ein Gesetzestreuer oder nicht? Nun muß sich ja zeigen, ob er auf dem Boden des Gesetzes steht, wie man es auch heute noch mit Vorliebe immer wieder prüft, wenn die Anschauung eines Menschen nicht so recht in den Rahmen passen will. Dahinter steht natürlich das Bedürfnis, Jesus auszugrenzen aus den Reihen derer, die das Gesetz interpretieren, denn sie wittern zu Recht, daß er in einem anderen als dem patriarchalen Weltbild beheimatet ist. Schon immer forderte das Patriarchat im Menschenopfer das Blut derer, die sich seinen Normen nicht gehorsam unterwarfen. So wird es später das Blut Jesu fordern, und so fordert es jetzt das Blut dieser Frau.

Um seine Zugehörigkeit zum patriarchalen Männerbund unter Beweis zu stellen, sollte Jesus einwilligen in die Opferung von Frauenblut, den eigentlichen Opferkult des Patriarchats – wenn er auch nicht am Tempel stattfand. Wie es sich für rechte Männer gehört, denen ja der Autoritätsglaube zu eigen ist, berufen sie sich auch hier auf die Autorität des Mose, der wiederum als Sprachorgan Gottes galt »Mose aber hat uns im Gesetz verboten, solche (= die die Ehe brechen, C.M.) zu steinigen; was sagst du?«[40]

Es ist immer dasselbe: Im Patriarchat trägt kein Mann die Verantwortung für seine Taten, denn immer handelt er auf Befehl eines Höheren. Sie selbst waschen ihre Hände in Unschuld. Das werden diese Männer, wenn Jesus sie läßt, genauso tun wie nach ihnen Pilatus, aber auch genauso wie ein Rudolf Heß oder Adolf Eichmann, die auf »nicht schuldig« plädierten, weil ja auch sie letztendlich nur auf den Befehl eines Führers hin gehandelt hatten. Und wenn dieser Führer Mord befiehlt, dann müssen die ihm nachfolgenden Männer eben morden. Bei allen Unterschieden, die es hier sicherlich gibt, ist doch der innere Argumentationszusammenhang der gleiche. Ihn zeichnet immer dieselbe Autoritätshörigkeit aus, die so typisch ist für das männliche Geschlecht.

An keiner Stelle läßt sich Jesus auf eine solche Argumentation ein. Nie benutzt er ein Gesetz oder eine andere Autorität, um sein eigenes Handeln abzusichern. Ganz im Gegenteil, seine Auffassungen sind »göttlich«, ganz egal, was das Gesetz dazu sagt. In dieser Situation aber knüpft er weder am Gesetz noch an Gott an, sondern bei den Männern selbst. Wenn sie ohne Sünde sind, sollen sie ruhig anfangen, die Frau zu steinigen. Damit entlarvt er ihr richterliches Gebaren als eine große Anmaßung und macht gleichzeitig die Tatsache bewußt, daß bei ihnen – wie überall im Patriarchat – die Macht das Recht bestimmt. Wo hätte die Frau eine Chance gehabt, nach den Übertretungen dieser Männer zu forschen und sie dafür zur Rechenschaft zu ziehen? In seinem Verhalten führt er ihnen das vor Augen, was er einige Verse später noch einmal in Worte kleidet: »Ihr richtet nach dem Fleische; ich richte niemanden.«[41] Damit aber führt er das ganze Gesetz als Grundlage richterlichen Handelns ad absurdum – ein Gesetz, das gerade diesen Männern ihre Autorität und Sicherheit gab ... auf Kosten eines Frauenlebens.

Doch Jesus ist nicht bereit, die Einhaltung des Gesetzes als wichtiger anzusehen als das Leben dieser Frau. Er lehnt die patriarchalen Menschenopfer ab und beruft sich damit auf seine eigene Weisheit. Er bedarf weder eines Gottes noch eines Gesetzes, um diese Haltung abzusichern. Hier spüren die Männer anscheinend eine noch größere Autorität als die, auf die sie sich berufen. Es ist nicht auszumachen, ob diese Autorität Jesu, die natürlich eine ganz andere ist als die des Gesetzes, letztendlich die Ursache für ihr Einlenken ist oder die Einsicht in ihre eigene Schuld und Anmaßung. Beides wäre möglich. Der Autor meint, sie seien von ihrem Gewissen überführt worden[42]. Demnach wäre es Jesus gelungen, die Männer dazu zu bringen, sich selbst in der Frau wiederzuerkennen, aus ihrer männlich-distanzierten Haltung herauszutreten und sich mit einer Frau als Sünderin zu identifizieren. Das wäre natürlich eine beträchtliche Leistung.

Die Frau ist befreit! Um ein Haar hätte sie ihre Liebe zu einem Mann das Leben gekostet. So wollte es nun einmal das Vaterrecht, das den Willen Gottvaters vom Sinai vollstreckte.

Ein weiteres Beispiel für die Menschzentriertheit Jesu ist sein Umgang mit den Sabbatgesetzen, der die männlich-patriarchale Lust an der Überwachung der Einhaltung von Regeln und Vorschriften aufdeckt und in Frage stellt. Alle vier Evangelisten wissen von Begebenheiten zu berichten, die auf massive Konflikte mit den Überwachern der religiösen Vorschriften hinweisen. Matthäus 12, Markus 2 und Lukas 6 erzählen vom Ährenraufen der Jünger am Sabbat:

»Und es begab sich, daß er am Sabbat durch die Saaten dahinwanderte, und seine Jünger fingen an, auf dem Weg Ähren abzureißen. Und die Pharisäer sagten zu ihm: Siehe, warum tun sie am Sabbat, was nicht erlaubt ist. Da sprach er zu ihnen: Habt ihr niemals gelesen, was David tat, als er Not litt und ihn und seine Begleiter hungerte? Wie er in das Haus Gottes hineinging zur Zeit des Hohenpriesters Abjathar und die Schaubrote aß, die niemand essen darf als nur die Priester, und wie er auch seinen Begleitern gab? Und er sprach zu ihnen: Der Sabbat ist um des Menschen willen geschaffen worden und nicht der Mensch um des Sabbats willen. Somit ist der Sohn des Menschen Herr auch über den Sabbat.«[43]

Dieser Text ist in mehrfacher Hinsicht aufschlußreich. Er veranschaulicht zum einen die am Menschen orientierte Haltung Jesu, die nicht zuläßt, daß die Befriedigung fundamentaler Bedürfnisse, wie das Stillen des Hungers, an einem Gesetz scheitert. Genau das fordern aber seine Gegenspieler, die auf strikte Einhaltung der Gebote achten. Wir können uns leicht vorstellen, zu welchen gegenseitigen Bespitzelungen die Sabbatgebote geführt haben, die in ihrer strengsten Auslegung sogar das Aufnehmen eines Säuglings verboten und zur Verweigerung der Geburtshilfe beim Vieh aufforderten[44]. Es gab allerdings auch Strömungen, die sich für eine humanere Handhabung der Sabbatgesetze aussprachen, sich aber nicht durchsetzen konnten. Im Patriarchat sind immer jene im Recht, die sich auf Gesetze berufen können, wenn sie diese auch nur für die eigenen Macht- und Kontrollbedürfnisse ausnutzen. Das Gesetz der Menschlichkeit hat keine Rechtsbasis und steht auf recht wackeligen Füßen, da es ein nicht patriarchales Weltbild und eine dementsprechend nicht-patriarchale Erziehung als Grundlage braucht.

Wie raffiniert sich Jesus gegen die Väter seines Landes zur Wehr setzt, zeigt seine Antwort auf die Vorhaltungen der Gesetzeshüter, als die sich die Pharisäer hier aufspielen. Ihnen, die sich immer wieder auf äußere Autoritäten berufen und denen jene leise innere Stimme des Gewissens, die sich den jeweiligen Umständen entsprechend äußert, suspekt zu sein scheint, diesen Autoritätsgläubigen antwortet Jesus, indem er sich – wohl mit einem verschmitzten Lächeln – ebenfalls auf eine Autorität beruft, die sich anscheinend noch freier bewegen konnte im Lande des Gottes der Väter, als man es Jesus und seinen Jüngern zugestehen wollte. Indem er ihnen das Verhalten Davids vorhält, der ja auch für sie unter dem besonderen Wohlgefallen Gottes stand, verwirrt er natürlich auch ihr autoritäres Denken und führt es eigentlich ad absurdum, da es eigenverantwortlichem Handeln keinen Raum läßt. Gleichzeitig nimmt er die Freiheit Davids gegenüber dem Gesetz für sich und seine Jünger in Anspruch und zeigt ihnen, daß nicht jede Gesetzesübertretung mit menschlicher Schuld identisch ist. Das Gesetz kann nun einmal nicht den *ganzen* Menschen erfassen, da er mehr ist als das Gesetz. Es soll dienende Funktion haben und darf nicht der Versklavung des Menschen Vorschub leisten. Bis heute scheint diese Erkenntnis dem weiblichen Geschlecht leichter zu fallen als dem männlichen, wie psychologische Untersuchungen eindeutig belegen.

Wie wenig aber die Geschlechtsgenossen Jesu seiner freiheitlichen Haltung folgen konnten, zeigt die Hinzufügung des letzten Satzes durch die frühchristliche Gemeinde. Er wurde auf keinen Fall von Jesus gesprochen, macht er doch die Befreiung des Menschen zunichte. Jesus hatte den Menschen schlechthin gemeint, als er ihn über den Sabbat erhob mit den Worten: »Der Sabbat ist um des Menschen willen geschaffen worden und nicht der Mensch um des Sabbats willen.« So viel Freiheit verunsichert die Schreiber, und so machen sie den Sohn des Menschen zum »Herrn über den Sabbat«. An die Stelle der Eigenverantwortlichkeit des einzelnen tritt nun die Autorität des einen Sohnes des Menschen. Die Haltung Jesu bleibt eine Ausnahme und soll nicht eingehen in das christliche Menschenbild. Männliche Vorstellungen besiegen die weibliche Ethik Jesu und bewirken einen jahrtausendelangen Aufschub der Menschlichkeit Jesu, die bis heute ihrer Verwirklichung harrt. Das mehrfache Zuwiderhandeln Jesu gegen die Sabbatgesetze mutet an wie ein Aufruhr gegen die Väter, die sich berufen fühlten, im zwischenmenschlichen Bereich für »Ordnung« zu sorgen, womit aber zu keiner Zeit an eine Ordnung gedacht wurde, die verhindert, daß Frauen und Kinder von ihren Männern und Vätern geprügelt und vergewaltigt werden. Diese Ordnung ist nicht primär am menschlichen Wohl interessiert, ihr geht es vielmehr um die Ausrichtung der Menschen – auch in ihrer Intimsphäre – am patriarchalen Vorstellungsmuster. Stellen wir uns nur einmal vor, welche Auswirkungen ein Gesetz haben muß, das der Mutter das Aufnehmen ihres Säuglings oder Kleinkindes untersagt. Allein die Möglichkeit eines solchen Verbots – egal, ob es auch wirklich auf breiter Ebene praktiziert wurde – zeigt bereits die menschenverachtende Tendenz der Väter solcher Gesetze, die dem Volk als göttlicher Wille ausgegeben wurden. Die Anmaßung einer solchen Einstellung brachte Jesus schließlich dazu, seine Kontrahenten durch diverse Heilungen am Sabbat zu provozieren. Andererseits setzte er damit ein Zeichen für das Anbrechen der Gottesherrschaft, für die ja auch der Sabbat symbolisch steht – ein Zeichen, an dem sich die Geister scheiden.

Von jener Frau, die 18 Jahre lang gekrümmt war und von Jesus am Sabbat mitten in der Synagoge wieder aufgerichtet wird, berichtet nur Lukas[45]. Er greift sie auf, weil »er in der Befreiung der Liebe von allen Beschränkungen ein zentrales Anliegen der Christenheit sah«[46]. Diese Befreiung demonstriert Lukas wohlbewußt an einer Frau, die seit fast zwei Jahrzehnten an einer psychosomatischen Erkrankung litt. Die Lasten, die ihr das Patriarchat durch viele Jahre hindurch aufbürdete, hatten sie zur Erde gebeugt, so daß sie nun niemandem mehr ins Gesicht sehen konnte. Was hatte sie nicht alles einstecken müssen, bevor sie ihre Augen von den Menschen abwandte. Längst hat sie sich mit ihrem Los abgefunden und erwartet auch von Jesus keine Hilfe. Er ist es, der sie zu sich ruft und ihr Heilung anbietet mit den Worten: »Frau, sei frei von deiner Schwachheit.«[47] Mit diesen Worten befreit er sie von den Fesseln, mit denen das Patriarchat Frauen in allen Kulturen und zu allen Zeiten gebunden hielt. Doch er beläßt es nicht bei Worten. Er stellt körperlichen Kontakt zu der Frau her, indem er ihr die Hände auflegt. »Das ist ungewöhnlich«, bemerkt der Kommentator, »da eine Frau religiös und kultisch nicht vollwertig ist und diese durch ihre Krankheit gezeichnet war.«[48] Ausgegrenzt aus der patriarchalen Religion, wird sie hineingenommen in das göttliche Reich, das dort beginnt, wo Verkrüppelte wieder aufgerichtet werden. Und so stimmt die Frau einen Lobpreis an, denn ihre Befreiung erfährt sie als göttliches Wirken jenseits patriarchaler Schranken am Tage der »Königin Schabbat«, die an diesem Tag den Menschen nahe ist.

Das kann dem Hüter des patriarchalen Gesetzes nicht gefallen, und so belehrt der Synagogenvorsteher das Volk: »Sechs Tage sind da, an denen gearbeitet werden soll; an ihnen kommt und laßt euch heilen und nicht am Tage des Sabbat.«[49] Doch diese Belehrung des Volkes entlarvt Jesus als reine Heuchelei. Durfte nicht auch in den galiläischen Dörfern Rind oder Esel losgebunden und zur Tränke geführt werden? »Diese aber, die eine Tochter Abrahams ist, die der Satan gebunden hatte – siehe, achtzehn Jahre lang, mußte sie nicht von dieser ihrer Fessel gelöst werden am Tage des Sabbat?«[50] Wenn schon das Vieh von den Möglichkeiten einer liberaleren Gesetzesauslegung profitierte, sollte es dann diese Frau nicht in viel höherem Maße tun? War nicht gerade der Sabbat, der ein Tag der Freude sein sollte, für solche Heilungen besonders geeignet, wenn doch die Geheilte zur Freude geführt wurde? Die Haltung Jesu erfreut das Volk und beschämt seine Widersacher, wie Lukas am Ende des Textes berichtet.

Doch nicht immer reagierten seine Gegner dermaßen sensibel, daß sie sich von Jesus beschämen ließen. Alle vier Evangelisten sind sich darin einig, daß der freizügige Umgang Jesu mit den Sabbatgesetzen ihn letztendlich ans Kreuz brachte[51]. Es waren nicht die Sünden der ganzen Menschheit, die Jesus den Tod brachten, sondern der männliche Machtmißbrauch im Umgang mit dem Sabbatgesetz. Es war die menschenverachtende Haltung, die es gestattete, Menschen am Sabbat zu bespitzeln und an den Pranger zu stellen, die Heilung von Kranken jedoch verwehrte.

Jesus ging zugrunde an der Verstocktheit männlicher Herzen[52]. Er ist das Opfer eines autoritären Denkens, das sich immer an den Geboten der Vergangenheit orientiert und dabei das Gebot der Stunde übersieht, das sich weigert, jenen Bewußtseinswandel nachzuvollziehen, dem sich Jesus gestellt hat, und das sein Handeln als Demonstration eines neuen Geistes nicht tolerieren kann, weil es in seiner patriarchalen Tradition genauso verhaftet ist wie in der linken Hemisphäre des Gehirns, die den Kairos nicht kennt und daher Gefahr läuft, in der Erstarrung steckenzubleiben.

Es gibt noch eine weitere Begebenheit, die nach Markus zur Hinrichtung Jesu beitrug und die in gleicher Weise mit seiner kritischen Einstellung zur jüdischen Gesetzesfrömmigkeit zusammenhing. Alle vier Evangelisten berichten von der Tempelreinigung, die veranschaulichen soll, wie sehr Jesus gegen das Gesetz der Väter opponiert hat und wie stark seine religiösen Vorstellungen von der offiziellen Kultpraxis der Hüter der patriarchalen Religion, die die Frauen vom Kult ausgeschlossen hatten, abwichen. Die Tempelszene beschreibt einen Jesus, der nicht ins offizielle Bild paßt. Von Feindesliebe keine Spur! In einem Anfall heiligen Zorns treibt er Händler, Geldwechsler und Käufer aus dem Tempel, stößt die Tische und Sitze der Taubenverkäufer und Wechsler um und versucht, das rege Treiben, das nicht der Frömmigkeitsübung dient, zu verhindern. Noch dramatischer schildert Johannes die Szene. Er beschreibt, wie Jesus sich eine Geißel aus Stricken machte, um Mensch und Opfervieh hinauszutreiben; wie er den Wechslern das Tempelgeld ausschüttete und den Taubenverkäufern befahl, ihre Sachen hinauszutragen. Den Tempelbediensteten warf er vor, das Gotteshaus zu einer Räuberhöhle oder zu einem Kaufhaus gemacht zu haben[53].

Bei allen historischen Problemen, die diese Erzählungen aufweisen (Hätte ihn nicht die Tempelpolizei sofort festgenommen? Hätte er wirklich danach noch weiterhin im Tempel lehren dürfen, wie Lukas 19,47 aussagt, oder auch nur frei herumlaufen?), zeigen sie uns doch recht anschaulich, wie feindselig Jesus einer Kultpraxis gegenüberstand, die die Vergebung von Sünden – wie überhaupt den Umgang mit dem Göttlichen – zur Handelsware machte und die einen verdienen ließ an den Sünden der andern. Auf diese Weise war der Tempel zum Zentrum patriarchaler Machtentfaltung geworden, in dem sich Kultgesetz und Mammon die Hand reichten. Aber stand nicht gerade letzterer in diametralem Gegensatz zum Göttlichen, wo es doch bei Jesus heißt: »... ihr könnt nicht Gott dienen und dem Mammon«[54]? Was dort am Jerusalemer Tempel geschah, muß gegen die religiösen Vorstellungen Jesu und seiner Nachfolger gewesen sein. Nicht als Umschlagplatz von Vieh und Währungen stellten sie sich das Haus Gottes vor, nein, es sollte »ein Bethaus heißen für alle Völker«[55], ein Ort der Stille, an dem der Mensch zu sich selbst und zum Göttlichen zurückfand, indem er Einkehr hielt und dem geschäftigen Treiben den Rücken kehrte.

Vielleicht ist auch die weibliche Symbolik des Gotteshauses an dieser Stelle nicht ganz unerheblich, auf die ich bereits an anderer Stelle verwiesen habe[56]. Ursprünglich ist der Tempel als Höhle der Uterus der Göttin, an dem sich die Neuwerdung des Lebens vollzieht. Ganz deutlich können wir es noch an den Tempelruinen auf Malta erkennen: Ihr Grundriß hat die Form eines weiblichen Körpers, in den die Gläubigen einkehren. Wohl durfte hier die Heilige Hochzeit zwischen dem Weiblichen und dem Männlichen vollzogen werden, nicht aber jene zwischen Macht und Mammon, die den weiblichen Sakralort zur Prostituierten verkommen ließ.

Weitere Anwendungsbeispiele weiblicher Ethik

Was Frauen selbstverständlich und ohne viel Aufhebens in allen Kulturen praktizierten – ohne dafür besondere Anerkennung zu ernten –, was sie als sinnvoll erachten im menschlichen Miteinander – ohne davon große Worte zu machen –, das wurde aus dem Munde Jesu kommend zum wesentlichen Bestandteil der christlichen Botschaft, wenn auch nicht der christlichen Praxis.

Wem fiele da nicht die häufig von Frauen gemachte Erfahrung ein, daß in Gremien und Diskussionen das von Frauen Gesagte regelmäßig übergangen, dann aber genauso regelmäßig etwas später von Männern wiederholt und als eigenes Gedankengut ausgegeben wird, für das sie dann auch noch Applaus und Anerkennung ernten.

In der Mitte dieses Jahrhunderts gab es für diese Praxis wenigstens *ein* recht spektakuläres Beispiel. Ich denke an Mahatma Gandhi. In den Jahrzehnten vor seiner Öffentlichkeitsarbeit hatte er Frau und Kinder tyrannisiert, seine Frau über lange Jahre gezwungen, als Demutsübung tagtäglich die Toilette zu schrubben. Auch Prügel bezog sie nicht selten; denn schließlich war es ja seine Aufgabe, aus ihr eine gute Hindufrau zu machen, die keinen eigenen, sondern nur noch den Willen ihres Mannes kennt. Er hatte Erfolg, wunderte sich aber selbst darüber, daß seine Frau nach vielen Jahren der Tyrannei immer noch keinen Haß ihm gegenüber zeigte, sondern ihm weiterhin in Liebe diente, wo sie doch eigentlich ein gehöriges Maß an Aggressionen ihm gegenüber hätte entwickeln müssen. Schließlich wurde er von ihrer stillen Liebe überwunden und lernte durch sie die Macht der Gewaltfreiheit kennen, auf die er dann seine politischen Aktionen aufbaute. Dafür erfuhr er den Beifall der Welt, der bis heute anhält. Wer aber weiß eigentlich, daß er seiner Frau gebührt? Wer kennt überhaupt ihren Namen? Die weibliche Namenlosigkeit hat im Patriarchat Geschichte, die es aufzubrechen gilt: Ihr Name ist Casturba. Die letzten Jahre ihres Lebens verbrachte sie mit ihrem Mann in einem Ashram in Poona. Dort wurde sie aufgrund ihrer Liebe und Charaktergröße von den Ashrambewohnern über die Maßen verehrt. Ihr Tod wurde als äußerst schmerzlich empfunden. Von Casturba heißt es bis heute: Sie hatte Größe, ohne es zu wissen, und Mut, ohne es zu zeigen ...

Im Patriarchat wird diese Art weiblicher Größe auf breiter Ebene nicht geehrt, sondern lediglich ausgebeutet. Generelle Anerkennung findet sie nur durch einen Mann, der daraus politische Maximen entwickelt. Leider wissen wir nichts über das ethische Verhalten Jesu in seinem engsten Umfeld, außer daß er die Schwächeren gegenüber den Stärkeren in Schutz nahm – und das ist bereits viel. Auch war er bereit, sich von Frauen in Frage stellen und sich korrigieren zu lassen, was sicher nicht ohne Konsequenzen auf sein Alltagsverhalten geblieben sein mag.

Wenn wir uns die Bergpredigt ansehen als eine Zusammenfassung der wesentlichen ethischen Prinzipien, die Jesus vertrat, so können wir feststellen, daß dort Weiblichkeit in recht positiver Weise hervorgehoben wird. Die ersten vier Seligpreisungen beziehen sich auf menschliche Haltungen, die vom Entbehren geprägt sind. Bei den zweiten vier Seligpreisungen werden Menschen angesprochen, »die eine bestimmte Haltung einnehmen, die von Jesus positiv gewertet wird«[57]. Im dritten und letzten Teil geht es um die Geschmähten und Verfolgten, die diffamiert werden – und wer wurde in den Schriften der Kirchenväter und Philosophen mehr geschmäht und diffamiert, in den Hexenverfolgungen mehr verfolgt als das weibliche Geschlecht? Doch gehen wir der Reihe nach vor. »Selig sind die geistlich Armen«, übersetzt Luther die ersten Worte der Bergpredigt. Jesus wendet sich hier an all jene Menschen, die das spirituelle Vakuum zu empfinden vermögen, das das Patriarchat ganz zwangsläufig in den Seelen der Menschen entstehen läßt, weil es sie von ihrem innersten Sein abtrennt. »Selig sind die Bettler um Geist, denn sie werden zur Königsgestalt des Geistes vorstoßen«, übersetzt Johannes Werner Klein[58]. Für uns Frauen hieße das: »Selig sind die Bettlerinnen um Geist, denn sie werden zur Königinnengestalt der Geistin (ruah) vorstoßen.« Nur wo Mangel bewußt wird, kann er auch behoben werden.

Nun sind sich aber gerade Frauen des spirituellen Defizits,

das dem Patriarchat innewohnt, in den letzten Jahren ganz neu bewußt geworden. Das zeigt allein schon die Tatsache, daß breite Teile der Frauenbewegung sich zu einer spirituellen Bewegung weiterentwickelt haben und der Begriff »Weibliche Spiritualität« fast schon zu einem Modewort geworden ist, was natürlich noch nichts über seinen wahren Gehalt aussagt.

Zu allen Zeiten haben sich Frauen stärker als Männer an ihren spirituellen Bedürfnissen orientiert, nur daß sie heute wissen, daß die Kirchen nicht mehr in der Lage sind, diese Bedürfnisse zu befriedigen. Gerade im sonntäglichen Gottesdienst spüren Frauen die spirituelle Armut der Männerkirche und werden sich ihrer eigenen spirituellen Sehnsucht bewußt, erleben also ihre geistliche Armut und werden veranlaßt, sich auf die Suche nach Neuem zu begeben. Ihnen verheißt Jesus das Himmelreich; denn sie wissen, daß sie die Dimensionen des Göttlichen nicht mehr innerhalb der patriarchalen Strukturen finden können. »Selig sind die Trauernden«, fährt der Text fort. Auch damit sind primär Frauen angesprochen, denn wer hatte mehr Grund zur Trauer als sie, die in jeder Generation ihre Söhne, Männer und Brüder an das Kriegsgemetzel ausliefern mußten? Luther übersetzt: »Selig sind, die da Leid tragen.« Galt aber nicht gerade die Frau als prädestiniert für das Leid, so daß das Leid als solches zu einer spezifisch weiblichen Erlebnisweise wurde? Ist nicht die patriarchale Ordnung so eingerichtet, daß Trauer und Leid primär dem weiblichen Geschlecht zugeschlagen werden? Wie Th. Zahn meint, geht es bei diesen Worten der Bergpredigt wohl um jene Trauer, »welche der Blick auf den Weltlauf hervorruft«[59]. Gemeint sein kann damit nur das patriarchale Unrechtssystem, das sich aus seiner Ungerechtigkeit nährt, indem es das weibliche Geschlecht von vornherein zu Menschen zweiter Klasse degradiert. Begann nicht das weibliche Leiden häufig bereits damit, daß sie als Frau und nicht als Mann geboren wurde? Bis heute ist es die Frau, die um ihre Leiden weiß und sie auch bewußt durchlebt, während der Mann sie verdrängt und längst das Trauern verlernt hat. Wo aber Leid und Trauer nicht zugelassen werden, da wird es anderen unmöglich gemacht, Trost zu spenden. Gerade dieser Trost wird den Trauernden verheißen, »denn sie sollen getröstet werden«.

»Selig sind die Sanftmütigen.« Das Wort, das hier im Urtext für »Sanftmütige« steht und oft auch als »Demütige« übersetzt wird, »ist durch seinen Gegensatz bestimmt, einerseits ›die Aufbrausenden und Gewalttätigen‹, andererseits ›die Hochmütigen und Frevler‹. Von daher wird ausgelegt entweder die Sanftmütigen, im Sinne der gelassenen Güte, oder die Demütigen, im Sinne der gelassenen Ergebung in den Willen Gottes unter Verzicht auf die Durchsetzung des eigenen Willens und der eigenen Pläne.«[60]

Auch hier kann das weibliche Geschlecht einen rühmlichen – wenn auch traurigen – Vorsprung vor dem männlichen aufweisen. Die Verwirklichung eines eigenen Willens wird für Frauen erst in unserer Zeit ganz zaghaft möglich, für die meisten Frauen der Welt ist sie nach wie vor ein unbekannter Luxus, da ihnen der Dienst an Mann und Kind selbstverständlich vorrangig abverlangt wird.

Bedeutet das nun, daß die langgeübte weibliche Demutshaltung nur noch für den Kehrichthaufen gut ist? Gehört das Lob der Demut nunmehr endgültig der Vergangenheit an? In der Bergpredigt heißt es von den Demütigen: »Sie werden das Erdreich besitzen.« Vielleicht sollten wir uns diese Tugend doch noch einmal etwas genauer anschauen.

»Demut« ist ein stark belasteter Begriff, hinter dem sich die patriarchale Forderung an weibliches Verhalten verbirgt. Nur die Frau hatte demütig zu sein, und der Mann hatte ein Recht, es von ihr zu fordern. Folglich hat sich die Frau in dieser Tugend geübt, während der Mann sich ihr verweigerte. Er entwickelte statt dessen seinen Stolz, der von Hochmut nur selten zu unterscheiden war – ein Charakterzug, der bei der Frau schwer geahndet wurde. Wenn daher die Seligpreisung der Demütigen heute von selbstbewußten Frauen abgelehnt wird, so hat diese Haltung durchaus ihre Berechtigung, ist sie doch eine durch und durch verständliche Reaktion auf unterdrückerische patriarchalische Forderungen, die mit Recht als Zumutung empfunden werden. Das patriarchale Vorstellungsgebäude wurde damit aber noch nicht verlassen, denn Demut im ursprünglichen Sinn meint ja gerade eine nicht-patriarchale Tugend, die erst durch ihre Ausbeutung zur Unterwürfigkeit verkam.

Unter Demut verstehen wir eine tiefe innere Bescheidenheit, die letztendlich einer realistischen Selbsteinschätzung entspringt und nichts gemein hat mit jener falschen Bescheidenheit, zu der viele Christenmenschen erzogen wurden und hinter der sich nicht selten das genaue Gegenteil verbirgt. Demut ist ein Freisein von Geltungsdrang und Ichhaftigkeit, also das genaue Gegenteil eines männlichen Selbstdarstellungsmusters, das immer darauf bedacht ist, die eigene Großartigkeit hervorzuheben. Wer demütig ist, hat es nicht nötig, sich selbst darzustellen.

Auf wohl jeder Altersstufe läßt sich feststellen, daß Unbescheidenheit, Geltungsdrang und Egoismus zu den typisch männlichen Untugenden gehören, die jedoch überall in hohem Maße toleriert, wenn nicht sogar (zumindest indirekt) gefördert werden. Bei Mädchen dagegen wird das höhere Maß an Bescheidenheit als etwas Selbstverständliches angesehen, häufig aber auch als Dummheit interpretiert.

Ursprünglich bedeutet Demut jene Gesinnung des Menschen, die um die eigene dienende Funktion weiß. Es ist *die* Haltung der Mutter gegenüber ihrem hilfsbedürftigen Kind, die dann später auf die Ehefrau gegenüber ihrem Mann und schließlich auf die Frau generell gegenüber allen Männern übertragen wurde. Die Frau als Erhalterin des Lebens sah sich immer in den Dienst des Lebens gestellt. Daher fällt es ihr auch bis heute noch schwer, sich den Forderungen des Patriarchats wie auch einzelner Männer zu entziehen.

Genau darin besteht das Dilemma der Frau von heute. Einerseits weiß sie sich nach wie vor als Dienerin am Leben und hat diesen Dienst zu ihrer vorrangigen Aufgabe gemacht. Andererseits profitiert aber ein System von dieser zukunftswirksamen Haltung, das immer mehr Energien für die Zerstörung der Menschheit und des ganzen Planeten investiert, an der Wissenschaftler, Techniker, Wirtschafts- und Computerfachleute so emsig basteln.

Es ist also schon lange nicht mehr damit getan, daß sich ein Geschlecht dem Dienst am Leben verschreibt und damit auch jene Männer unterstützt und regeneriert, die den Mord des Menschengeschlechts vorbereiten. Frauen müssen daher lernen, ihre Dienste zu versagen, sich zu entziehen, wo ihre Werte nicht respektiert werden. Sie müssen lernen, vorsichtiger mit ihrer Bereitschaft zur Demut, zum Dienst an Mann und Kind umzugehen, und statt dessen diese Haltung von den Männern fordern, die sich bislang dem Dienst an der Menschheit nur dort verschrieben, wo er ihnen Prestige, Profit und Macht versprach. Die Zukunft der Erde hängt davon ab, ob das männliche Geschlecht in der Lage sein wird, diese Demut zu lernen, die allein realistisch ist im Umgang mit Natur und Mensch. Bislang übt sich der Mann aber noch in kolossaler Selbstüberschätzung und narzißtischem Größenwahn und erwartet von der Frau jene falsche Demut des Sich-Kleinmachens, auf daß er um so größer erscheine.

Auf der Grundlage dieser patriarchalen Konstellation ergeben sich für Frauen und Männer entgegengesetzte Lernprobleme: »Männer brauchen (De-)Mut, um das überzogene egozentrische Ich-Bewußtsein zu normalisieren. Frauen brauchen Mut, um ein von männlichen Vorgaben unabhängiges Ich-Bewußtsein zu entwickeln ... keinen Ärger und Zorn äußern, die Schwächen der Männer auffangen und die patriarchale Härte des Lebens ausgleichen oder bemänteln, kann beziehungsweise darf nicht länger das Leitbild für das Ich der Frau sein.«[61] Die vielbeschworene Gleichberechtigung läßt sich demnach nur mittels einer geschlechtsspezifischen Ethik erreichen, da die Defizite beider Geschlechter recht unterschiedliche Schwerpunkte aufweisen.

Daß es sich bei den Seligpreisungen um eine indirekte, im weiteren Verlauf der Bergpredigt aber auch um direkte Formulierungen spezifisch männlicher Defizite handelt, kann wohl kaum geleugnet werden. So heißt es weiter: »Selig sind, die da hungert und dürstet nach der Gerechtigkeit, denn sie sollen satt werden.« Mit Ausnahme einiger Restbestände matriarchaler Kulturen bedeutet weltweit, als Frau geboren zu werden: weniger essen und lernen und mehr arbeiten. Dies trifft natürlich in besonderer Weise für die Dritte Welt zu, aber auch in den westlichen Ländern geht der Slogan um: Die Armut ist weiblich. Auch hier arbeiten die Frauen durchschnittlich mehr als die Männer und verdienen dafür beträchtlich weniger. Auch hier investieren Eltern nach wie vor weniger in die Ausbildung ihrer Töchter als in die der Söhne. Die Zurücksetzung des weiblichen Geschlechts im Patriarchat kennt nur graduelle Unterschiede, ist also eines seiner wesentlichen Bestandteile. Wen sollte demnach stärker hungern und dürsten nach der Gerechtigkeit als Frauen und Mädchen?

»Selig sind die Barmherzigen; denn sie werden Barmherzigkeit erlangen.« Auch bei dieser Seligpreisung handelt es sich um ein Lob auf eine typisch weibliche Tugend. Das macht bereits die Herkunft des Wortes deutlich. Das hebräische Wort für Barmherzigkeit, »rachamim«, leitet sich ab von »rechem«, Gebärmutter. Es bezeichnet also eine Haltung, die ihre Bezeichnung von jenem weiblichen Organ herleitet, das die Entstehung neuen Lebens ermöglicht. Wir bedürfen der Barmherzigkeit, um immer wieder einen Neuanfang machen zu können, um nicht festgelegt zu werden auf Fehler der Vergangenheit. Nur so ist leben lernen möglich ohne die ständige Furcht vor Liebesverlust. Auch diese Haltung vollzieht sich primär in der Beziehung der Mutter zu ihrem Kind und wird dann automatisch auf den Partner übertragen – und von diesem als selbstverständlich hingenommen. Die männliche Barmherzigkeit ist dagegen relativ spärlich gesät.

Nicht von ungefähr war es in der christlichen Frömmigkeitsgeschichte immer wieder Maria, die mit ihrer Barmherzigkeit einspringen mußte, wenn Gottvater und Sohn sich als unfähig erwiesen, dem Bedürfnis der Menschen nach Barmherzigkeit zu entsprechen. Anscheinend bedarf es eines weiblichen Symbols, um göttliche Barmherzigkeit erfahrbar zu machen, da diese Erfahrung aus der Kindheit enger mit der Mutter als mit dem Vater verbunden ist.

Diese Beispiele mögen genügen, um die Vorbildlichkeit weiblicher Haltungen zu veranschaulichen, die die Grundlage einer jesuanischen Ethik bilden. Der Inhalt aller Seligpreisungen macht deutlich, »was die Gesamttendenz des Matthäus bestimmt: die Machtlosen, die unter Gewalt Leidenden und nach Recht Hungernden, die Barmherzigen und Friedenstifter, und nicht die Gewalttätigen und Unterdrükkenden und Ausbeutenden sind es, die Jesus (an)ruft. Indem er ihnen das Königtum Gottes zuspricht, entsteht das den Seligpreisungen eigene Paradox: Die im Urteil der Menschen Bedauernswerten werden als Gottes Erwählte seliggepriesen, und ihnen wird das Heil als alles wendende Kraft verheißen.«[62] Damit wird deutlich, daß das weibliche Geschlecht dem Göttlichen wesentlich nähersteht als das männliche und das nicht aufgrund seiner biologischen Weiblichkeit, sondern aufgrund seines menschenfreundlicheren Verhaltens, das nun einmal wesentlich besser geeignet ist als männliches Verhalten, das Heil in diese Welt zu bringen.

Dasselbe gilt für jenen Block des »Ihr habt gehört ... Ich aber sage euch«, mit dem die ausgelegten Gebote verschärft werden. Sie haben keinen Bezug auf Kultus und Ritus, »sondern allein auf die zwischenmenschlichen Beziehungen. Jesu Verschärfung der Gebote hat den Menschen im Auge, nimmt ihn als Menschen ernst und fordert ein einziges: daß der Mensch dem Menschen liebend, vergebend, friedenstiftend begegnet ... Die bessere Gerechtigkeit, die Jesus fordert, ist die ganze Liebe, die ungeteilt dem anderen Menschen zugute kommt.«[63]

Es gab nur ein Geschlecht, das immer wieder bis zur Selbstaufgabe geliebt hat und das bis heute seine ganzen Seelenkräfte in zwischenmenschliche Beziehungen steckt, ohne daß ihm diese Energien vom Partner zurückfließen. Wie Carol Gilligan gezeigt hat, sind es überwiegend Frauen, die ihr Leben an einer Beziehungsethik ausrichten und daß ihnen weder soziales Prestige noch andere Interessen wichtiger sind als zwischenmenschliche Beziehungen. Anders als Männer nehmen sie sich selbst primär in ihrer Beziehung zu anderen Menschen wahr und nicht etwa als Einzelkämpferinnen auf der Leiter zum Erfolg. Gemessen an den Forderungen Jesu kommt ihnen somit ein weitaus höherer Anteil an jener »besseren Gerechtigkeit« zu.

Der positiven Verstärkung weiblicher Haltungen im ersten Teil der Bergpredigt steht im zweiten Teil eine Belehrung des männlichen Geschlechts gegenüber. Sie beginnt mit der Verschärfung des Gebotes: »Du sollst nicht morden.« Sowohl inhaltlich als auch sprachlich wendet sich Jesus eindeutig an den Mann. Frauen bedürfen dieses Gebotes nicht. Sie fühlten sich seit jeher für die Erhaltung von Leben verantwortlich, Männer dagegen für dessen Vernichtung. Bis heute werden 94 Prozent aller Morde in der Bundesrepublik von Männern verübt. Wenn Frauen morden, handelt es sich um Verzweiflungstaten in einer ausweglosen Situation. Sie gehen aber nicht auf die Straße und bringen Menschen um, die ihnen nichts getan haben, wie dies Männer leider allzuhäufig tun. Zu allen Zeiten und in allen Kulturen waren sie es, die andere Menschen töteten und nicht nur im Krieg in bestimmten Positionen den Tod anderer leichtfertig riskierten oder aber bewußt planten.

Jesus belehrt in Matthäus 5,21-26 die Männer im Umgang miteinander. Das ergibt sich auch sprachlich ganz eindeutig, denn immer wieder geht es um *seinen Bruder*. Auch in den nächsten beiden Abschnitten, die vom Ehebruch und der Ehescheidung handeln, geht es um die Belehrung der Männer, diesmal jedoch im Umgang mit Frauen. »Jeder, der eine Ehefrau ansieht, um sie zu begehren, hat ihr gegenüber in seinem Herzen schon Ehebruch begangen.«[64] Ganz klar wird in diesen Worten der Mann als Täter und die Frau als Opfer des Mannes gesehen. Die jüdische Rechtspraxis und -auffassung war jedoch ganz anders aufgebaut: »Aus den ältesten Rechtsbestimmungen der Rabbinen geht hervor, daß Ehebruch nur dann strafbar war, wenn er mit der Frau oder der Verlobten eines Juden begangen wurde. Geschlechtlicher Verkehr des Mannes mit einer Ledigen, einer Minderjährigen (auch Tochtermißbrauch! C.M.) oder einer nichtjüdischen Ehefrau wird nicht unter Strafe gestellt. Eine Ehefrau, die in einen Ehebruch verwickelt ist, ist ihrem Manne gegenüber Ehebrecherin, während ein Mann, der sich mit einer anderen Frau einläßt, seiner eigenen Frau gegenüber nicht als Ehebrecher gilt ... Rabbinen und Pharisäer kämpfen um zuchtvolles Leben einen vergeblichen Kampf auch in den eigenen Reihen.«[65] Dennoch wurde, wie die Geschichte von der Ehebrecherin zeigte, der Mann mit Vorliebe freigelassen, während die Frau die ganze Härte des Gesetzes traf und sie ihre Lust mit dem Leben bezahlte.

Wohl war den Rabbinen die Auffassung vertraut, »daß nicht nur der, welcher mit dem Leibe die Ehe bricht, ein

Ehebrecher genannt wird; (sondern) auch der, welcher mit seinen Augen die Ehe bricht, wird ein Ehebrecher genannt«[66]. Dennoch schützte diese Erkenntnis nicht davor, männliche Geilheit auf die Frau zu projizieren und sie »als Quelle der Sünden« anzusehen, was wiederum rabbinische Regeln zur Folge hatte, »die den Gruß an sie verweigern, das Reden mit ihr einzuschränken gebieten und sie von der Thoralehre ausschließen«[67].

Gerade diese Schlußfolgerung aber finden wir bei Jesus nicht. Wohl verbietet er den begehrlichen Blick auf die Frau, »aber er gebietet nicht ihre Nichtachtung durch das Vermeiden jedes Anschauens. (denn ...) Solcher begehrliche Blick macht den Mann zum Ehebrecher, der die Frau entehrt, sie u.U. in den Ehebruch treibt; das in der deutschen Sprache kaum wiederzugebende Objekt ... hält die Verantwortung des Mannes fest; er ist durch den begehrlichen Blick in seinem Herzen an der begehrten Frau schuldig geworden.«[68]

Das durch Jesus radikal verschärfte sechste Gebot, »das das Recht der Person des Menschen, in diesem Fall der als Sache behandelten Frau, aufrichtet, macht den Menschen (in diesem Fall den Mann, C.M.) schuldig, und dem durch die Schuld Gefährdeten wird gesagt, was er tun solle«[69]. Die von Jesus verordnete »Therapie« geht wahrlich nicht zimperlich um mit dem Mann und entspricht in etwa den Forderungen heutiger Feministinnen: »Wenn dich aber dein rechtes Auge zur Sünde verführt, so reiß es aus und wirf es von dir, denn es ist besser für dich, daß *eins deiner Glieder* verlorengeht und nicht dein ganzer Leib in die Hölle geworfen wird.«[70]

Diese Worte Jesu erinnern an den antiken Glauben, »daß ein Vergehen der Augen gegenüber Göttinnen mit sofortiger Erblindung geahndet wurde«[71]. In beiden Fällen wird deutlich, wie ernst im Göttinnenglauben – wie auch in der jesuanischen Ethik – die Sünde des begehrlichen Blicks des Mannes genommen wurde. Für uns Zivilisierte der pornographischen Hochkultur des christlichen Abendlandes sind solche Vorstellungen und Forderungen selbstverständlich nicht mehr nachvollziehbar.

Wenn Jesus ausdrücklich das Opfer des rechten Auges fordert, so hat es auch damit seine Bewandtnis. Seit alters gilt die rechte Seite als männlich, die linke hingegen als weiblich. Wie berechtigt diese Zuordnung ist, hat die Hirnforschung gezeigt. Die rechte Körperhälfte wird nämlich von der linken Hemisphäre gesteuert, die in der Tat typisch männliche Fähigkeiten des mathematisch-analytischen Denkens aufweist. Jesus fordert also ganz bewußt mit dem rechten das männliche Auge.

Matthäus fügt im Folgevers den Worten Jesu hinzu: »Und wenn dich deine rechte Hand zur Sünde verführt, so haue sie ab und wirf sie von dir ...« Diese Hinzufügung eines zweiten abzuhauenden männlichen Gliedes, das mit dem Auge korrespondiert, legt die Vermutung nahe, daß wir es hier mit einer Anspielung auf die Notwendigkeit einer Kastration, das »Abhauen« des männlichsten aller Glieder, zu tun haben. Gestützt wird diese Vermutung durch jene Jesusworte, die wiederum nur Matthäus überliefert: »... es gibt Verschnittene, die von den Menschen verschnitten worden sind; und es gibt Verschnittene, die sich selbst verschnitten haben um des Reiches der Himmel willen.«[72] Demnach wird das Reich der Himmel genauso ernst genommen wie die Würde der Frau.

Die von Jesus und Matthäus gegebenen Handlungsanweisungen sind eindeutig am Schutz der Frau ausgerichtet, eine Perspektive, die bis heute als vorbildlich angesehen werden muß und die von unserer »zivilisierten« Rechtsprechung noch in keiner Weise erreicht wurde. Nach wie vor zielt bei uns der »Rechtsschutz« in erster Linie auf die Triebverbrecher und nicht auf deren Opfer – Frauen und Kinder. Ihnen gilt von vornherein das Mißtrauen der Rechtsbeauftragten, was allen »Rechtsbeistand« zur Farce macht. Auch tut die von Männern entworfene Werbung und Medienarbeit alles, um den begehrlichen Blick des Mannes anzuheizen, um ihn gezielt für männliche Profite nutzbar zu machen. Mir ist bekannt, wie sehr selbst Männer, die es nicht darauf angelegt haben, die Frau als Sexualobjekt zu behandeln, unter solchen aufreizenden Darstellungen des weiblichen Körpers leiden, da es ihnen nun einmal wesentlich schwerer fällt, ihren Trieb in zwischenmenschliche Beziehungen zu integrieren. Ganz abgesehen davon, daß die als ganz normal empfundene Vermarktung des weiblichen Körpers ein ständiger Affront gegen die Menschenwürde der Frau ist, was Richter jedoch nicht wahrhaben wollen. Anders, als Männer es durch die Geschichte immer wieder getan haben, verwehrt Jesus ihnen ganz eindeutig die Projektion ihrer Triebhaftigkeit auf die Frau. Sie kann auf keinen Fall als Entschuldigungsgrund für sexuelles Fehlverhalten oder die Behandlung der Frau als Sexualobjekt angeführt werden. Der Mann ist für sein Triebleben selbst verantwortlich und hat um jeden Preis dafür zu sorgen, daß er die Frau damit nicht belästigt und in folgenschwere Konflikte bringt.

Der Text zeigt ganz klar, daß Jesus die Sünde sehr wohl geschlechtsspezifisch sieht und mit seiner Lehre unbestreitbar geschlechtsspezifische Interessen verfolgt, auch wenn Theologen und Gläubige dies nicht wahrhaben wollen. So schreibt beispielsweise Jürgen Jeziorowski, »daß Sünde nie geschlechtsspezifisch verstanden werden kann«, ohne dies weiter zu begründen[73]. Ich führe für meine Behauptung wenigstens Belege an. Auch ist es auffallend, daß Jesus *nicht eine* vergleichbar scharfe Ermahnung an eine Frau richtet. Hätte es sie gegeben, die Evangelisten, die ja ihrerseits in einer frauenfeindlichen Umwelt auch nicht ganz frei von Frauenfeindlichkeit waren, hätten sie uns mit Sicherheit überliefert. Spätere Redaktoren hätten sie eher verschärft als weggelassen. Wir müssen also davon ausgehen, daß es sie effektiv nicht gegeben hat, während es der Ermahnungen an die männliche Adresse nicht mangelt. Auch der auf die Behandlung des Ehebruchs folgende Abschnitt der Bergpredigt, bei dem es um die Ehescheidung geht, ist klar an die Adresse des Mannes gerichtet und hat wiederum den Schutz der Frau vor männlicher Willkür zum Ziel, wie ich bereits an früherer Stelle dargelegt habe.

Neben den in gleicher Weise auf die Verbesserung männlichen Sozialverhaltens abzielenden Teilen der Bergpredigt[74] finden wir in Matthäus 6[75] erneut Auffassungen Jesu, die an matriarchale Werte und Lebenshaltungen erinnern: »Sammelt euch nicht Schätze auf Erden«[76], »Sorget euch nicht um euer Leben«[77], »Sehet die Vögel des Himmels an«[78], »Sehet die Lilien auf dem Felde, wie sie wachsen! Sie arbeiten nicht ...«[79] Jesus betrachtet die Welt als ein Paradies, das dem

Menschen das, was er wirklich zum Leben braucht, freizügig schenkt. Das erinnert an jene Zeiten, als die Fruchtbarkeitsgöttinnen mit ihren Gaben das Weltbild der Menschheit bestimmten. Es erinnert an die Zeit im Paradies, als Eva noch die Verfügungsgewalt über die Früchte hatte und sie mit Adam teilte. Wir werden aber auch an heute noch existierende Matriarchatskulturen erinnert.

So beschreiben beispielsweise Marie-Claude Deffarge und Gordian Troeller die im Amazonasbecken lebende matriarchale Gemeinschaft der Campa-Indianer mit den folgenden Worten: »Nach unserer Vorstellung von Leistung und Rentabilität müßte hier besser geplant und gearbeitet werden. Überschuß und Profit kann man so kaum erwirtschaften. Aber das wollen die Indianer auch gar nicht. Sie erzeugen, um zu leben. Sie leben nicht, um zu erzeugen ... Nur dank dieser selbstauferlegten Beschränkung bleibt ihre Gesellschaft eins, das heißt, sie spaltet sich nicht in Besitzende und Besitzlose, in Herrscher und Beherrschte. Was wir Subsistenzwirtschaft nennen, wäre also in Wahrheit der Wille einer Gemeinschaft, die Gleichheit aller zu gewährleisten, und somit die Freiheit eines jeden ... Bedeutet all dies, daß Armut der Preis für Gleichheit und Freiheit ist? Keineswegs. Alle Bedürfnisse werden mit geringstem Aufwand befriedigt. Bedürfnisse, die von diesen Menschen selbst als wesentlich empfunden und nicht von außen aufgepfropft werden. Eine wahre Überflußgesellschaft. Nichts von dem, was sie brauchen und wollen, fehlt ihnen. Und wenn sie es darauf anlegten, könnten sie das Mehrfache davon haben. Aber wozu. Sie lehnen es ab, zu horten und Profit zu machen. Denn das würde die Gleichheit aufheben und die Gemeinschaft sprengen ... Sollte ein Curaca – ein Häuptling – seine Stellung mißbrauchen, Güter horten, um Macht zu gewinnen, muß er die Gemeinschaft verlassen. – Die primitive Gesellschaft duldet keine Macht – auch nicht die der Männer über die Frauen ... Da allen alles gehört, teilt man, was man hat ... Von gewaltiger Anstrengung und stetiger Angst um die Zukunft kann keine Rede sein. Jeder tut, was notwendig ist, und er tut es auch nur, wenn es sein muß. Warum sollte man sich auch bemühen, aufsteigen will hier ja keiner ...« Und weiter verweisen die Autorin und der Autor auf den für unsere Breitengrade erstaunlichen Umstand, »daß der Chef der Gemeinschaft zu dienen hat« und ihm keinerlei Machtbefugnisse zukommen. »Als wir den Curaca fragten, wer ihm wichtiger erscheine, Mann oder Frau, ist seine spontane Antwort: die Frau natürlich. Sie hält die Gemeinschaft zusammen, sie pflanzt sie fort und bestellt die Felder, die uns ernähren. – Auch der Mann ist unersetzbar, meint er, doch die Frau trage größere Verantwortung und sei deshalb wichtiger als der Mann.«[80]

In diesen Auszügen wird deutlich, wie nahe die Vorstellungen Jesu einer matriarchalen Gesinnung stehen, wenn sie nicht gar mit ihr identisch sind. Selbst die wiederholte Forderung Jesu, daß, wer der Größte sein will, allen zu dienen habe, wird in dieser matriarchalen Gemeinschaft verwirklicht. Dasselbe gilt für seinen Appell, das Leben nicht ausschließlich mit der Sorge um Nahrung und Kleidung zu verbringen. »Ist nicht das Leben mehr als die Speise und der Leib mehr als die Kleidung?« fragt er in Matthäus 6,25. Nun fällt aber gerade bei den matriarchalen Campas die schlichte Kleidung auf. Frauen und Männer tragen die gleichen sackähnlichen Gewänder. Einige Bootsstunden von ihnen entfernt wohnen die vor wenigen Jahrzehnten patriarchalisierten Campas, die von den Weißen enteignet und von amerikanischen Adventisten missioniert wurden. Bei einem Vergleich mit den matriarchalen Campas fällt sofort ihre westliche Kleidung ins Auge, die jeglicher klimatischen Notwendigkeit entbehrt. Für Frauen wurden Schuhe, Strümpfe, Unterwäsche wie auch der Büstenhalter verpflichtend. Um diese Dinge kaufen zu können – denn diese Art der Kleidung kommt nicht mehr aus der eigenen Produktion –, müssen sie sich einem größeren Zwang zur Arbeitsleistung unterwerfen, um das hierfür notwendige Geld zu verdienen. Daß diesen Frauen unter christlich-patriarchaler männlicher Regie das Lachen vergangen ist, stellen Deffarge und Troeller recht eindringlich dar. Der Mensch selbst steht nicht mehr im Mittelpunkt des Lebens, sein Streben nach Freude und Glück wird verteufelt, seine geistige Freiheit eingeschränkt. Er muß Dinge glauben, die seinem eigenen Erfahrungshintergrund widersprechen. Ihm wird ein Weltbild eingeimpft, in dem die Frau an Bedeutung verliert, die dem Mann zugeschlagen wird.

Bereits in meinem Buch »Die Weiblichkeit Gottes«[81] habe ich ausführlich beschrieben, daß Jesu Weltbild einem matriarchalen Bewußtsein entspricht, das eben nicht identisch ist mit Primitivität, wie es leider allzu häufig dargestellt wird. Es handelt sich vielmehr um ein Weltbild, in dem der Mensch den Mittelpunkt bildet, wie dies auch in der Lehre Jesu nachgewiesen werden kann. Gerda Weiler beschreibt in ihren Büchern den matriarchalen im Unterschied zum patriarchalen Menschen. Den wesentlichsten Unterschied sieht sie im Umgang mit Macht und Aggression. Dazu schreibt sie: »Macht und Aggression sind in der patriarchalen Entwicklung aus dem Lebensganzen abgespalten worden und derart eindimensional entwickelt worden, daß sie heute zu einem Potential geworden sind, das den Bestand der Menschheit gefährdet. Dagegen waren die wichtigen Begabungen des Menschen, Macht und Aggression, in matriarchalen Gesellschaften integriert. Ich sage: Der matriarchale Mensch greift die Lebensaufgaben an – und nicht den Feind.«[82] Dieser lebensfördernde Umgang mit dem menschlichen Aggressionspotential findet seinen Ausdruck ebenfalls in der von Forschern immer wieder erstaunt zur Kenntnis genommenen Abwesenheit jeglicher Gesetzgebung, die zeigt, daß die sozialen Strukturen matriarchaler Gesellschaften ohne Machtausübung funktionierten. Der Ethnologe H.L. Morgan spricht in diesem Zusammenhang von einer »geordneten Anarchie«. Das zwischenmenschliche Miteinander regelt sich auf der Grundlage einer den Dingen wie auch den Verhältnissen innewohnenden Ordnung, die sich von selbst versteht und die zu späteren Zeiten als Lebensweisheit weitergegeben wurde. Davon geben die alttestamentlichen Weisheitsschriften bis heute beredte Kunde, die sich aus der ägyptischen Weisheitsliteratur ableiten lassen.

Kennern dieser Schriften fällt auch heute noch ihre Gewaltfreiheit auf. Anders als das überwiegend recht aggressive prophetische Schrifttum, das die Menschen mit den schlimmsten Strafgerichten Jahwes bedroht, falls sie ihm nicht gehorchen, heben die Weisheitslehren auf die menschliche Entscheidungsfreiheit und -fähigkeit ab. Sie ermahnen den Menschen, mit offenen Augen durch das Leben zu gehen, sich die Natur zum Vorbild zu nehmen und aus diesen Erfahrungen – nicht aus Paragraphen – zu lernen. Hier geht es um Weisungen, um Ratschläge an den Menschen, die ihm innere Gesetzmäßigkeiten plausibel und ihn auf die Folgen bestimmter Verhaltensweisen aufmerksam machen und dadurch den Menschen zur rechten Entscheidung aufrufen, ohne jedoch seinen unbedingten Gehorsam zu verlangen oder ihm gar kategorisch als Gebot entgegenzutreten.

Diese Erziehung des Menschen zum bewußten Umgang mit seinen eigenen Erfahrungen, denen zu vertrauen er lernen soll, anstatt auf festgeschriebene Gebote fixiert zu werden, ist aufs engste verbunden mit der Abwesenheit von zerstörerischer Aggressivität, durch die sich matriarchale Kulturen wie auch die Weisheitsliteratur in gleicher Weise auszeichnen. Die Propheten werden dagegen nicht müde, die heftigsten Flüche und Androhungen der grausamsten Strafen Jahwes auszurufen und sich immer wieder auf das Gesetz Jahwes zu berufen. Daraus läßt sich schlußfolgern, daß sich im Gesetzesdenken jene abgespaltene Aggression ausdrückt, die nach Gerda Weiler so kennzeichnend ist für das Patriarchat. Gesetze sind letztendlich ein Ausdruck der Macht der Herrschenden über die Beherrschten. Sie geben den Machthabern das Recht, andere zu bestrafen, zu foltern und umzubringen. Andere zu steinigen, zu verbrennen, zu kreuzigen oder aber zu Tode zu schleifen wird auf diese Weise legitimiert, so daß die Folterknechte nicht einmal ein schlechtes Gewissen zu haben brauchen.

Wie wir aus der Psychologie wissen, zwingt einerseits eine an festen Normen orientierte Erziehung den Menschen zur Verdrängung lebenswichtiger Impulse. Andererseits ist die Folge solcher Verdrängungen das starre Festhalten an Geboten bis hin zur Entwicklung von Zwangsneurosen. Im Unbewußten bildet sich der sogenannte »Schatten«, der sich aus all jenen Eigenschaften zusammensetzt, die nicht verwirklicht werden dürfen und die daher gezwungen werden, im Innern des Menschen ihr Unwesen zu treiben. Dazu gehört die Projektion des eigenen Schattens auf andere und das Bedürfnis, andere für das Ausleben der eigenen verdrängten Eigenschaften zu verurteilen und, wenn es geht, auch zu bestrafen. Ist es nicht gerade der Geizige, der sich dieser Eigenschaft nicht bewußt ist, der alle anderen Menschen als geizig erlebt? Und hat nicht gerade die Verdrängung von Sexualität aus dem Leben zölibatärer Priester die Wahrnehmung der Frau als ihn zur Sexualität verführend zur Folge gehabt, was dann wiederum zu den schlimmsten Ausschreitungen gegen das weibliche Geschlecht im Hexenwahn führte? Auch hier zeigt sich das Zusammenspiel von starrem Normenbewußtsein, Verdrängung lebenswichtiger Impulse und zerstörerischer Aggressivität.

Gesetzesdenken und Richtgeist gehen Hand in Hand. Beides wird in der jesuanischen Ethik abgelehnt, was wiederum kennzeichnend ist für sein matriarchales Bewußtsein. »Richtet nicht«, ruft er seinen Brüdern zu, »auf daß ihr nicht gerichtet werdet. Denn mit welcherlei Gericht ihr richtet, werdet ihr gerichtet werden, und mit welcherlei Maß ihr messet, wird euch gemessen werden.«[83] Auch diese Belehrung richtet sich primär an das männliche Geschlecht, das ja allein in der Lage war und ist, über andere Gericht zu halten. Bis heute wird die Frau vom Rabbinatsgericht in Jerusalem für so unmündig gehalten, daß dort weder ihre Aussagen noch ihre Unterschrift etwas gelten. »Wir leben eine Doppelmoral, was die Situation der Frau betrifft«, klagt die jüdische Gründerin der Bürgerrechtsbewegung in Israel, Schulamit Aloni, die seit 20 Jahren dem israelitischen Parlament angehört. »Ich bin in der Regierung, ich bin Anwältin – all diese Sachen sind offen für mich. Aber wenn ich mich von meinem Mann scheiden lassen will, kann ich es nicht«, legt sie in einem Interview dar und erklärt auch gleich die Ursache solcher Doppelmoral: »Wir haben zwei Frauen im Obersten Gerichtshof, das ist schön, ein wahrer Erfolg. Aber dieselben Frauen können keinen Sitz im Familiengericht einnehmen, obwohl es im Rang weniger hoch ist. Das Familiengericht ist in den Händen des Klerus.«[84] Der aber ist eine einzige Männerdynastie. So sieht das »Königtum der Frau« aus, das jüdische Orthodoxe so gern ausmalen. Nach wie vor erklärt das klerikale Familiengericht die Frau zum Besitz des Mannes, über den nun einmal nur er verfügen kann. Jeder Mensch, ob orthodox oder liberal, kommt mit dem Familienrecht in Berührung, denn dieses allein trifft Entscheidungen, die mit Geburt, Heirat, Scheidung und Tod zusammenhängen. Diese urweiblichen Verantwortungsbereiche liegen fest in ausschließlich männlicher Hand. Das war zu Zeiten Jesu mit Sicherheit nicht anders. Welchem Geschlecht kann er also nur zurufen: »Richtet nicht!«?

Jesus erzählt bei Lukas das Gleichnis vom ungerechten Richter, in dem eine Witwe immer wieder zum Richter kommt und sagt: »Schaffe mir Recht gegenüber meinem Gegner! Und er wollte eine Zeitlang nicht, doch nachher sagte er bei sich selbst: Wenn ich auch Gott nicht fürchte und mich vor keinem Menschen scheue, so will ich doch, weil mir diese Witwe Mühe macht, ihr Recht schaffen, damit sie nicht schließlich kommt und mich ins Gesicht schlägt.«[85]

Das Gleichnis liest sich wie eine Persiflage auf das männliche Richteramt, von dem hier äußerst respektlos gesprochen wird. Gleichzeitig macht es deutlich, wie Männer immer wieder das Recht der Frau mit Füßen treten, was anscheinend trotz der patriarchalen Liebe zum Gesetzes- und Rechtsdenken nicht verhindert werden kann. Die Umstände im Gleichnis zeigen, daß es sich bei ihrem Widersacher um einen einflußreichen und wohlhabenden Mann handelt, der es sich leisten kann, über ihr Recht hinwegzugehen, bemerkt der theologische Handkommentar. »Da sie keine Möglichkeit hat, den Richter mit Geschenken willig zu machen, und er es wahrscheinlich mit ihrem Widersacher nicht zu verderben wagt, schiebt er den Vorgang auf die lange Bank.«[86] So gestaltet sich bis heute das Machtverhältnis zwischen den Geschlechtern. Männer bestimmen, was Recht ist und ob es gewährt wird oder ruhig mit Füßen getreten werden kann. Der Richter selbst wird als ein Mensch beschrieben, der weder den göttlichen Zorn fürchtet noch die menschliche Rache scheut und dessen Handeln »durch seine Bequemlichkeit und Selbstsucht bestimmt« wird[87]. Diese Haltung kann durchgängig bei Machthabern und »Verantwortlichen« des Patriarchats festgestellt werden.

Wenn der Witwe am Ende des Gleichnisses doch noch

geholfen wird, so ähnelt das Motiv des Richters in auffallender Weise jenem der Jünger in der Geschichte von der kanaanäischen Frau, die ihnen mit ihrem Geplärre zu viel geworden war. »Fertige sie ab, denn sie schreit uns nach.« Mit diesen Worten hatten sie versucht, Jesus zu einer Reaktion zu bewegen – ohne Erfolg allerdings. In jener Geschichte wie auch in unserem Gleichnis bewirkt die Frau die Durchsetzung ihres Willens selbst durch ihre unverdrossene Beharrlichkeit und Ausdauer.

Anscheinend weiß der Richter, daß er im Rahmen seines Weltbildes eigentlich Schläge verdient hat für sein Verhalten. Warum sollte er wohl sonst die Schläge der Witwe fürchten, die möglicherweise seine Mutter hätte sein können? Dieses Gleichnis führt patriarchales Rechtsdenken ad absurdum, da es sich als die Kehrseite einer umfassenden Korrumpiertheit darstellt. Es zeichnet die Konturen eines Systems mit Richtern ohne jeglichen Sinn für Gerechtigkeit. Kein Wunder, daß Jesus an anderer Stelle in der Bergpredigt empfiehlt, Streitigkeiten selbst zu bereinigen und sich auf keinen Fall an das Gericht zu wenden[88]. Wiederholt lehnt er es selbst ab, den Richter zu spielen[89], und verweist die Männer an andere Möglichkeiten der Konfliktlösung. Sie sollen endlich damit aufhören, sich an Autoritäten zu wenden, mit anderen Worten: Sie sollen endlich erwachsene, das heißt vollwertige Menschen werden und das patriarchale Herrschaftssystem verlassen.

Statt des Richtens empfiehlt Jesus den Männern das beharrliche Bitten, jene Haltung also, durch die sich die kanaanäische Frau wie auch die Witwe in unserem Gleichnis auszeichneten. Statt sich das Ihre und darüber hinaus zu nehmen, lehrt Jesus die Männer zu bitten. »Denn jeder, der bittet, empfängt; und wer sucht, der findet; und wer anklopft, dem wird aufgetan.«[90] Das hatten beide Frauen bewiesen. Unzweifelhaft handelt es sich hier um die Unterweisung von Männern, das zeigt der Folgevers ganz klar: »Wo ist unter euch ein *Vater*, der, wenn ihn sein *Sohn* um einen Fisch bittet, ihm statt des Fisches eine Schlange gäbe?« Auch hier erweist sich die Belehrung der Frau als überflüssig.

Auf die weiblich-matriarchale Grundlage der »Goldenen

Regel«, die wir ebenfalls in der Bergpredigt finden, und die damit hervorgehobene Priorität des Handelns vor allem Reden und Bekennen habe ich bereits hingewiesen[91].

Am Ende der Bergpredigt besiegelt Jesus seine geschlechtsspezifische Lehre noch einmal mit den Worten: »Und jeder, der diese meine Worte hört und sie nicht *tut*, ist einem *törichten Manne* zu vergleichen, der sein Haus auf den Sand baute.«[92] Bedarf es noch weiterer Belege dafür, daß die Lehren der Bergpredigt an Männer gerichtet werden, um sie zu veranlassen, ihr Verhalten zu ändern?

Nicht immer lassen sich die geschlechtsspezifischen Unterschiede so eindeutig darstellen wie in diesen Beispielen. Wenn es auch kein Jesus-Wort gibt, mit dem eindeutig das weibliche Geschlecht belehrt wird, so kommt es doch häufig vor, daß in den Gleichnissen Jesu Männer den weiblichen Part des Vorbildhaften oder Nicht-Korrekturbedürftigen übernehmen, was aber nichts daran ändert, daß die vorbildhafte Haltung nichtsdestoweniger als typisch weiblich anzusehen ist, während die männliche Haltung der Veränderung bedarf. Das hat meines Erachtens didaktische Gründe, denn bei einer offenkundig einseitigen Belehrung des männlichen Geschlechts hätte sich Jesus seine Belehrungsversuche gleich sparen können, sie wären nur noch unannehmbarer für Männer geworden. So läßt er immer wieder Männer in seinen Gleichnissen auftreten, die die typisch weiblichen Haltungen praktizieren.

Im Gleichnis vom Pharisäer und Zöllner[93] übernimmt der Zöllner als in gleicher Weise verachtet wie das weibliche Geschlecht, wenn auch aus anderen Gründen, den weiblichen Part. In typisch männlicher Manier wirft sich der Pharisäer in die Brust und rühmt sich vor Gott seiner Taten des Fastens und Spendens. Gleichzeitig grenzt er sich gegen den Halunken ab, der nicht weit von ihm entfernt sein Gebet verrichtet, das nur aus wenigen Worten besteht: »O Gott, sei mir Sünder gnädig.«[94]

Die hier zum Ausdruck kommende selbstkritische Haltung erhält das Lob Jesu. Durch sie wird der Zöllner gerechtfertigt, von dem es am Ende heißt: »Dieser ging mehr gerechtfertigt in sein Haus hinab als jener. Denn jeder, der sich selbst erhöht, wird erniedrigt werden; wer sich aber selbst erniedrigt, wird erhöht werden.« Gerade an dieser Stelle ist es wichtig, die geschlechtsspezifische Perspektive zu beachten. Pharisäer und Zöllner stehen für typisch männliche und weibliche Haltungen. Das Gleichnis wehrt dem männlich-patriarchalen Irrtum, dem bestimmte jüdische Gruppierungen verfallen waren, »der Mensch könne durch Erfüllung des Gesetzes die Herrschaft Gottes herbeizwingen«[95]. Dieser Glaube bildet die Grundlage des pharisäischen Selbstbewußtseins, das sich hier im Tempel in einiger Entfernung vom Zöllner in selbstgefälligem Eigenlob ergeht und sich dem Göttlichen dank seiner Segnungen so nahe fühlt, daß es mit ihm auf Du und Du zu stehen scheint.

Die angebliche Nähe des Männlichen zum Göttlichen ist ein wesentlicher Grundzug des Patriarchats, der heute in der feministischen Theologie gründlich analysiert wird. Gleichzeitig wird das weibliche Geschlecht primär in die Gottesferne gerückt. So heißt es auch von dem Zöllner, daß er weit weg stand und nicht einmal seine Augen aufheben wollte. Es ist die klassische Position, die das Patriarchat der Frau zugedacht hat. Entsprechend fordert der große Kirchenvater Tertullian die Frau zu Beginn des 3. Jahrhunderts auf, sich in Sack und Asche zu verhüllen und ewige Reuetränen zu vergießen, weil sie sich für die Menschheit als Tor zur Hölle erwiesen habe. Mit seinem Gleichnis fordert Jesus nichts dergleichen. Er stellt nur fest, daß das Geschlecht, das so lange erniedrigt wurde, bis es sich selbst erniedrigte und immer wieder Bereitschaft zur Selbstkritik zeigt, während es sich gleichzeitig jeglicher anmaßenden Selbstgerechtigkeit enthält, als gerechtfertigt anzusehen ist und im Reich des Göttlichen erhöht wird. Genau wie die Weisheit zeigt Jesus damit die Folgen bestimmter Haltungen auf. Er fordert nicht, sondern er beschreibt und wertet, wobei das typisch Männliche offensichtlich sehr schlecht wegkommt.

Bewußte Frauen, die auch beruflich viel mit Männern zu tun haben, stellen immer wieder fest, wie wenig ihre männlichen Kollegen bereit oder in der Lage sind, sich selbst gegenüber eine kritische Haltung einzunehmen, was ihnen Frauen gegenüber jedoch ohne weiteres gelingt. Diese werden von ihnen gnadenlos und zumeist völlig ungerechtfertigt kritisiert. Dieselbe Bobachtung kann in Partnerbeziehungen gemacht werden. Kommt es zu Beziehungsproblemen, ist meist die Frau bereit, sich selbstkritisch zu hinterfragen, während der männliche Partner auf seinem hohen Roß sitzt und sich keiner Schuld bewußt ist.

Derselbe Prozeß durchläuft auf gesellschaftlicher Ebene die Patriarchatsgeschichte. Männer projizierten ihre Probleme auf das weibliche Geschlecht, um es dann verdammen zu können, während Frauen gezwungen wurden, sich in die Schuldecke drängen zu lassen, bis sie am Ende dieses Prozesses »freiwillig« bereit sind, alle Schuld auf sich zu nehmen. Dieser Problematik nimmt sich Jesus auch noch an anderer Stelle an. So fragt er den Mann zu Beginn des letzten Kapitels der Bergpredigt: »Was siehst du aber den Splitter in deines Bruders Auge, des Balkens jedoch in deinem Auge wirst du nicht gewahr? Oder wie kannst du zu deinem Bruder sagen: Halt, ich will den Splitter aus deinem Auge ziehen, und siehe, in deinem Auge ist der Balken? Du Heuchler, ziehe zuerst den Balken aus deinem Auge, und dann magst du zusehen, daß du den Splitter aus deines Bruders Auge ziehst.«[96]

Noch einmal spricht Jesus hier die Schattenproblematik an, die natürlich einerseits beide Geschlechter betrifft, andererseits sich aber gerade für das weibliche Geschlecht in besonders fataler Weise ausgewirkt hat und bis in die Gegenwart hinein auswirkt. Hexen- wie auch Judenpogrome sind der schlimmste Ausdruck einer unbewältigten männlichen Schattenproblematik, denn die Verdrängung und Abspaltung bestimmter Seelenanteile gehört zu den tragenden Elementen der Patriarchatskultur, die sich ja aus der Verdrängung weiblicher Gottheiten aus der Religion wie auch des Weiblichen aus der öffentlichen Verantwortung und aus der Seele des Mannes nährt. Hier nun verwehrt Jesus dem Mann das Recht, die Frau zu kritisieren, solange er seine eigene Schattenproblematik nicht bearbeitet hat. Sicher würde das in gleicher Weise für Frauen gelten, wenn sie sich derart massiv der ungerechtfertigten Kritik an Männern bedienten, wie dies umgekehrt der Fall ist. In Einzelfällen mag das durchaus passieren. Für die kollektive Ebene jedoch trifft es nicht zu.

Ich bin wirklich der Überzeugung, daß die zwischenzeitlich breit angelegte Kritik, die der Männergesellschaft von feministischer Seite entgegenschlägt, zum größten Teil das Ergebnis einer sauberen Analyse und eines weiblichen Bewußtwerdungsprozesses ist und nicht als Ausdruck einer Schattenproblematik gewertet werden kann. Dennoch werden hier all jene, die sich solchen Bewußtwerdungsprozessen nicht gestellt haben, ungerechtfertigte Einseitigkeit am Werk wittern.

Die hier aufgezeigte positiv-bestätigende Haltung Jesu gegenüber weiblichen Einstellungen und Verhaltensweisen, der eine kritische Haltung gegenüber männlichen Werten und Praktiken gegenübersteht, kommt auch noch in anderen Texten zum Ausdruck, wie zum Beispiel im Gleichnis vom barmherzigen Samariter. Es soll als eine Antwort auf die Frage eines Gesetzeskundigen nach dem ewigen Leben verstanden werden. In dieser Geschichte scharen sich drei Menschentypen um einen Verletzten: 1. die Räuber, die einen Schwächeren überfallen und ausbeuten – das wohl patriarchalischste aller Bilder von Männlichkeit; 2. die Indifferenten, die als Priester und Levit zum patriarchalen Establishment gehören und in ihrem Tempeldienst Wichtigeres zu tun haben, als einen Akt der Menschenliebe zu vollführen, der von niemandem gesehen wird und also auch keine Publicity fürs eigene Image bringt; 3. der hilfreiche Samariter, der die Wunde behandelt und sich um die Versorgung des Verletzten kümmert und sich damit auf ein typisch weibliches Betätigungsfeld begibt. Dem Gesetzeskundigen aber wird empfohlen: »Geh auch du hin, tue desgleichen!«[97] Diese Empfehlung kommt einer Aufforderung an die Adresse des männlich-patriarchalen Establishments zur Hinwendung zu weiblichen Werten und Verhaltensweisen gleich.

Am Ende dieses Kapitels möchte ich das Augenmerk auf Jesu Einstellung zu Kindern richten, die alles andere als männlich war. *Wie* unmännlich sie war, können nur diejenigen ermessen, die sich mit der Schwarzen Pädagogik der »großen Erzieher« vergangener Jahrhunderte befaßt haben, zu der es einschlägige Literatur gibt[98]. Da wird in erschütternder Weise dokumentiert, mit wieviel sadistischer Phantasie

Männer darangingen, Strafen für Kinder zu ersinnen, die in ihren Augen »kleine Verbrecher« waren, ja selbst minutiös Buch über die verteilten Ohrfeigen führen und stolz mitteilen, daß sie derer über eine Million an ihre Zöglinge verteilt haben; denn speziell in der Schule ging Zucht allemal vor Unterricht[99].

Im 17. Jahrhundert schrieben die Puritaner Robert Cleaver und John Dod über die »gottwohlgefällige Art der Haushaltsführung«[100]: »Das kleine Kind, das in seiner Wiege liegt, ist sowohl launisch als auch voller Gemütsbewegungen, und obschon sein Körper auch klein sein mag, hat es doch ein schlimmes (mit Fehlern behaftetes) Gemüt und ist ganz und gar dem Bösen zugeneigt ... Wenn man duldet, daß dieser Funke sich ausbreite, wird er überspringen und das ganze Haus niederbrennen. Denn nicht von Geburt aus ändern wir uns und werden rechtschaffen, sondern durch Erziehung ... Darum müssen Eltern wachsam und umsichtig sein ... Sie müssen ihre Kinder für schlimme Worte oder übles Betragen strafen und scharf tadeln.«[101]

Wie wenig eine solche Auffassung zur Grundlage der Kindererziehung hätte werden dürfen, wenn sich das christliche Abendland wirklich an Jesus Christus orientiert hätte, zeigt ein Blick auf dessen Einstellung zu Kindern. Die Evangelisten berichten, daß Jesus einmal ein Kind in die Mitte der Jünger stellte, nachdem er sie zuvor belehrt hatte: »Wenn einer erster sein will, muß er der letzte von allen und aller Diener sein.«[102] Nach einigen weiteren Belehrungen sagt er dann mit Blick auf das Kind in ihrer Mitte: »Und wer eines dieser Kleinen, die glauben, ärgert, besser wäre es für ihn, wenn ein Mühlstein um seinen Hals gehängt und er in den See geworfen würde.«[103] Dies ist eine der wenigen Stellen, in denen Jesus recht brutal spricht, was wohl zeigt, wie ernst es ihm mit dem Gesagten ist. Er will unmißverständlich klarmachen, daß es ihm um den besonderen Schutz der Schwachen und Schwächsten geht und niemand befugt ist, sich auf einen »göttlichen Auftrag« zur Legitimierung brutaler und kinderfeindlicher Erziehungsmaßnahmen zu berufen, wie dies die meisten Väter und Erzieher immer wieder getan haben.

Vielleicht malen wir uns einmal aus, wie die Reaktion Jesu

auf den sexuellen Mißbrauch von Töchtern – ja sogar von sechs Monate alten Säuglingen – wohl ausgesehen hätte, wenn er seine Drohung bereits über die verhängt, die Kinder lediglich ärgern. Durch die Reihen heutiger Kirchenmänner jedoch geht kein Aufschrei der Empörung. Sie interessieren sich vielmehr für das ungeborene Leben; denn im Patriarchat ist das Kind ein *Rechtsgut*, auf das in erster Linie die Väter sowie Vater Staat ein Anrecht haben, das es auf jeden Fall durchzusetzen gilt. Die Kinder selbst und ihre Bedürfnisse haben dagegen immer eine recht unerhebliche Rolle gespielt. Fast erübrigt sich der Hinweis auf matriarchale Kulturen, wo ausschließlich die Beziehung zwischen Mutter und Kind als »heilig« angesehen wird und beide einen besonderen Schutz genießen und es keinem Mann einfallen würde, sich als Eigentümer der Kinder aufzuspielen. Patriarchale Väter haben das 4. Gebot, das sich ausdrücklich an Erwachsene wendet, seit eh und je mißbraucht, um sich vor den Kindern als Herrgott persönlich darstellen zu können. Immer wieder wurde der Gehorsam Gott und den Eltern gegenüber (gemeint war meist der Vater) in einem Atemzug genannt. So ermahnt der Puritaner Thomas Cobbett die Kinder: »Eure Eltern sollt ihr Euch so vorstellen, als repräsentierten sie die *Vater*schaft Gottes, und dies wird auch Eure kindliche Scheu und Ehrerbietung ihnen gegenüber bestärken.«[104]

Ein amerikanischer Vater des vorigen Jahrhunderts erzählt, wie er seinen vierjährigen Jungen, weil er nicht lesen konnte, nackt im Keller angebunden und ausgepeitscht hat (ein Fall, der sich übrigens in unserem Jahrhundert in ganz ähnlicher Weise wiederholte): »Ich spürte die ganze Kraft göttlicher Autorität und einen ausdrücklichen Befehl, wie niemals sonst in meinem Leben.«[105]

Auf Jesus kann sich diese »Erfahrung göttlicher Autorität« nicht berufen. In seiner Lehre wird dem Vater nirgends gestattet, sich mit Gott zu identifizieren, sondern diesem zugemutet, im Kind Gott zu erkennen; denn: »Wer ein solches Kind um meines Namens willen aufnimmt, der nimmt mich auf; und wer mich aufnimmt, der nimmt nicht mich auf, sondern den, der mich gesandt hat.«

Wie fern dem patriarchalen Mann eine solche rezeptive

Haltung dem Kind gegenüber lag, zeigt die Tatsache, daß er es mit der um jeden Preis zu verdrängenden Weiblichkeit identifizierte. Aus seiner Sicht waren Frau und Kind gleichermaßen Unmündige und gut zum Beherrschen, aber nicht zum Integrieren, was unweigerlich eine Wandlung bedeutet hätte. Arthur Schopenhauer hat die männliche Identifizierung und Abwertung von Frau und Kind in folgende Worte gefaßt: »Zu Pflegerinnen und Erzieherinnen unserer ersten Kindheit eignen die Weiber sich gerade dadurch, daß sie selbst kindisch, läppisch und kurzsichtig, mit einem Wort, zeitlebens große Kinder sind; eine Art Mittelstufe zwischen dem Kinde und dem Mann, als welcher der eigentliche Mensch ist.«[106]

An dieser Stelle schmunzeln verheiratete Mütter wohl zu Recht ob dieser so offenkundigen Projektion ...

Die Worte Jesu, daß im Kind das Göttliche selbst aufgenommen wird, decken sich mit dem nepalesischen Sprichwort: »In den Kindern kommen die Göttinnen und Götter zur Erde.« Anders als im christlichen Abendland galt es in Nepal als Sünde, Kinder zu schlagen. Sie wurden vielmehr als Quelle des Glücks angesehen.

Doch nicht nur angenommen werden sollen die Kinder, nein, Jesus fordert noch mehr von seinen Jüngern, wenn er ihnen zuruft: »Wenn ihr nicht umkehret und werdet wie die Kinder, so werdet ihr nicht ins Reich der Himmel kommen.«[107] Nicht nur der Fürsorgebedürftigkeit des Kindes sollen sich seine männlichen Nachfolger stellen – auch hier wäre die Belehrung der *Frau* überflüssig –, sie selbst sollen ihre eigene Wandlungsbedürftigkeit erkennen. Auf Männlichkeit reduzierte Wesen können nicht in das Reich der Himmel kommen, in jene Welt des Heils und der Vollkommenheit im Sinne von Ganzheitlichkeit. Im Kind harren noch weibliche und männliche Seelenanteile der Verwirklichung. Es ist daher dem vollen Menschsein näher als der männliche Mensch, der im Patriarchat gezwungen wird, seine eigene Weiblichkeit abzuwerten und zu verdrängen.

Jesus verlangt die Umkehr des Mannes von seinen männlichen Wegen, auch wenn sie noch so gut abgesichert und durch patriarchales Recht legitimiert werden können. Die

Einkehr in das Reich der Himmel hat den totalen Sinneswandel des Mannes zur Bedingung. Demnach wäre das zukünftige Reich der Himmel ein Reich der umgekehrten Männer, die um ihre Möglichkeiten der Ganzheit wissen und sie verwirklichen und nicht länger auf dem beharren, was sie bisher unter Mannsein und Männlichkeit verstanden, sondern sich durch ihre weiblichen Anteile haben ergänzen, vervollständigen lassen.

Die weibliche Gotteslehre Jesu

Es erstaunt immer wieder, daß das Interesse Jesu an der Gründung einer neuen Religion anscheinend ebenso gering war wie sein Bedürfnis, eine Theologie zu entwickeln, während sich dies bei seinen Nachfolgern ins Unermeßliche steigerte. Dort aber, wo er vom Göttlichen spricht, da ist seine Verwendung weiblicher Metaphern und Symbole genauso unbefangen, wie es sein Umgang mit Frauen war.

Wenn wir heute eine Umfrage unter Christen machen würden, in der sie darüber Aufschluß geben sollten, was nach ihrer Meinung Jesus über das Göttliche gelehrt hat, dann würde wohl eine überwältigende Mehrheit den göttlichen Vater ins Zentrum ihrer Antworten stellen. Ein solches Ergebnis muß jedoch als Folge von Theologie und Kirchenlehre, nicht aber als Konsequenz der Lehren Jesu angesehen werden, denn, so resümiert Paul Ricœur in seinem Aufsatz »Die Vatergestalt – vom Phantasiebild zum Symbol«: »Die Vaterschaft ist keine ursprüngliche Kategorie des Evangeliums; (dessen) Grundtenor bestimmt die Verkündigung des kommenden Reiches.«[1]

Zu dieser Schlußfolgerung gelangt er aufgrund der Tatsache, daß der erste Evangelist, Markus, nur insgesamt viermal vom Göttlichen als Vater schreibt, vom Reich Gottes, dem ein weiblicher hebräischer Begriff zugrunde liegt, hingegen vierzehnmal. Johannes aber, der letzte Evangelist, der in einer Zeit zunehmender Patriarchalisierung der Lehre Jesu schreibt, erwähnt das Reich Gottes nur zweimal, und dies in einem Atemzug, während er von Gott als Vater einhundertundviermal schreibt. Wenn Markus also dreimal soviel vom Reich Gottes wie von Gottvater schreibt, so kehrt sich dieses Verhältnis bei Johannes radikal um, der »fünfzigmal so häufig vom Vatergott als vom Reich Gottes«[2] schreibt.

Auch Walter Kasper ist die Tatsache zunehmender Beliebtheit der Gottvater-Vorstellung aufgefallen. Wie er feststellt, begegnet uns die Gottesbezeichnung Vater in den Evangelien »nicht weniger als 170mal. Dahinter steht eine deutliche *Tendenz der Überlieferung*, die Bezeichnung Gottes als Vater *Jesus in den Mund zu legen*«[3] (Hervorhebungen C.M.). Was hat es aber zu bedeuten, »daß der Gedanke vom Reich Gottes, das Jesus eher den Sündern des Fleisches als denen des Geistes zuspricht, im gleichen Maß abnimmt, in dem das patriarchalische Gottesbild zunimmt«[4]? Meines Wissens hat diese Frage der Theologie in ihrer zweitausendjährigen Geschichte noch keinerlei Kopfzerbrechen bereitet. In diesen Problemkreis gehört aber auch die Frage, weshalb keines der Jesusworte, in denen er die Heilige Geistin (ruah) als seine Mutter bezeichnet, den neutestamentlichen Kanon ziert.

Daß hier patriarchale Selektionsmechanismen am Werk sind, vermuten Frauen schon lange[5]. Ihnen ist bekannt, daß der männliche Sexismus auch die Federn der Evangelisten führte, wenn auch in unterschiedlicher Stärke. Dieser mag zum einen aus dem patriarchalen Weltbild rühren, das wohl von keinem seiner Nachfolger dermaßen durchschaut und abgelehnt wurde wie von Jesus, zum anderen aber wohl auch aus einer bestimmten Eifersucht heraus, mit der die Jesus begleitenden Männer auf dessen Vorliebe für den Umgang mit Frauen reagierten. Selbst in den uns verbliebenen Schriften schimmert noch einiges davon durch, wie machtvoll der weibliche Einfluß auf sein Reden und Handeln war. Auch Mayer kommt zu dem Schluß, daß die Macht der Frauen auf seine Existenz noch klarer hervorträte, wenn die Evangelisten sie nicht absichtlich geschmälert hätten[6]. Wie stark sich dieser weibliche Einfluß auf sein Denken niederschlug, wird in seiner Lehre vom Reich Gottes deutlich, in der er der Frauen immer wieder gedenkt. »Ihr Alltag, das Bereiten des Brotes, die Schmerzen und Freuden der Geburt, der Fund eines verlorenen Geldstücks werden ihm zu Bildern religiöser Erfahrung. Für das Reich Gottes wählt er frauennahe Symbole: die wachsende Saat, den fruchtenden Baum, den lebenspendenden Weinstock. Er spricht ihrer Arbeit im ›Haus‹ den gleichen Rang zu wie der des Mannes auf dem ›Feld‹. ›Nähen (und) spinnen‹ nennt er gleichwert neben ›säen (und) ernten‹. Der ›Backofen‹ wird ihm ebenso zum religiösen Symbol wie die ›Scheune‹, die ›Nähnadel‹ ebenso wie der ›Pflug‹, für das Flicken von Kleidern, eine der Proletarierfrau eigene Arbeit, gebraucht er allein drei Wörter.«[7]

Allein diese Zusammenschau zeigt, wie unvereinbar das von der christlichen Tradition geprägte Gottesbild eines allmächtigen Vaters patriarchalischen Ausmaßes mit diesen Bildern göttlichen Handelns ist. Um den Vorstellungen Jesu näherzukommen, müssen wir uns in das Zentrum seiner Gotteslehre begeben, das nun einmal nicht die Lehre vom Vater, sondern jene vom Reich Gottes darstellt. Es kann sogar eine Abhängigkeit der Vaterlehre von jener des Reiches Gottes festgestellt werden. Wir können also sagen, daß diese die Grundlage bildet, auf der der Vatergott in seinem Handeln erst verständlich wird, denn er ist sozusagen nur eine Form der Übertragung in den Bereich des Anthropomorphen, eine Fortführung göttlichen Handelns in Bilder zwischenmenschlicher Beziehungen.

Wie ich zeigen werde, kommen auch im Bild des Vaters überwiegend weibliche Kategorien zum Ausdruck, so daß sich hinter diesem Vater Jesu in Wirklichkeit eine Mutter verbirgt, was wohl als weitere Aufforderung an den Mann zur Verwirklichung seiner weiblichen Seelenkräfte angesehen werden muß. Bis heute wird in der Theologie übersehen, daß jede Rede vom Vater das Vorhandensein der Mutter impliziert. Wohl kann die Mutter den Vater verschweigen, so daß er selbst nicht einmal von seiner Vaterschaft weiß, das Verschweigen der Mutter aber, das die Theologie nun schon so lange »erfolgreich« praktiziert, ist in der Tat absurd. Die Lehre Jesu von Gott als Vater impliziert die göttliche Mutter und schließt sie nicht etwa aus, wie Theologen vielfach meinen. Daß dieser Zusammenhang auch von Jesus gesehen wurde, zeigt die Tatsache, daß er in der *ruah* seine geistige Mutter sah. Die Gotteslehre Jesu bringt uns also in gleicher Weise auf die Spur des Weiblichen wie seine Ethik.

Die Folgen und Konsequenzen, die sich aus dieser Lehre für unser heutiges Reden vom Göttlichen ergeben, werden am Ende des Kapitels aufgezeigt.

Die Lehre vom Reich Gottes als Ende des Patriarchats

Für viele kritisch gewordene Frauen stellt die Reichgotteslehre Jesu nichts anderes dar als eine patriarchale Utopie, die als Ausdruck männlicher Fluchtversuche aus der Eigenverantwortlichkeit für diese Welt angesehen wird. Sie verwechseln sie häufig mit der kirchlichen Praxis der Vertröstung auf ein Jenseits, mit der in der Vergangenheit dem Elend im patriarchalen Jammertal ein »höherer Sinn« gegeben wurde.

Nun läßt sich aber bei genauerem Hinsehen leicht feststellen, daß die Botschaft vom Reiche Gottes, die den Kern der Lehren Jesu bildet, nicht das geringste zu tun hat mit kirchlichen Jenseitsvorstellungen. Vielmehr ist sie die Verkündigung eines neuen Bewußtseins, das auf der Grundlage von Sinneswandlung entsteht, eines neuen Weltbildes, das die Umkehr aus patriarchalen Ideologien zur Bedingung hat, die Verkündigung eines neuen Vorstellungsmusters, das patriarchale Werte und Normen abschafft. Es geht dabei um nichts anderes als die Überwindung menschen- und schöpfungsfeindlicher Mächte und Bilder und damit gleichzeitig um die Bewußtmachung, daß die patriarchalen Strukturen eben nicht den göttlichen Willen verkörpern, wie man es uns Frauen bis heute weismachen will. Bei allem, was Jesus sagt und tut, geht es ihm um jene bessere Gerechtigkeit, zu der das männliche Herrschaftssystem sich als unfähig erwiesen hat. Dabei nimmt er dennoch keine Zuflucht zu Utopien, sondern verweist in erster Linie auf die verborgene Präsens des göttlichen Reiches im Gegenwärtigen, im vergehenden alten patriarchalen Äon.

Wo Menschen geheilt werden, wo sie ihre menschliche Ganzheit wiederfinden, da werden aus Gezeichneten Erwählte des neuen Reiches. Wo Blinde sehen und Taube hören, wo also Menschen bewußt und mit voller Wahrnehmung zu leben beginnen, da verwirklicht sich göttlicher Wille; wo Lahme gehen und wieder beweglich werden, sich also aus der patriarchalen Starre lösen lassen, da wird das Reich Gottes in Ansätzen sichtbar; wo es Menschen gelingt, sich von ihrem prahlerischen und kränkungsanfälligen Ego zu lösen, weil sie eine umfassendere Weltsicht gewonnen haben, da hat der Exodus aus dem Patriarchat begonnen; wo Menschen auf der Grundlage von geistiger Reife und tieferer Einsicht ihren inneren Frieden gefunden haben, da ist die Gottesherrschaft angebrochen.

Jesus geht über die gängigen Reichgottesvorstellungen seiner Zeit weit hinaus. Der Sieg des Göttlichen soll nicht länger in einer spektakulären Befreiung des Volkes vom römischen Joch, auch nicht in der umfassenden Einhaltung aller Reinheitsgebote erhofft werden, sondern er vollzieht sich dort, wo einzelne Menschen von lebensfeindlichen, sie behindernden Kräften befreit werden und zu vollem Menschsein bereit sind. Damit lenkt Jesus den Blick von den gängigen Reichgottesvorstellungen seiner Zeit weg und sagt unmißverständlich, daß die ersehnte globale Veränderung nur über die Veränderung des einzelnen zu bewerkstelligen ist. Wie in der weiblichen Ethik geht es auch bei Jesus um konkrete Menschen, nicht aber um ein Volk oder gar die abstrakte Menschheit.

Wie Walter Kasper schreibt, ist die Botschaft vom Kommen der Herrschaft Gottes »auch eine Verheißung für alles, was in der Welt aus Liebe getan wird. Was aus Liebe getan wird, wird gegen allen Schein für immer Bestand haben, ja es ist das Einzige, was für immer Bestand hat.«[8] Kein Wunder also, wenn jüdische Mystiker in dieser Gottesherrschaft eine weibliche Kraft sehen, »malkhut« oder auch »die schechina«, wie sie die Anwesenheit des Göttlichen in der Welt nennen. Sie ist eine verborgene Kraft, die den Menschen zwar durch die Welt begleitet, aber dennoch für den patriarchalen Blick unsichtbar bleibt. Um sie zu finden, muß der Mensch seinen Besitz (an Ideologien) aufgeben; denn sie ist eine kostbare Perle oder auch ein Schatz im Acker, für den derjenige, der ihn besitzen will, alles verkauft[9]. Um sich zu einer solchen Handlung entscheiden zu können, muß natürlich erst einmal ihr Wert erkannt werden, der ja im Rahmen des bestehenden Werte- und Normensystems gerade nicht offen zutage treten kann. Daher vergleicht sie Jesus mit einem Senfkorn, das, wenn es in die Erde gesät wird, kleiner ist als alle andern Samenarten auf Erden, um später doch zu einem großen

Baum heranzuwachsen und den Vögeln Schutz zu bieten[10]. Anfänglich von unscheinbarer Größe und daher leicht zu übersehen in seiner Unbedeutsamkeit, ist es vergleichbar mit weiblichen Handlungen und Verhaltensweisen, die in einer patriarchalen Gesellschaft keine Anerkennung finden und doch auf lange Sicht für Jesus heilswirksame Bedeutung haben. Denn das Reich Gottes ereignet sich nicht dort, wo sich Männlichkeit darstellt und ihre Großartigkeit zelebriert, wo große Reden geschwungen werden, ohne daß ihnen Taten folgen, wo Macht und zweifelhafter Erfolg zur Schau gestellt und Siege über Schwächere gefeiert werden, nein, das Reich Gottes ereignet sich dort, wo Friede gestiftet, wo geliebt, geheilt und getröstet und damit menschliches Wachstum ermöglicht wird, das auf der Grundlage vieler unscheinbarer Zuwendungen stattfindet. Die Gottesherrschaft, die Schechina, verwirklicht sich überall da, wo Reifungsprozesse ermöglicht werden, weil Menschen aus der Tiefe ihres Seins frei von Fremdbestimmung handeln. (Daß Mädchen und Frauen bis heute trotz aller Unterdrückung weniger fremdbestimmt handeln als Jungen und Männer, können wir immer wieder beobachten.)

Jesus vergleicht bei Matthäus und Lukas die Malkhut (= Gottesherrschaft) mit »einem Sauerteig, den eine Frau nahm und unter drei Scheffel Mehl mengte, bis es ganz durchsäuert war«[11]. Im Gärungsprozeß des Sauerteigs wie auch im Wachstumsprozeß des Senfkorns veranschaulicht Jesus die Malkhut. In beiden Fällen handelt es sich um ganz natürliche Prozesse, die dann stattfinden, wenn sie vor äußerem Eingreifen geschützt und geduldig in Ruhe gelassen werden. Nicht Aktivität um jeden Preis, wie patriarchale Muster sie insbesondere von Männern fordern, sondern das sich jenen Entfaltungsmöglichkeiten Überlassen-Können, die allem Lebendigen innewohnen, ist hier von höherer Bedeutung. Weibliche Passivität erhält somit bei Jesus ihren höchsten Wert.

Es ist sicher nicht von ungefähr, daß Jesus den Gärungsprozeß des Sauerteigs als Analogie für die Gottesherrschaft benutzt, fordert er doch mit diesem Bild gängige jüdische Vorstellungen heraus, nach denen »Sauerteig als Bild der

Unreinheit gelten kann«[12]. Als höchstes Fest feiert Israel das Fest der *un*gesäuerten Brote und läßt für eine Woche allen Sauerteig aus dem Hause schaffen. Auch heute noch ist es jüdischen Bäckern in Jerusalem verboten, während dieser Zeit Sauerteig zu verwenden. Jesus bricht in diesem Gleichnis mit gängigen patriarchalen Vorstellungen von rein und unrein, nach denen Sauerteig und Frau in die zweite Kategorie gehörten. Für Jesus sind sie gerade gut, das Wirken des Göttlichen zu veranschaulichen. Es spricht vieles dafür, daß es nicht nur im Gleichnis die Frau ist, die mit ihrer Tätigkeit die Gottesherrschaft einleitet.

Ist es bei Matthäus und Lukas der Prozeß des Gärens, der analog gesehen wird zum Wachsen der Malkhut, so im koptischen Thomasevangelium die Frau selbst, die mit ihrem Handeln das Gottesreich versinnbildlicht. Dort sagt Jesus: »Das Königreich des Vaters gleicht einer Frau. Sie nahm ein wenig Sauerteig, tat ihn ins Mehl und machte ihn zu großen Broten. Wer Ohren hat, der höre!«[13] Hier zeigt sich wie in vielen anderen Texten auch, wieviel unbefangener gnostische Schriften die Frau in die Nähe des Göttlichen rücken, ja es sogar mit diesem identifizieren. Daß im Reich Gottes weiblich-matriarchale Verhältnisse herrschen, läßt sich auch weiteren Gleichnissen entnehmen. Während das Patriarchat seine Freude an den Mächtigen hat, die sich durchsetzen, herrscht im Bereich des Göttlichen Freude über das Verlorene, das wiedergefunden wurde – eine Freude, die Jesus analog sieht zur Freude einer Frau über den wiedergefundenen Groschen, die sie mit ihren Freundinnen und Nachbarinnen teilt[14]. Was einmal verloren war, wird um so mehr geliebt und nicht etwa abgeschrieben, denn es zeichnet sich aus durch größere Bedürftigkeit. Ist nicht auch die Liebe einer Mutter dafür bekannt, daß sie gerade dem Sorgenkind in ganz besonderer Weise gilt? Diese Ausrichtung der Liebe an der Bedürftigkeit ist nicht nur typisch weiblich, sie scheint auch einem matriarchalen Prinzip entsprochen zu haben. An den Gepflogenheiten matriarchaler Kulturen fällt insbesondere auf, daß die Werte und Tätigkeiten der Menschen an ihren wahren Bedürfnissen ausgerichtet sind und nicht in den Dienst der Mächtigen gestellt werden, wie dies im Patriarchat der Fall ist, wo ein beträchtlicher Teil der Menschen an Übergewicht oder aber an Unterernährung stirbt.

Auch das Reich Gottes, wie es Jesus beschreibt, ist an den Bedürfnissen und nicht an den Leistungen der Menschen ausgerichtet. In Matthäus 20,1-16 vergleicht er es mit einem Arbeitgeber, der mehrmals am Tage auf den Marktplatz geht, um Arbeiter für seinen Weinberg anzuheuern. Selbst eine Stunde vor Arbeitsschluß findet er dort noch Arbeitslose und stellt sie ein. Am Abend läßt er allen den gleichen Lohn auszahlen und weist den Verwalter an, bei den letzten zu beginnen. Nun berichtet das Gleichnis nicht etwa über die Freude der zuletzt Hinzugekommenen über den Tageslohn, den sie für eine Stunde Arbeit erhalten – sie ist wohl allzu selbstverständlich –, sondern es beschreibt vielmehr die Empörung jener Arbeiter der ersten Stunde, die sich einen höheren Lohn versprachen, als ursprünglich ausgemacht. Sie leben noch in einem Vorstellungsmuster, das sich ausschließlich an der Leistung des Menschen orientiert, ohne andere Faktoren, wie zum Beispiel die Bedürftigkeit, mit einzubeziehen. Wer diese außer acht läßt, dem wird die Vorstellung von Gerechtigkeit zur Ursache für weitere Ungerechtigkeit. Haben nicht auch die Arbeiter der letzten Stunde, die vorher von niemandem angeheuert worden waren, das Bedürfnis, einen Tageslohn mit nach Hause zu bringen, um ihre Familien zu ernähren?

Der Arbeitgeber verteidigt sich gegen die Vorwürfe jener Arbeiter, die ihn der Ungerechtigkeit bezichtigen: »Steht es mir nicht frei, mit dem Meinigen zu tun, was ich will? Oder ist dein Auge neidisch, weil ich gütig bin?«[15] Hier beruft sich ein Mächtiger auf die Freiheit zur Güte, während die Mächtigen dieser Welt nur die Freiheit zur Ausbeutung Abhängiger, zur Willkür und zur Durchsetzung eigener Interessen zu kennen scheinen. Mit dem zweiten Satz aber entlarvt er die Motive der Empörten, bei denen sich angeblich der Gerechtigkeitssinn gemeldet hatte, als sie sich beschwerten. Sie konnten eine Behandlung anderer jenseits des Leistungsprinzips nicht ertragen, weil sie neidisch waren und im Bannkreis des patriarchalen Habenmodus lebten, den Erich Fromm ausführlich beschrieben hat. Die Arbeiter der ersten Stunde stellen sozusagen den Anfang dieser Orientierung dar, die auf Eigentum und Profit ausgerichtet ist und ganz »zwangsläufig das Verlangen nach Macht, ja die Abhängigkeit von Macht (gebiert ...). Im Habenmodus findet der Mensch sein Glück in der Überlegenheit gegenüber anderen, in seinem Machtbewußtsein und in letzter Konsequenz in seiner Fähigkeit, zu erobern, zu rauben und zu töten. Im Seinsmodus liegt es im Lieben, Teilen, Geben.«[16]

Auf dem Hintergrund dieser Erkenntnisse Fromms läßt sich recht gut verfolgen, wie stark sich das patriarchale Christentum im Namen einer Habenorientierung, gepaart mit Männlichkeitswahn, erobernd, raubend und mordend einen Weg durch die abendländische Geschichte gebahnt und weltweit Karriere gemacht hat. Es ist *die* Antithese schlechthin zu jenem Reich Gottes, an dem Jesus seine Nachfolger ausrichten wollte, denen er immer wieder das Lieben, Teilen und Geben ganz im Sinne des Seinsmodus empfahl. Die offenkundigen Schwierigkeiten, die die Kirche mit diesen Seinswerten hatte, treten bereits bei den Jüngern zutage. Bei Matthäus wird das Gleichnis als eine Antwort auf eine Frage verstanden, die Petrus aufgeworfen hatte. »Siehe, wir haben alles verlassen und sind dir nachgefolgt, was wird uns also zuteil werden?«[17] Hier wird bereits das Problem des gerechten Lohns für besondere Leistungen akut, nachdem Jesus dem reichen Jüngling zur Erlangung des ewigen Lebens zuvor empfohlen hatte, alles zu verkaufen, es den Armen zu geben und mit ihm zu ziehen. Genau das aber hatten die Jünger doch getan und konnten daher – wie sie meinten zu Recht – eine besondere Stellung im Reich Gottes erwarten. Mit seinem Gleichnis mutet Jesus ihnen zu, sich als die Arbeiter der ersten Stunde wiederzuerkennen. Matthäus versteht es »als an die Jünger gerichtete Warnung, nicht durch Lohnansprüche und Überlegenheitsgefühle sich über andere zu erheben«[18]. Trotz dieser eindeutigen Absicht finden wir bei Matthäus einen recht unpassenden Einschub als unmittelbare Antwort an Petrus, der im Paralleltext des Markus keine Vorlage hat. Auf dem Hintergrund des Gleichnisses ist es wohl kaum möglich, daß Jesus dem Petrus geantwortet haben kann: »Wahrlich, ich sage euch, ihr, die ihr mir nachgefolgt seid, werdet in der Wiedergeburt, wenn der Sohn des Menschen auf dem Throne seiner Herrlichkeit sitzen wird, auch auf zwölf Thronen sitzen, um die zwölf Stämme Israels zu richten.«[19] Hinter dieser recht partikularistischen Verheißung, die Jesus in den Mund gelegt wird, erkennen wir leicht das Produkt männlicher Machtgelüste, sozusagen die Kompensation jener Position, die ihnen Jesus als »Letzte« und »Diener aller« zugedacht hatte. Viel wahrscheinlicher erscheint mir, daß Jesus jenen, die um des Reiches Gottes willen ihr Zuhause aufgeben, das Finden einer neuen Heimat mit neuen zwischenmenschlichen Beziehungen verheißt, wie es anschließend bei Matthäus und Markus wie auch bei Lukas durchklingt. Im übrigen werden sie als Folge ihrer Entscheidungen im diesseitigen Leben am ewigen Leben teilhaben[20]. Und dann folgt bei allen drei Evangelisten als Abschluß dieses Gesprächs, dem Matthäus das Gleichnis der Arbeiter im Weinberg folgen läßt, das Jesus-Wort: »Viele aber, welche Erste sind, werden Letzte sein und die Letzten Erste.«

Welch ein eminent wichtiger Problemkreis hier angeschnitten wird, zeigt sich darin, daß bereits einige Verse weiter dieselbe Fragestellung noch einmal auftaucht. Diesmal sind es seine Jünger Johannes und Jakobus, die von ihm fordern (Matthäus läßt ihre Mutter für sie bitten): »Verleihe uns, daß wir einer zu deiner Rechten und einer zu deiner Linken sitzen dürfen in deiner Herrlichkeit.«[21] Bis in die Tierwelt hinein bestimmt die Rangfrage männliches Verhalten und Denken. Sie erweist sich als *der* Motor des Patriarchats; denn solange es Männern Machtpositionen verheißt – und wenn es nur die Herrschaft über Frau und Kinder ist –, so lange hat es eine feste Basis. Andererseits gibt die Machtfrage auch immer wieder Anlaß zum Streit in der Männerwelt. So heißt es auch von den übrigen Zehn, daß sie, als sie von dem Ansinnen der beiden Jünger hörten, anfingen, über Jakobus und Johannes unwillig zu werden. Da sie ihre Lektion anscheinend immer noch nicht gelernt haben, sieht sich Jesus veranlaßt, sie noch einmal intensiv zu belehren. Er »ruft sie zu sich und sagt zu ihnen: Ihr wißt, daß die, welche als Fürsten der Völker gelten, sie knechten und ihre Großen über sie Gewalt üben. Unter euch soll es nicht so sein, sondern wer unter euch groß sein will, sei euer Diener, und wer unter euch der Erste sein will, sei euer Knecht, wie der Sohn des Menschen nicht gekommen ist, damit ihm gedient werde, sondern damit er diene.«[22] Mit diesen Worten Jesu geben die Evangelisten »die Grundordnung der Gemeinde« wieder[23], die sich als Übungsort männlichen Dienens verstehen soll und den Männern die Möglichkeit bietet, »Dienst als Weg zur Größe«[24] zu erfahren. Als Ausdruck des Willens Jesu schwebt den Evangelisten eine Gemeinde vor Augen, »die keine Hierarchie kennt, die freie Gemeinde, ... die Gemeinde ohne Priestertum und Altar, in der nicht geherrscht, sondern gedient wurde«[25]. Eine solche Gemeinde hat es wohl nur in der Anfangszeit gegeben, als das Christentum von Außenstehenden eine »Religion der Frauen und Sklaven« genannt wurde.

Der Kampf, den die Jünger im Neuen Testament untereinander austragen, wurde von ihnen selbstverständlich auch gegen die Jüngerinnen gerichtet, deren anfänglich gleichberechtigte Position ihnen von Anfang an ein Dorn im Auge gewesen sein muß. Gnostische Texte geben darüber beredte Kunde. Sehr bald gingen die Nachfolger Jesu dazu über, alle dienenden Tätigkeiten innerhalb der Gemeinde den Frauen – insbesondere den Witwen – zu übertragen, während sie selbst der Gemeinde in Machtpositionen »dienten« – und das, obwohl Jesus nicht an einer Stelle des Neuen Testaments der Frau das Dienen empfiehlt, den Männern hingegen mehrfach. Statt dessen weigert er sich, in dem Streit, den Martha als pflichtbewußte Hausfrau vom Zaune bricht, Maria auf die dienende Rolle festzulegen, und bestätigt ihr, sie habe das gute Teil erwählt, und das solle nicht von ihr genommen werden[26]. Nicht im Dienen bestätigt er das weibliche Geschlecht, im Unterschied zum männlichen, sondern in der geistigen Betätigung, die der Frau durch die Geschichte des Patriarchats hindurch immer wieder verboten wurde. Auch hier erweist sich die Wirklichkeit, die Jesus für das zwischenmenschliche Miteinander im Auge hat, als das genaue Gegenteil zu den männlich konzipierten Gesellschaftsstrukturen. Das Reich Gottes, die Malkhut oder Schechina, die Jesus durch konsequentes Handeln auf der Grundlage weiblicher Prinzipien wieder in diese Welt brachte und zu deren Verwirklichung und Weitergabe er seine Jünger beauftragte, ist also von Anfang an gefährdet durch das Verbleiben seiner Jünger im Habenmodus, der sich im Lohn- und Machtstreben ausdrückt. Wie fatal sich diese mangelnde Umkehr auswirkte und welchen Schrecken sie auch in der frühen Gemeinde verbreitete, zeigt uns jene Geschichte von Ananias und Saphira, von der in der Apostelgeschichte des Lukas berichtet wird.

Nach diesem Bericht scheinen mit dem Beginn der christlichen Gemeinde ein Stück weit matriarchale Verhältnisse in diese Welt eingekehrt zu sein. Die Gläubigen verkauften ihren Besitz, um ihn miteinander zu teilen. Den Erlös verkaufter Güter »legte man zu der Apostel Füßen, und man gab einem jeglichen, was ihm not war«[27]. Das war in der Tat die Verwirklichung jener Utopie, die Jesus mit dem Gleichnis der Arbeiter im Weinberg verkündet hatte und die er sich als einen Ausdruck göttlicher Güte vorstellte. Von dieser Güte ist nun allerdings in jener Begebenheit, die sich in der frühen Gemeinde abspielte, nichts mehr zu spüren.

Auch das Ehepaar Ananias und Saphira hatte seinen Besitz verkauft, traute sich aber nicht, den ganzen Erlös »zu der Apostel Füße« zu legen, und brachte es nur fertig, sich von der Hälfte des Geldes zu trennen. Petrus wird mißtrauisch und befragt Ananias über den wahren Erlös. Dieser bleibt aber dabei, daß es sich bei jenem Geld um die ganze Summe handle. Doch Petrus läßt nicht locker und hält ihm vor: »Du hast nicht Menschen, sondern Gott gelogen.«[28] Petrus, der die Befragung vorgenommen hatte und auch belogen worden war, identifiziert sich hier also bereits mit Gott, was ihm dann allerdings einen gewaltigen Machtzuwachs einbrachte. »Da Ananias aber diese Worte hörte, fiel er nieder und gab den Geist auf. Und es kam eine große Furcht über alle, die dies hörten.«[29] Solche Worte kennen wir aus dem Munde Jesu nicht – und auch nicht solche Wirkung. Waren die Knechte mächtiger als ihr Meister? Wie so ganz anders hatte Jesus mit dem reichen Jüngling gesprochen und sich damit begnügt, traurig darüber zu sein, daß dieser sich nicht dazu entschließen konnte, alles zu verkaufen, was er hatte.

Drei Stunden nach dem Vorfall in der Gemeinde kam die

Frau des Ananias völlig ahnungslos und wurde von Petrus in gleicher Weise befragt wie ihr Mann zuvor. Der Schrecken, der über die Gemeinde gefallen war, muß sich bei Petrus rasch wieder aufgelöst haben, denn er treibt sein grausames Spiel noch einmal und prophezeit ihr mit einer unnachahmlichen Herzenskälte: »Siehe, die Füße derer, die deinen Mann begraben haben, sind vor der Tür und werden dich hinaustragen. Und alsbald fiel sie zu seinen Füßen und gab den Geist auf... Und es kam eine große Furcht über die ganze Gemeinde und über alle, die solches hörten.«[30] Hatte Petrus wirklich das Recht, eine Lüge so unnachgiebig zu ahnden, wo doch er selbst noch einige Zeit zuvor seinen Herrn gleich dreimal verleugnet hatte? War es wirklich im Sinne Jesu, die Gemeindezucht zwei Menschenleben kosten zu lassen? Statt zum Diener, der die Schafe weidet, wird Petrus hier zum Zuchtmeister der Gemeinde und beeindruckte damit auch andere Gemeindeleiter. In die matriarchalen Verhältnisse schleicht sich von Anfang an patriarchales Macht- und Rachedenken ein. Persönliche Bereicherung oder das Horten von Gütern wird in matriarchalen Kulturen nur mit dem Ausschluß aus der Gemeinschaft geahndet, nicht aber mit dem Leben.

Wie Erich Fromm schreibt, verraten jene, die heute »Gerechtigkeit im Sinn absolut gleicher Verteilung aller Güter fordern, daß ihre Habenorientierung ungebrochen ist und daß sie sie lediglich durch ihre Versessenheit auf völlige Gleichheit verleugnen. Hinter dieser Forderung ist ihre wahre Motivation erkennbar: Neid.«[31]

Echte Wandlung, um die es Jesus ja ging, ist etwas ganz anderes als die Verkehrung einer Einstellung in ihr genaues Gegenteil, mit der wir es hier zu tun haben; sie ist vielmehr ein Reifungsprozeß, auf den Jesus in seinen Reichgottesgleichnissen immer wieder hingewiesen hatte. Von dieser echten Wandlung ist bei dem Starapostel Petrus nichts zu spüren. Gerade weil dieser selbst seinem Herrn gegenüber in jener letzten Nacht vor dessen Ermordung als Lügner schuldig geworden war, hätte er für das Ehepaar, das erst begonnen hatte, mit der Lehre Jesu vertraut zu werden, weitaus größeres Verständnis aufbringen müssen. Statt dessen scheint es, als bürde er den beiden Menschen seine eigene verdrängte Schuld mit auf; anders ist der Todeswunsch ihnen gegenüber wohl kaum zu erklären. Die Projektion eigener Schuldanteile kann als Grundlage dieses Dramas kaum übersehen werden.

Mit Petrus war also der neue Mann noch nicht geboren. Die alten Strukturen blieben erhalten. Die Sinneswandlung hatte nicht stattgefunden. Nicht Liebe und Dienstbereitschaft kennzeichnen das Verhalten des Petrus, sondern der absolute Wille, der Gemeinde den »Machterweis Gottes« vor Augen zu führen, der sich kaum von einem Terrorsystem unterscheidet. Hatten nicht schon zu Jesu Lebzeiten zwei seiner Jünger Feuer vom Himmel fallen lassen wollen über jene, die es abgelehnt hatten, sie zu beherbergen? Auf dieses Ansinnen hatte Jesus ihnen geantwortet: »Wisset ihr nicht, welches Geistes Kinder ihr seid? Des Menschen Sohn ist nicht gekommen, der Menschen Seelen zu verderben, sondern zu erhalten.«[32] Vielleicht hätte Petrus diese Worte Jesu länger behalten und in seinem Herzen bewegen sollen, wie Lukas dies von Maria in seiner Weihnachtsgeschichte berichtet. Doch anders als Jesus war er eben nicht bereit, von Frauen zu lernen, sah er sie doch von Anfang an als seine Konkurrentinnen an[33].

Die Gefährdung des Reiches Gottes, der Anwesenheit des Göttlichen als Schechina, um die es Jesus in Lehre und Handeln in erster Linie geht, ist also von Anfang an gegeben. Darum hatte Jesus bereits gewußt, und er kannte auch den Ursprung dieser Gefährdung, wußte, daß er im männlichen Geschlecht wie auch in den patriarchalen Strukturen dieser Welt lag. Das läßt sich an zwei Beispielen veranschaulichen. Im Gleichnis vom Sämann[34] spricht Jesus vom Geschick seiner Botschaft vom Reich Gottes. Was geschieht mit ihr, nachdem er sie einmal ausgesät hat? Ein Teil fällt auf den Weg und wird von den Vögeln gefressen. Auf dem Boden der Verständnislosigkeit kann nun einmal nichts gedeihen. Der Boden ist genauso wichtig wie das Saatgut, die Seelen der Menschen sind so wichtig wie die Lehre Jesu. Ein weiterer Teil des Saatguts scheitert an einem ähnlichen Problem, es fällt auf felsigen Boden, so daß sich keine Wurzeln bilden können. Hier fehlt es am Tiefgang der Seele, dessen die Botschaft Jesu bedarf, wenn sie wirken soll. Wieder ein Teil der Saat fällt unter die Dornen und wird dort erstickt. Gemeint sind jene, die »das Wort gehört haben, und die Sorgen der Welt und der Trug des Reichtums und die Begierden nach andern Dingen dringen ein und ersticken das Wort, und es bringt keine Frucht«[35]. Der Text liest sich wie eine Aufzählung patriarchaler Erziehungs- und Sozialisationsfehler, die die Folge einer an geistigem Tiefgang mangelnden und statt dessen auf materialistisches Denken und Streben abgerichteten Gesellschaft sind. Daß sich aber bereits die Jünger aufgrund ihres Unverständnisses als »der falsche Boden« erweisen, hat für die Botschaft Jesu fatale Folgen. So wird sie durch männliches Machtstreben und ungelöste Schuldprobleme bereits im Keime erstickt.

Wie wichtig aber die Lösung seelischer Probleme als Grundlage für die Umkehr aus dem patriarchalen Denk- und Verhaltensmuster ist, wozu insbesondere der bewußte Umgang mit eigener Schuld gehört, zeigt Jesu Erläuterung der Tatsache, daß seine Reden von vielen als rätselhaft empfunden und nicht verstanden werden: »Sie sehen mit den Augen und erkennen nicht. Sie hören mit den Ohren und verstehen nicht; es sei denn, sie kehren um und ihnen wird vergeben.«[36] Die sich mit dieser Textstelle ergebenden Schwierigkeiten, die aus den Eigenbearbeitungen der Evangelisten resultieren, wurden hier ausgeklammert[37].

Umkehr und Vergebung sind die beiden Schlüsselworte zum Verständnis der zentralen Botschaft Jesu. »Tut Buße (kehrt um), das Himmelreich ist nahe herbeigekommen!« So lautet der Aufruf, mit dem Jesus seine Tätigkeit als Wanderprediger beginnt[38]. Beide Evangelisten stellen das Zentrum der Botschaft Jesu an den Anfang seines öffentlichen Auftretens und machen damit deutlich, wie abhängig das Kommen der Gottesherrschaft als Schechina in diese Welt von der Umkehrbereitschaft der Menschen ist. Für das äußere Sichtbarwerden der Schechina, die durch die Abwertung weiblichen Seins nicht mehr wahrgenommen werden kann und die nun in der Gestalt Jesu unter die Menschen tritt, bedarf es noch jenes zweiten Faktors der Vorbereitung der Menschen auf ihre Gegenwart; »es sei denn, sie kehren um und ihnen wird vergeben«, anders wird es ihnen nicht gelingen, die Schechina wahrzunehmen oder gar selbst zu verwirklichen. Solange Menschen nicht bereit sind, ihrer Schuld ins Auge zu sehen (und das ist ja die Bedingung für ihre Vergebung), solange sie psychologisch gesprochen ihren eigenen Schatten weiterhin verdrängen und auf andere Menschen projizieren, so lange kann es nicht zu einer Manifestation der Schechina auf breiter Ebene kommen, so lange verzögert sich ihre Parusie.

Die Schechina beginnt im Innern des Menschen. Das läßt Lukas Jesus zu den Pharisäern sagen, als sie ihn fragen, wann das Reich Gottes komme. Es »kommt nicht so, daß man es beobachten könnte. Man wird auch nicht sagen: Siehe, hier! oder: dort! Denn siehe, das Reich Gottes ist inwendig in euch.«[39] Es ist verständlich, daß die Exegese dieser Worte den Theologen immer besondere Schwierigkeiten bereitet hat, die meines Erachtens weniger theologischer als vielmehr psychologischer Art sind, da sie immer dazu neigen, das Göttliche aus dem Menschen hinauszuverlagern, statt es als eine dem Menschen innewohnende Möglichkeit anzuerkennen. Dementsprechend ziehen viele von ihnen die Übersetzung, »... das Reich Gottes ist in eurer Mitte«, vor und machen es dann an Jesus selbst fest. Auf der Grundlage des Griechischen sind beide Übersetzungen möglich, doch hat der amerikanische Neutestamentler Colin H. Roberts bereits vor 40 Jahren »eine neuartige, aus dem Sprachgebrauch der Papyri gewonnene Deutung« vorgelegt. In zwei Papyrus-Texten hat der hier gebrauchte griechische Begriff die Bedeutung von »in der Hand von; zur Verfügung«, so daß Roberts zu dem Schluß kommt, »das Reich ist gegenwärtig, aber seine Gegenwart sei eine bedingte; sie sei abhängig von dem Willen und den Taten der Menschen«[40]. Diese Deutung steht in vollem Einklang mit anderen Jesus-Worten wie zum Beispiel Lukas 11,9: »Bittet, so wird euch gegeben; suchet, so werdet ihr finden; klopfet an, so wird auch aufgetan.« Die Verwirklichung göttlicher Kräfte ist demnach an das Verhalten des Menschen gebunden. Allein kann Jesus das Reich Gottes nicht verwirklichen. Er ist darauf angewiesen, daß sich Menschen an seine Seite stellen und ihm in ihrem Tun nachfolgen. Diese Menschen müssen Männer sein, da sie die hauptsächlichen Träger der patriarchalen »Ordnung« sind und nur ihre Umkehr die Strukturen abschaffen kann, die die volle Verwirklichung der Schechina immer wieder verhindern. Frauen brauchen nicht gewonnen zu werden, da sie ja bereits Trägerinnen der »neuen« (das heißt ihrer eigenen) Werte sind, was natürlich mit der zunehmenden Patriarchalisierung des weiblichen Geschlechts immer fragwürdiger wird. Allzu lange wurde den Frauen und Mädchen suggeriert, daß die von ihnen verkörperten Werte nichts gelten und sie eigentlich erst richtig vollwertig sind, wenn sie ihr Denken und Handeln an männlichen Wünschen und Kriterien ausrichten. Nur wenn sie die ihnen eigenen Werte auch weiterhin verkörpern und mit ihnen bewußter umzugehen lernen, können sie auch weiterhin die Schechina in sichtbarer Gestalt veranschaulichen. Durch das weibliche Geschlecht (mit einzelnen Ausnahmen natürlich!) wie auch durch eine kleine Minderheit von Männern ist dieses Gottesreich »über die Erde ausgebreitet, und die Menschen sehen es nicht«, könnten wir mit dem Schreiber des Thomasevangelium formulieren[41], der Jesus außerdem sagen läßt: »Aber das Königreich ist inwendig in euch und außerhalb von euch.«[42] Wie stark dieses sich durch weibliche Werte verkörpernde Königreich durch männliche Verhaltensweisen gefährdet ist, deutet an anderer Stelle Matthäus an, wenn er schreibt: »Aber von den Tagen Johannes des Täufers an bis jetzt leidet das Himmelreich Gewalt, und die Gewalt tun, die reißen es an sich.«[43] In welchem Jahrhundert des christlichen Äon hätte diese Formulierung nicht auch auf das weibliche Geschlecht zugetroffen? Ein Exkurs durch die Frauengeschichte könnte das ganz eindeutig belegen. Er muß aber hier unterbleiben. Bis heute macht sich das Patriarchat weibliche Energien für seine zerstörerischen und gewalttätigen Machenschaften zunutze. Mit dem weiblichen Geschlecht erleidet auch die Schechina Gewalt; sie wird »behindert durch Männer der Gewalt (men of violence)«[44].

Das dem Matthäus-Text zugrundeliegende griechische Verb bedeutet: »etwas mit Gewalt (fest, schnell oder gierig) nehmen«[45]. Die Assoziation mit einem eine Frau oder ein

Mädchen vergewaltigenden Mann kommt an dieser Stelle wohl nicht von ungefähr. Natürlich gibt es auch noch andere Assoziationsmöglichkeiten im Bereich männlichen Verhaltens.

In seiner Deutung des Textes weist Schrenk auf die Parallele zwischen dem Leidensweg Jesu und jenem der Schechina. Er schreibt: »Wenn aber weiter die βασιλεία (Basileia, griechisch = Schechina oder Malkhut, hebräisch) hier unter der Bedrängnis durch Gewalttätige gezeigt wird, die ihr hindernd und hemmend in den Weg treten, so wird also gerechnet mit der ernsten Tatsache, daß die Gottesherrschaft nicht in selbstverständlicher Direktheit alle Widerstände spielend entwaffnet. Sie begibt sich vielmehr auf einen Leidensweg, ungeachtet der göttlichen Herrscher-Souveränität, die gerade in diesem Grundbegriff des Glaubens zum Ausdruck kommt. Es ist nicht belanglos, daß βιάζεσθαι (= Gewalt anwenden, C.M.), das Jesus erfährt, ganz parallel auch von der (... Basileia) ausgesagt wird. Sowie sie in diese Zeitlichkeit wirksam eintritt, ist sie auch der feindlichen Gewalttat ausgesetzt«.[46]

In der Tat haben Gewalttäter die Schechina an sich gerissen und so verhindert, daß Menschen in dieses göttliche Reich eintreten können. Daß aber diese Gewalttäter bereits unter den Aposteln zu finden sind, wie ich am Beispiel des Petrus dargelegt habe, dürfen Christen nicht wissen, weil Theologen es nicht erkennen wollen. Ihre Augen sind förmlich durch ihr Mannsein gehalten. Sie schreiben lange Episteln über die Liebe als jene Kraft, in der sich die Gottesherrschaft verwirklicht, aber sie nehmen nicht zur Kenntnis, wo diese Liebe Tag für Tag konkret gelebt wird und wo und weshalb sie immer wieder auf der Strecke bleibt und mit Füßen getreten wird. Auch analysieren sie nicht, warum 2000 Jahre christlicher Glaube die Männerwelt so gar nicht vorangebracht hat auf dem Weg zur Verwirklichung des Reiches der Liebe und sie statt dessen ihre größten Erfolge nicht im Heilen, sondern in der Zerstörung des Lebens errang. So wird wohl auch weiterhin die christliche Gottesherrschaft auf sich warten lassen, während sich die Schechina weiter im Verborgenen hält.

Das Göttliche als Vater – das Ende der Väter

Wenn Jesus von der göttlichen Zuwendung zum Menschen im Bild des Vaters spricht, so ist er weit davon entfernt, daraus eine patriarchale Theologie zu entwickeln, wie Theologen dies immer getan haben und bis heute noch tun. Auch verbindet er seine Vorstellungen vom Göttlichen als Vater an keiner Stelle mit der Sinai-Tradition seines Volkes. Der alttestamentliche Gott des Exodus, der sich für ein ganz bestimmtes Volk und damit gegen andere Völker entschieden hat, schimmert an keiner Stelle seines Vaterbildes durch.

Wie Günther Bornkamm schreibt, hat die Vaterbotschaft Jesu »ihre bestimmende Mitte überhaupt nicht in wiederholender Aufnahme des allgemeinen Satzes: Gott ist Vater, sondern in der Ansage und im Zuspruch eines umfassenden, letztgültigen, heilbringenden Geschehens. Sie rückt damit in den engsten Zusammenhang seiner Reich-Gottes-Botschaft.«[47] Nicht das exklusive Vatersein Gottes in Abgrenzung zu orientalischen Vorstellungen vom Muttersein der Gottheit bestimmt seine Gottesbilder, sondern eine ganz bestimmte Form väterlichen Verhaltens, die uns Aufschluß geben soll über göttliches Handeln. Der Vatergott steht also keinesfalls im Zentrum der Botschaft Jesu, sondern reiht sich ein in die Bilder von der Schechina und ist von dieser nicht zu unterscheiden. Das wird heute leider konstant übersehen. Wenn Frauen die Berechtigung der Exklusivität des männlichen Vaterbildes in Frage stellen, so erhalten sie häufig die Antwort, Jesus habe in verbindlicher Weise das Göttliche an die Vorstellung vom Vater gebunden. Als Beweis für diese Auffassung wird dann regelmäßig das Vaterunser angeführt, das somit als unveräußerlicher Kern eines rein männlichen Gottesbildes fungieren muß.

Auf diese Weise aber wird das sogenannte »Herrengebet« mißbraucht; denn es liegt nicht in seiner Absicht, das Göttliche auf Männlichkeit zu fixieren. Vielmehr will Jesus mit seiner knappen vertraulichen Anrede Gottes bestimmte Gebetsformen, die sich einer »Häufung von Ehrenprädikaten und Beinamen Gottes«[48] bedienen, außer Kraft setzen. Er

»erklärt diese Art des Betens als Wahn«[49]. Die zu seiner Zeit übliche Gebetspraxis des wortreichen Geplappers entlarvt er als Heuchelei und als übertriebene Angst und Sorge um das alltägliche Leben. Statt dessen soll menschliches Gottvertrauen die Basis des Gebets sein, das davon ausgeht, daß »euer Vater weiß, was ihr nötig habt, längst ehe ihr bittet«[50]. An die Stelle der wortreichen Ehrenbezeichnungen Gottes, die vielfach patriarchale Machtverherrlichung widerspiegeln, setzt Jesus die schlichte »aramäische unfeierliche vertraute Anrede ›Abba‹, die ungewöhnlich, ja für jüdische Ohren befremdlich ist«[51]. Hier geht es nicht um die Fixierung des Göttlichen auf ein männliches Geschlecht, sondern um das Ablösen von alten Gottesvorstellungen, die zu seiner Zeit auf der Grundlage patriarchalen Machtverständnisses und nationaler Exklusivität kursierten. Leider wird viel zuwenig berücksichtigt, daß die Gottesanrede Jesu nicht »Vater«, sondern »Abba« ist, eine kindliche Lallform, die am besten mit »Papa« übersetzt wird. Sie bringt zum Ausdruck, daß nicht patriarchaler Machtanspruch das Vaterbild Jesu verkörpert, sondern es vielmehr Adressat des menschlichen Vertrauens ist, das in dem Urvertrauen eines Kindes zu seinen ersten Bezugspersonen seinen Ausdruck findet. Jürgen Moltmann ist in diesem Zusammenhang zuzustimmen, wenn er schreibt: »Wollte man auf den Ursprung des kindlichen Grundvertrauens zurückgehen, das sich im Abbawort ausdrückt, dann würde man sogar eher auf die Mutter als auf den Vater stoßen. Wenn Jesus Gott selbst mit diesem Namen anredet, dann liegt der Akzent gewiß nicht auf der Männlichkeit des Vatergottes, sondern auf der unerhörten Nähe seiner Beziehung zu seinem göttlichen Geheimnis ... Der Abba Jesu ist der Gott, der auf mütterliche Weise sich der Verlassenen ›erbarmt‹ und einmal ›abwischen wird alle Tränen von ihren Augen‹ (Offb 21,4).«[52]

Mütterlichkeit als Basis des jesuanischen Vaterbildes klingt auch noch an anderer Stelle des Neuen Testaments durch, und zwar in jenem Paradebeispiel göttlichen Verhaltens, wie es im Gleichnis vom verlorenen Sohn beschrieben wird, das nur Lukas überliefert[53]. Es ist das dritte Gleichnis jener Reihe, die die göttliche Freude über das Verloren-Geglaubte, das wiedergefunden wurde, im Bild des Hirten, der sein Schaf, sowie im Bild der Frau, die ihre Drachme wiederfindet, beschreibt. Schon allein dieser Rahmen macht auch hier wiederum deutlich, daß das von Jesus gebrauchte Bild des Vaters für das Göttliche nicht als Fixierung auf Männlichkeit verstanden werden darf. Alle drei Gleichnisse sind vielmehr eine Antwort auf das Murren der Pharisäer und Schriftgelehrten, die Jesus vorwarfen: »Dieser nimmt Sünder an und ißt mit ihnen.«[54] Mit den Gleichnissen begegnet Jesus einer reduzierten Gottesvorstellung, die sich gegen Unreine abgrenzt, zu denen ganz besonders auch Hirten und Frauen gerechnet wurden. Noch einmal scheint es mir wichtig, festzuhalten, daß auch diese Gleichnisse ausschließlich an Männer gerichtete Belehrungen darstellen, da sie Antwort geben auf eine typisch männlich-patriarchalische Problemstellung, die im letzten Gleichnis konsequenterweise an zwei Söhnen veranschaulicht wird. »Die in der Erzählung vorausgesetzte Normalwelt spiegelt deutlich die rechtlichen und ökonomischen Verhältnisse einer patriarchalisch geordneten Haus- und Familiengemeinschaft, besonders deutlich zu erkennen aus dem Protest des sich murrend abseits haltenden älteren Bruders in der zweiten Szene (15,25 ff.), der sich gegenüber dem jüngeren zurückgesetzt glaubt und den Vater wegen seiner Ungerechtigkeit mit Vorwürfen überhäuft: ›Sieh, so viele Jahre diene ich dir und habe nie dein Gebot übertreten; aber mir hast du nie ...‹«[55]

Jesus benutzt hier eine durch und durch patriarchale Sozialstruktur, in der das Sohnverhälnis zum Vater auf der Grundlage von Besitz und Gehorsam geregelt ist, um ein Vaterbild darstellen zu können, das patriarchale Vorstellungsmuster hinter sich läßt. Der Vater Jesu zeichnet sich gerade dadurch aus, daß er ganz anders ist als die Väter des Patriarchats, deren Stärke zu keiner Zeit die Liebe zu ihren Kindern war, sondern die sich weitaus häufiger zwischen Tyrannei und Dressur, zwischen Erpressung und Gleichgültigkeit bewegten. In Ägypten schreibt der Weise Ptahhotep in der Mitte des 3. Jahrtausends v. Chr. zur Zeit der patriarchalen Morgendämmerung:

»Wenn du ein reifer Mann geworden bist,
dann schaffe dir einen Sohn, um Gott gnädig zu stimmen.
Wenn er gerade ist und sich zu deiner Art wendet,
sich um dein Gut in gehöriger Weise kümmert,
dann erweise ihm alles Gute;
er ist dein Sohn, er gehört zu den Zeugungen deines Ka,
du darfst dein Herz nicht von ihm trennen.

Aber der Same ist aufsässig.
Wenn er in die Irre geht, deine Pläne übertritt,
wenn er sich allem Gesagten widersetzt
und sein Mund geht mit üblen Reden,
verstoße ihn, er ist nicht dein Sohn,
er ist dir nicht geboren.«[56]

Bedingung für die väterliche Liebe ist nach der sich im Text widerspiegelnden Auffassung, daß der Sohn dem Vater ähnlich zu sein hat und sich als Verwalter seines Besitzes bewährt. Tut er das nicht und sprengt den Rahmen der väterlichen Vorschriften, so wendet sich der Vater von ihm und enterbt ihn. Er wird einfach vor die Tür des Vaterhauses gesetzt. *So* einfach haben es sich Mütter zu keiner Zeit mit ihren Kindern gemacht. Ihnen war es nicht möglich, so zu tun, als hätten sie ihre Kinder nicht geboren. Knapp 2000 Jahre später erweisen sich die Väter Israels allerdings als nicht weniger zimperlich als ihre ägyptischen Vorväter. Sie verfügen: »Wenn jemand einen eigensinnigen und ungehorsamen Sohn hat, der seines Vaters und seiner Mutter Stimme nicht gehorcht und, wenn sie ihn züchtigen, ihnen nicht gehorchen will, so sollen ihn Vater und Mutter greifen und zu den Ältesten der Stadt führen und zu dem Tor des Orts und zu den Ältesten der Stadt sagen: Dieser unser Sohn ist eigenwillig und ungehorsam und gehorcht unserer Stimme nicht und ist ein Schlemmer und Trunkenbold. So sollen ihn steinigen alle Leute der Stadt, daß er sterbe, und sollst also das Böse von dir tun, daß es ganz Israel höre und sich fürchte.«[57] Die Söhne Israels werden von ihren Vätern nicht mehr verstoßen, sondern ermordet. An ihnen soll ein Exempel statuiert werden, um das Volk das Fürchten zu lehren. Bis in unser Jahrhundert üben sich die Väter darin, den Willen ihrer

Kinder zu brechen und den ihren an seine Stelle zu setzen. Dabei ging es nicht etwa um das Erlernen sozialen Verhaltens oder gar um Nächstenliebe, sondern um gehorsame Nachfolge des Vaters, was immer dieser auch verlangen mochte. In diesem Anspruch waren sich wohl die Väter aller Kulturen einig. So sagt der Vater in der griechischen Tragödie zu seinem Sohn: »Komm her, Du wirst Dich nicht über dies ganze Blut erschrecken, wenn Du wirklich mein echtgeborener Sohn bist ... Recht bald wirst Du Dich in den rauhen Sitten des Vaters üben müssen, damit Du seinem Wesen gleichkommst.«[58]

Noch in jeder Generation haben patriarchale Väter ihren Söhnen das Kriegshandwerk aufgedrängt, nicht etwa um Mütter und Kinder zu verteidigen vor ihresgleichen, sondern in den meisten Fällen, um eigene Macht- und Besitzansprüche durchsetzen zu können. Durch die Jahrtausende hindurch unterscheidet sich väterliche »Liebe« von jener der Mutter dadurch, daß sie an ganz bestimmte Bedingungen geknüpft wird. Erich Fromm hat den Hintergrund patriarchaler Vaterliebe beschrieben: »Als sich im Laufe der Geschichte das Privateigentum entwickelte und Besitz von einem der Söhne geerbt werden konnte, wurde der Vater an dem Sohn interessiert, der ihn einmal beerben könnte Natürlich war es immer nur jener Sohn, der dem Vater als Nachfolger am geeignetsten schien – jener Sohn also, der ihm am meisten ähnelte und den er folglich am liebsten hatte. Vaterliebe ist bedingte Liebe. Ihr Grundsatz ist: ›Ich liebe dich, weil du meine Erwartungen erfüllst, weil du deine Pflicht tust, weil du mir ähnlich bist.‹«[59]

Dagegen zeichnet sich die Liebe der Mutter durch ihre Bedingungslosigkeit aus. Sie braucht nicht durch Gehorsam oder Anpassung erworben zu werden und kann daher – anders als die Vaterliebe – auch nicht verlorengehen. (Bei solchen Beschreibungen handelt es sich selbstverständlich nur um typische Verhaltensmuster, die nicht für jeden Einzelfall stimmen müssen.)

Betrachten wir auf diesem Hintergrund den Vater des Gleichnisses Jesu, so fällt sofort seine nicht-fordernde, bedingungslose Liebe ins Auge, die gerade nicht »väterlich« im patriarchalen Sinn ist. Obwohl der jüngere Sohn den Machtbereich väterlicher Autorität verlassen will, zahlt ihm der Vater widerspruchslos sein Erbe aus, womit er sein Sohnesrecht verliert[60]. Patriarchale Rechtsvorstellungen mißachtend, wartet der Vater auf den Tag der Rückkehr seines Sohnes und läuft ihm entgegen, nachdem er ihn von weitem erspäht hat. Doch nicht nur das, »er fiel ihm um den Hals und küßte ihn«[61]. Mütterlicher geht es wahrlich nicht; denn dieser Vater paßte zu keiner Zeit und in keiner Kultur zum patriarchalen Vaterbild. »Er läßt also den Sohn nicht vor sich niederfallen und sich Fuß oder Hand küssen, wie das normalerweise hätte geschehen müssen, sondern Umarmung und Kuß auf die Wange sagen dem jüngeren Sohn: als Sohn bewillkommnet und aufgenommen, ehe er noch ein Wort sprechen konnte. Dieses Verhalten des Vaters ist keine Selbstverständlichkeit, denn der Heruntergekommene hat durchaus damit rechnen müssen, daß der erzürnte und enttäuschte Vater ihn vom Hofe jagt.«[62]

Die Tatsache, daß dieser Vater weder Rechenschaft noch ein Schuldbekenntnis von seinem Sohn verlangt, hat in der Theologie zu der Frage geführt, »ob ein vorpaulinisches Evangelium von der sündenvergebenden Vaterliebe Gottes vorliege, das nicht vom Opfertod Jesu überschattet sei. Kogel hat gemeint: ›Wer diese Schwierigkeit noch nicht empfunden hat, der ist noch nicht in den vollen Gehalt der Erzählung eingedrungen.‹«[63]

Natürlich kann ich solchen Theologen nur zustimmen, denn die Ungereimtheiten hinsichtlich der »sündenvergebenden Kraft des Blutes Jesu« schreien nicht nur auf dem Hintergrund dieses Gleichnisses gen Himmel, wie ich bereits im vorigen Kapitel dargelegt habe. Der auf die Umkehr seiner Kinder wartende und zur Vergebung bereite Vatergott und jener, der die Vergebung von Schuld vom Glauben an den »am Kreuz für unsere Sünden dahingegebenen Gottessohn« abhängig macht, schließen einander aus; aber das wagt natürlich kein Theologe so klar auszusprechen.

Der Vater im Gleichnis denkt gar nicht daran, seinem Sohn, der »sein Vermögen in einem liederlichen Leben« durchgebracht hatte[64], einen Denkzettel zu verpassen oder ihn, der ja wohl als ein »Schlemmer und Trunkenbold« anzusehen war, gar steinigen zu lassen, wie es das alttestamentliche Gesetz vorsah. Statt dessen erhält der Sohn ein Festgewand, in dem sich die feierliche Freude des Vaters ausdrückt. »Ein Siegelring kommt an seinen Finger, der ihn als Sohn ausweist und, da mit solchen Ringen Verträge besiegelt werden, ihm Sohnesrecht verleiht.«[65] Außerdem werden ihm Sandalen angezogen, die ihn von den Sklaven des Hauses unterscheiden und ihn vor aller Welt als Sohn des Hauses ausweisen. Am festlich gedeckten »Tisch im Vaterhaus vollendet sich seine Wiederaufnahme als Sohn durch den Vater«[66]. Umkehr hat also nichts mit reuevollen Bußübungen zu tun, die die christliche Frömmigkeitsgeschichte durch viele Jahrhunderte hindurch kennzeichnen, sie ist vielmehr ein Akt des Vertrauens in die vergebenden göttlichen Kräfte. Umkehr heißt, daß ich den von mir eingeschlagenen Weg als falsch erkenne und, statt ihn weiter zu verfolgen, einen anderen Weg suche.

Doch bei Jesus ist der Vater nicht nur ein geduldig Wartender, der seine Arme ausbreitet, um seinen Sohn wieder in Liebe zu empfangen und für ihn zu sorgen, er ist auch der Werbende, der nicht zulassen will, daß in seinem Hause die Liebe zu kurz kommt, daß ein Sohn draußen bleibt und nicht teilhat an seiner festlichen Liebesfreude. Er möchte auch den älteren Sohn, der sich aus Neid ins Abseits begibt, integrieren, da ohne ihn die ganze Freude nicht gewährleistet wäre. Und so scheut er sich nicht, als Bittender zu ihm zu gehen. Ob er mit seiner Bitte erfolgreich war, läßt das Gleichnis offen. Es endet mit den Worten des Vaters, die er als Antwort auf die heftigen Vorwürfe des Sohnes spricht: »Kind, du bist allezeit bei mir, und mein ganzer Besitz ist dein. Du müßtest mitfeiern und dich freuen, denn dieser dein Bruder war tot und ist zum Leben gekommen, er war verloren und wurde gefunden.«[67]

Jedes Wort, jede Geste, jede Seelenregung dieses Vaters entsprechen weiblich-mütterlichen Verhaltensmustern. Anders als der patriarchale Vater verlegt er sich weder aufs Gebieten noch aufs Fordern, weder aufs Züchtigen noch aufs Strafen, weder aufs Drohen noch aufs Schelten. Er ist eine Vater-Utopie, ein Vater jenseits menschlicher Möglichkeiten, der als göttlicher Vater die Richtigkeit mütterlichen Verhaltens bestätigt und selbst fortführt, wohingegen er das Verhalten und die Prinzipien irdischer Väter in Frage stellt und verwirft.

Diese väterkritische Haltung Jesu kommt bei Matthäus sehr klar zum Ausdruck. Dort kritisiert Jesus die geistigen Väter seines Volkes mit den Worten: »Sie sitzen gern obenan am Tisch und in den Schulen und haben's gern, daß sie gegrüßt werden auf dem Markt und von den Menschen Rabbi genannt werden.«[68] Diese Väter sollen die Jünger sich nicht zum Vorbild nehmen, und so belehrt sie Jesus: »Aber ihr sollt euch nicht Rabbi nennen lassen, denn *einer* ist euer Meister: Christus, ihr aber seid alle Brüder.« Hier spricht Matthäus zu den Männern seiner Gemeinde, die wohl zu keiner Zeit bereit waren, das von Jesus geforderte weibliche Verhalten selbst zu praktizieren. Und weiter lauten die Belehrungen Jesu: »Nennt auch niemand auf Erden euren Vater, denn *einer* ist euer Vater, der himmlische. Auch sollt ihr euch nicht Lehrer nennen lassen, denn *einer* ist euer Lehrer, Christus. Wer aber unter euch größer ist als die andern, soll euer Diener sein. Wer sich aber selbst erhöht, wird erniedrigt werden, und wer sich selbst erniedrigt, wird erhöht werden.«[69] Diese Belehrungen der Jünger finden wir bei Matthäus gleich doppelt. Sie müssen ihm wie auch den anderen Synoptikern sehr am Herzen gelegen haben und als zentral für die jesuanische Belehrung der Männer angesehen worden sein.

Wenn Jesus seinen Nachfolgern untersagt, einen Mann auf Erden »Vater« zu nennen, weil er diesen Begriff als einen göttlichen Titel versteht, den die irdischen Herren nicht verdient haben, dann verbirgt sich dahinter eine zentrale Aussage, die daher ins Zentrum der Gotteslehre Jesu gehört und die von der Theologie viel zuwenig beachtet wurde. Doch gerät auch hier einiges in Bewegung. So kommt zum Beispiel Jürgen Moltmann zu der Erkenntnis, daß als »Konsequenz des Glaubens an Gott den Vater« ganz deutlich wird: »Sie ist nicht affirmativ für menschliche Vaterautorität wie in Luthers Dekalogauslegung.«[70] Im Hinblick auf die Stellung Jesu zum 5. Gebot kommt Moltmann zu dem Schluß, daß sie »*vernichtend* ist für jede menschliche Vaterautorität. Weil Gott *der*

Vater ist, ist seine Gemeinschaft ›das Ende der Väter‹«.[71] Der Vater Jesu hebt das Patriarchat aus den Angeln. Hatte nicht bereits seine Mutter, als sie mit ihm schwangerging, frohlockt: »Er stößt die Herrschenden vom Thron!«? Das bedeutet, daß an der Wiege des christlichen Glaubens das Ende patriarchaler Herrschaftsformen steht. Wo dies nicht der Fall ist, sollte man sich nicht auf Jesus, den Verkünder der Frohen Botschaft, berufen; denn aus seiner Lehre geht unmißverständlich hervor, daß mit dem Beginn des Reiches Gottes, mit der Realisierung der Schechina, das Ende des Patriarchats gekommen ist. »Unter der Führung Abbas (= des mütterlichen Vaters, C.M.) geht Jesus in das soziale und religiöse Niemandsland einer noch unbekannten Zukunft, nämlich des Reiches Gottes, seines Vaters«[72], das alle Merkmale eines matriarchalen Weltbildes trägt.

Konsequenterweise gibt es in der Gemeinschaft neuer, aus dem Patriarchat umgekehrter Menschen wiederum Schwestern, Brüder, Mütter und Kinder, *aber keine Väter mehr*! »Das wird oft übersehen, weil es so merkwürdig ist«, stellt Moltmann in seinem Aufsatz fest[73] und verweist auf Markus 10,29f. Dort geht es um die Bedingungen des Lebens im Reich Gottes. Der reiche Jüngling hatte sich aufgrund von Jesu Forderung, er solle seinen Besitz verkaufen und den Armen geben, gerade von ihm abgewandt, und Jesus selbst hatte die Gelegenheit ergriffen, seine Jünger erneut zu belehren. Jesus war klargeworden, wie schwer sich irdischer Reichtum an materiellen Gütern, der ja den Egoismus des Menschen züchtet, solange es noch Arme gibt, mit der neuen menschlichen Gemeinschaft in der Gegenwart der Schechina vereinbaren läßt. Petrus hebt daraufhin hervor: »Siehe, wir haben alles verlassen und sind dir nachgefolgt«, woraufhin Jesus antwortet: »Wahrlich, ich sage euch: Es ist niemand, der Haus oder Brüder oder Schwestern oder Mutter oder Vater oder Kinder oder Äcker um meinetwillen und um des Evangeliums willen (besser: ›um des Reiches Gottes willen‹[74]) verlassen hat, ohne hundertfach zu empfangen jetzt in dieser Zeit Häuser und Brüder und Schwestern und Mütter und Kinder und Äcker – unter Verfolgungen – und in der zukünftigen Welt das ewige Leben. Viele aber, welche Erste sind, werden Letzte sein und die Letzten Erste.« Zu diesem Text stellt Moltmann fest: »Es soll für alles reichlich irdischen Ersatz geben, auf das einer verzichtet hat, aber nicht für den Vater. Das aber heißt nichts geringeres als: ›Patriarchalische Herrschaft darf es in der neuen Familie nicht mehr geben, sondern nur noch Mütterlichkeit, Brüderlichkeit und Kindschaft vor Gott dem Vater.‹[75] Patriarchalische Herrschaft in der Kirche Christi widerspricht daher ausdrücklich dem Glauben an die väterliche Nähe Gottes.«[76]

Zu Recht kritisiert G. Lohfink: »Sie (die Kirche) hat ja nicht nur eine Vielzahl von Amtsbezeichnungen und Ehrentiteln geschaffen, sondern im unmittelbaren Ungehorsam gegen Matthäus 23,9 für den Papst sogar die Anrede ›Heiliger Vater‹ eingeführt.«[77] Die Kirche als autoritäre patriarchalische Institution und das, was Jesus für diese Welt gewollt hat, schließen einander aus. Das Neue als spezifisch Christliches kann sich nur verwirklichen, wenn patriarchale Vatergestalten abgeschafft werden. Sie sind der Preis für göttliches Wirken auf Erden, das niemand so verhindert wie sie mit ihren alles vernichtenden Machtansprüchen.

Mit dieser Verkündigung eröffnen drei der vier Evangelisten ihre Frohe Botschaft. Matthäus und Lukas, die ihr Evangelium mit der Geburt Jesu beginnen, legen Wert darauf, daß Maria »von keinem Manne weiß«. Sie beschreiben Josef als den sozialen, dem Kind dienenden, aber nicht als den eigentlichen, mit Rechtsansprüchen versehenen Vater Jesu. Mit anderen Worten: Jesus wurde durch seine Mutter vom Erbe einer patriarchalen Vaterschaft befreit, denn für sie war die Verbindung mit der *ruah*, der Heiligen Geistin, wichtiger als jene zum Mann[78]. Wenn also die katholische Kirche die Verkündigung eines fünften Mariendogmas erwägt, das Maria als Miterlöserin zum Inhalt hat, dann hat sie in der Tat allen Grund dazu, denn Maria war es, die den Erlöser erlöste[79].

Auch bei Johannes begegnen wir gleich zu Beginn der Absicht, patriarchales Vatertum dort außer Kraft zu setzen, wo die Einwohnung des Göttlichen, die Schechina, stattfindet. Der biologischen Zeugung setzt er die Zeugung aus Gott entgegen. Der Mensch des neuen Äon ist »nicht aus dem Willen des Mannes, sondern aus Gott gezeugt«[80].

Dieser totalen Absage an den patriarchalen Vater, wie sie bei Matthäus, Lukas und Johannes offenkundig zutage tritt, scheint sich Markus auf andere Weise anzuschließen, indem er äußerst spärlich mit dem Vaterbild für Gott umgeht und von ihm nur insgesamt viermal Gebrauch macht[81]. Weshalb Matthäus, der sich ja vorwiegend an Markus orientiert, diesen sparsamen Umgang mit dem Vaterbegriff um ein Neunfaches erhöht, was beim letzten Evangelisten Johannes wiederum mehr als verdoppelt wird, kann an dieser Stelle selbstverständlich nicht geklärt werden. Immerhin ist die Tendenz von: So wenig Vater wie nötig, bis: So viel Vater wie möglich, klar erkennbar und kann bis in unser Jahrhundert verfolgt werden. Die Frage, auf welche Seite dieser beiden Pole sich der historische Jesus geschlagen hat, muß leider offenbleiben.

Fest steht, daß er von den irdischen Eltern als Handlangern des Patriarchats keine allzu große Meinung hatte. Von seinem Vater Josef fehlt nach seiner Kindheit jede Spur; von seiner Mutter grenzt er sich ab[82]; die irdischen Väter aber sind für ihn gemeinhin böse[83]. Fast übereinstimmend überliefern Matthäus und Lukas in ihrer Berg- und Feldpredigt diese Auffassung Jesu. Nachdem er seinen Zuhörern (und möglicherweise auch Zuhörerinnen) das Bitten, das Suchen und das Anklopfen empfohlen hat, erläutert er seine Belehrungen mit den Worten: »Wo ist unter euch ein *Vater*, der, wenn ihn sein Sohn um einen Fisch bittet, ihm statt des Fisches eine Schlange gäbe, oder auch wenn er um ein Ei bittet, ihm einen Skorpion gäbe? Wenn nun ihr, die ihr (doch) böse seid, euren Kindern gute Gaben zu geben wißt, wieviel mehr wird der Vater im Himmel den heiligen Geist (Matthäus = Gutes) denen geben, die ihn bitten.« Der Vergleichspunkt zwischen irdischem Vater und göttlichem Vater ist klar: Trotz seiner Bosheit wird auch im irdischen Vater dort, wo er für die Nahrung seines Sohnes sorgt, ein Stück seiner Gottebenbildlichkeit offenbar. Mit anderen Worten: Wo sich der Mann auf das ur-mütterliche Verhalten des Nährens der Kinder einläßt, da verwirklicht auch er ein Stück Göttlichkeit. Um wie vieles mehr aber geschieht dies durch die Frau, die dieser Aufgabe weit häufiger ihr Leben widmet als der Mann. Zu Recht wird sie daher von einer Belehrung durch Jesus ausgenommen.

Auch heißt es von ihr an keiner Stelle der Evangelien, daß sie böse sei. Statt dessen stellt Jesus wieder einmal den Männern anheim, sich an weiblichen Verhaltensweisen zu orientieren, denen er das Prädikat »göttlich« erteilt. Wo der Mann sich in lebenserhaltender Weise betätigt, da hat auch er Anteil an der Göttlichkeit. (Ganz am Rande sei vermerkt, daß die Väter unserer Zeit den Kindern die Luft zum Atmen rauben und ihnen mit ihrer dioxynvergifteten und atomverseuchten Industrienahrung bis hin zur vergifteten Muttermilch sehr wohl »Skorpione und Steine« zu essen geben, wenn sie sie nicht ganz verhungern lassen mit ihrer räuberischen Politik.)

Mit dem Herauslösen des Mannes aus patriarchalen Herrschaftsstrukturen geht es Jesus gleichzeitig darum, ihn in lebenserhaltende Prozesse, wie sie überall auf der Welt stattfinden, hineinzunehmen. Er soll umkehren von seinen weltvernichtenden Handlungen und sich integrieren in das welterhaltende Geschehen – als Diener und nicht als Beherrscher der Menschen. Wo immer der Mann an schöpferischen Lebensprozessen teilhat, wird er von Jesus bestätigt, wo nicht, wird er eines Besseren belehrt: Töte nicht; verachte keinen Menschen; poche nicht auf dein Recht; versöhne dich mit deinem Bruder; verschone Frauen vor deinen geilen Blikken; mißbrauche weder die Ehe noch die Ehescheidung; bedrücke nicht die Kleinen und Schwachen; bist du reich, dann gib den Armen; verschaffe den Machtlosen Recht – so lauten die eindeutig auf den Mann zugeschnittenen Belehrungen, die dem Mann helfen sollen, am Leben in seiner ganzen Fülle teilzunehmen.

Wenn der Mann gelernt hat, seine Feinde zu lieben, statt sie zu vernichten, darf auch er sich als Sohn des Vaters Jesu verstehen, von dem es heißt: »Er läßt seine Sonne aufgehen über Böse und Gute und läßt regnen über Gerechte und Ungerechte.«[84] »Die Bilder … die Jesus hier verwendet, sind uralte matriarchale Bilder für das göttliche Geheimnis des Lebens.«[85] So wie Jesus weibliche Anschauungen und Verhaltensweisen zur Sozialisation und Erneuerung des Mannes benutzt, so bedient er sich alter Göttinnenbilder – für die Ägypter steht hinter der aufgehenden Sonne die alte Göttin Neith; weltweit stand hinter der Nahrung spendenden Gottheit die überall verehrte nährende Große Göttin – um mit ihrer Hilfe das patriarchale Gottesbild der Zeit Jesu zu verändern. Mit seiner Abba-Anrede macht er deutlich, daß nicht das Geschlecht der Gottheit entscheidend ist, sondern die ihr zugeschriebenen Verhaltensweisen, die dem Menschen als göttlicher Wille begegnen gemäß dem Wort: »An ihren Früchten sollt ihr sie erkennen.«[86]

Konsequenzen der Gotteslehre Jesu

Anders als die paulinische Lehre vom Kreuz oder auch Jesu Lehre von Gott als Vater hatte seine Lehre vom Reich Gottes als sich auf Erden verwirklichende menschliche Gemeinschaft aufs ganze der christlichen Tradition gesehen keine bedeutsame Wirkungsgeschichte. Eschatologische Vorstellungen waren da wesentlich erfolgreicher, da sie sich ausgezeichnet zu den so beliebten christlichen Himmelsprojektionen eigneten. Das Reich Gottes jenseits des irdischen Lebens wurde in prächtiger Vielfalt ausgemalt:

> »Wenn der Heiland, wenn der Heiland als König erscheint
> und die Seinen und die Seinen im Himmel vereint,
> o dann werden sie glänzen wie die Sterne so rein
> in des Heilandes Krone als Edelgestein.«

So lautet eine der zahlreichen Variationen zu Matthäus 19,28, eine Textstelle, die nach meinem Dafürhalten nicht auf Jesus zurückgeführt werden kann[87]. Als Gegenstück zum irdischen Jammertal wurde ein farbenprächtiges Vorstellungsmuster vom Himmelreich entfaltet, das jedoch weiterhin im Verwaltungsbereich der Kirche blieb, die die Eintrittsbilletts nach bereits bewährter Werteskala ausgab. Daß Frauen und Unterdrückte letztendlich auch dort wieder die Gelackmeierten waren, versteht sich dabei von selbst. Auf diese Weise konnte die Kirche ihre Macht bis ins Jenseits hinein ausweiten, das eine Aufteilung in Himmel und Hölle erfuhr. An Frauen und sozial Schwache aber wurde das Reich der

Demut und Sanftmut auf Erden delegiert, um so den Herren der Welt die Umkehr zu demütigem Dienen und zum Handeln aus Liebe zu ersparen. Das »starke Geschlecht« wurde nicht angehalten, sich den im Sinne der Verwirklichung des Reiches Gottes auf Erden handelnden Jesus zum Vorbild zu nehmen. Ihm stand weit eher das Bild von Christus als endzeitlichem Weltenherrscher und -richter als Identifikationsmodell vor Augen. Hatte Jesus den Mann zum Diener machen wollen, so machten ihn sein Geschlecht und der christliche Glaube zum Herrn – zumindest über Frauen und Kinder, wenn nicht gar über mehr.

In genau diesem Sinn fand (und findet bis heute) auch die Gott-Vater-Lehre Jesu ihre Verwendung und hat so auf groteske Weise ihren inneren Zusammenhang mit der Lehre vom Reich Gottes beibehalten. Nicht nur das Reich Gottes wurde ein für allemal in die himmlische Distanz entrückt, auch der Abba Jesu, das Göttliche als Papa, entfernte sich als Vater immer weiter von den Gläubigen. Bereits »Matthäus fügte dem ›Unser-Vater‹-Gebet die Wendung ›im Himmel‹ hinzu und brachte damit Distanz in die ›Abba‹-Nähe Gottes. Paulus weiß noch, daß in Rom und Galatien die christlichen Gemeinden Gott mit ›Abba‹ anreden. Aber bald danach muß diese Gebetsanrede aus den christlichen Gottesdiensten verschwunden sein und distanzierteren Anreden Platz gemacht haben. Während die hebräischen Worte ›Amen‹ und ›Halleluja‹ übernommen wurden und sich bis heute eingebürgert haben, verschwand mit dem ›Abba‹ merkwürdigerweise auch das urchristliche ›Maranatha‹ (aramäisch: ›unser Herr kommt‹, C.M.)[88]. Das ist wohl kein Zufall. Es weist darauf hin, daß die mit ›Abba‹ bezeichnete Vaternähe Gottes und die Reichsnähe, aus der Jesus wirkte, zusammengehören. Mit der Parusieverzögerung (= das Ausbleiben der erwarteten Wiederkunft Christi zum Endgericht, C.M.)[89] nahm man offenbar wieder die räumlichen und zeitlichen Distanzen wahr. Der Bischof trat als ›Vater der Gemeinde‹ vermittelnd in die Distanz und vertiefte diese zugleich.«[90]

Nähe und Distanz – weibliche und männliche Kategorien – sind demnach die beiden Schlüsselbegriffe zur Erklärung der Repatriarchalisierung des frühchristlichen Seinsverständnisses. Die zeitliche und räumliche Nähe Jesu erwies sich im nachhinein als bedeutsamer für das Geschick der Gemeinde als die von Jesus durch weibliche Verhaltensweisen und Lehren vermittelte Nähe zu Gott und Mensch, die, wären sie auch weiterhin praktiziert und weitergegeben worden, die fortdauernde Präsenz Jesu unter den Gläubigen garantiert und die Erwartung eines endzeitlichen Christus überflüssig gemacht hätte. Statt: »Der Herr kommt!« hätte es heißen müssen: »Die Schechina ist unter uns!« *Dieser* Ausruf hätte zumindest den Vorteil gehabt, daß er mit der Lehre Jesu übereinstimmt[91]. Nicht in weiblichen Verhaltensmustern wurde in der christlichen Gemeinde die Gegenwart des Reiches Gottes erfahren, sondern es wurde in eine jenseitige Zukunft entrückt und alles Sinnen und Trachten der Erwartung ihres Anbruchs unterstellt. Parallel dazu verlief der Abschied von der Nähe des Göttlichen. Die Möglichkeit, es als eine entfernte männliche Größe verehren zu können, wurde wesentlich geschichtsträchtiger als die von Jesus eröffnete Möglichkeit, das Göttliche in seiner unmittelbaren Nähe (*und* Weiblichkeit) zu erfahren. Ich nehme diese Entwicklung als Beweis dafür, daß sich in den Seelen der Mehrheit der Gläubigen Männlichkeit und Nähe ausschlossen, was ja in der Tat bis heute der Fall zu sein scheint.

Die Geschichte des (nicht nur christlichen) Patriarchats hat gezeigt: »Mit welchen männlichen Bildern auch immer das Göttliche erfaßt wurde, sie machten es zum Ursprung der väterlichen Gewalt in der Familie, der politischen Macht des Herrschers und der priesterlichen Autorität in der Religion.«[92] Bereits Paulus benutzt die männliche Vorstellung vom Göttlichen als Ausgangsbasis für seine Hierarchisierung der Geschlechter und die damit verbundene Forderung nach der dem Mann untertanen Frau. Seine eifrigen Schüler folgen ihm und avancieren mit ihren Traktaten schon bald zum Steuermann des christlichen Gemeindeschiffes, das sich mit Vorliebe in römischen Gewässern aufzuhalten schien. Parallel zum christlichen Glauben hatte sich in Rom die Vorstellung vom Kaiser als Frieden und Schutz bringendem Landesvater entwickelt. »Seine Herrschaft soll väterlich sein, aber seine Vaterschaft ist auch unumschränkt: Er ist pater omnipotens.«[93] Etwa zu Beginn des sogenannten konstantinischen Zeitalters wurden dann die römischen Vatervorstellungen auf den christlichen Gott übertragen. »Diese Verschmelzung des christlichen und des römischen Gottesbegriffs hat die christliche Geschichte in Europa von Grund auf patriarchalisch geprägt. Der eine Gott ist Herr und Vater zugleich. Die von ihm legitimierte und in seinem Namen auszuübende politische und familiäre Herrschaft ist die Herrschaft der Väter.«[94] Daß natürlich auch die Anbindung des Abba Jesu an alttestamentliche Gottesvorstellungen, wie sie insbesondere Matthäus vornimmt und auch bei Paulus nicht zu übersehen ist, das Ihre zu dieser Entwicklung beigetragen hat, darf natürlich nicht außer acht gelassen werden[95]. Schließlich finden wir, darauf weist Moltmann hin, die von dem römischen Verfasser Laktanz erhobene Forderung, Gott zu lieben und zu fürchten, in ständiger Wiederholung bereits im Alten Testament. Es muß sich dabei um eine stereotype Forderung patriarchaler Väter gehandelt haben, die als wesentlicher Eckpfeiler des Patriarchats anzusehen ist, der selbstverständlich auch das griechische Reich stützte. In diesem politischen Umfeld war es anscheinend nicht möglich, den Abba Jesu langfristig zur Entmachtung der Väter einzusetzen, wie dieser es gefordert hatte.

Was Juden, Griechen und Römer begonnen hatten, wurde von den Reformatoren – allen voran Luther – in linearer Folge fortgesetzt. Wie Moltmann schreibt, handelt es sich in »der Auslegungsgeschichte des Dekalogs (= die Zehn Gebote, C.M.) nicht nur um eine *Analogie* von Hausregiment und Staatsregiment, sondern um die *Ableitung* der Staatsgewalt aus der Gewalt des Hausvaters«[96]. Wie Moltmann weiter betont unter Bezugnahme auf den Luthertext, ist zu beachten, »daß Luther hier von dem familiären Amt der Hausväter und der *Hausmütter* gleichberechtigt nebeneinander spricht. Bei der Übertragung auf die politische Gewalt aber bleiben die *matres* auf der Strecke. Er hat damit die im Mittelalter vielfach schon durchbrochene Einheit des familiären, politischen und religiösen Patriarchalismus wieder hergestellt.«[97]

Einige Jahrzehnte nach Luther werden von Jean Bodin, einem Lehrer des römischen Rechts, in Anlehnung an Luther und unter Rückgriff auf die römischen Hausvaterrechte »die Grundlagen zum absolutistischen Verständnis der Staatsgewalt« gelegt. Jetzt aber betont Bodin »in seiner Definition der höchsten Staatsgewalt weniger den Vater- und Schutzaspekt als vielmehr den Herren- und Gewaltaspekt«[98]. Wie stark sich dieser bis in die Gegenwart in allen Teilen der Welt immer wieder durchsetzt und Millionen von Menschen das Leben kostet, ungeachtet des endlosen Leids durch Hunger- und Flüchtlingselend, ist nur allzu gut bekannt.

So wie sich nach der mörderischen Machtentfaltung von zwei Weltkriegen, in denen Vertreter Gottvaters auf Erden die Waffen segneten, die Vatergestalt aufgelöst hat in die Demokratie einer »vaterlosen Gesellschaft«, verflüchtigte sich auch der allmächtige Gottvater im Himmel immer mehr, so daß auf Erden sein Tod verkündet werden konnte, und zwar nicht nur in den Schriften Nietzsches, sondern in einer eigens für diesen Anlaß geschaffenen Gott-ist-tot-Theologie. Man begann, sich wieder auf den ohnmächtig leidenden Gott am Kreuz auf Golgatha zu besinnen, ohne daß allerdings die Väter in Theologie und Kirche sich auf die jesuanische Verpflichtung zu männlichem Machtverzicht besannen und sich zu ihrer eigenen Ohnmacht bekehrten.

Statt dessen werden sie nicht müde, den Abba Jesu und die ihnen verbliebene Macht zur weiteren Verabsolutierung patriarchaler Gottesvorstellungen zu mißbrauchen und Frauen die theologische Legitimität ihrer Aussagen abzusprechen, wenn sie auf der Grundlage eigener Erfahrungen und Bedürfnisse eigene Wege gehen und die weiblichen göttlichen Kräfte in der Gestalt einer Göttin verehren, um gleichsam ihrem Protest gegen den tradierten Vatergott, der nachweislich zur Unterdrückung des weiblichen Geschlechts eingesetzt wurde, Ausdruck zu verleihen.

Auf der Grundlage der Abba-Gestalt Jesu, die das Ende jedweder irdischen Vaterautorität impliziert, müssen sich Kirchenmänner unserer Tage fragen lassen, woher sie eigentlich als Nachfolger Jesu, der sie zum Dienen und nicht zur Machtausübung berufen hat, die Legitimierung für ihre als verbindlich angesehene Reduzierung des Göttlichen auf männliche Sprachbilder und Symbole nehmen. Aus den Worten Jesu geht eindeutig hervor, daß der Abba-Gott das Ende der Väter ist und jedweden männlich-theologischen Machtanspruch ausschließt. Mit anderen Worten: Wer den Abba Jesu als seinen Gott anerkennt, kann nicht gleichzeitig christlichen Frauen die Göttin verbieten wollen, wo sie doch die Mütterlichkeit göttlicher Kräfte weitaus eindeutiger und glaubhafter verkörpern kann, als dies einem Vatergott möglich ist, der immer wieder mit männlicher Machtanmaßung und vernichtender Strenge assoziiert wurde.

»Der feministische Protest gegen das religiöse Patriarchat ist für die Befreiung der Frau zu ihrem eigenen Selbst unerläßlich. Ohne ihn wird auch die Befreiung des Mannes von seinen Deformationen im Patriarchat nicht möglich sein«, stellt Moltmann in seinem Aufsatz fest[99]. Wie feministisch aber darf der Protest der Frauen sein, damit er nicht als »unchristlich« eingestuft und abqualifiziert wird? (Vergessen wir nicht, daß dieses Prädikat auch darüber entscheidet, ob Feministinnen im kirchlichen Dienst eine Anstellung erhalten oder nicht.) Es ist natürlich absurd und unterläuft jedes feministische Verständnis von Frauenbefreiung, wenn Moltmann einerseits die Berechtigung des feministischen Protests anerkennt, andererseits aber den Frauen Vorschriften machen will über ihre »weiblichen Identifikationsmöglichkeiten mit Jesus, dem Reich und dem Vater«[100], obwohl doch der patriarchale Machtmißbrauch durch Männer in Staat und Kirche nach wie vor seine Blüten treibt und sein Ende noch lange nicht abzusehen ist. Es geht nicht an, unter dem Deckmantel eines männlichen Verständnisses den Frauen gleichzeitig das Recht auf Selbstdefinition im Sinne einer eigenständigen Entscheidung für oder gegen bestimmte weibliche Identifikationsmöglichkeiten auf indirektem Wege absprechen zu wollen, wie dies am Ende des mehrfach zitierten Aufsatzes geschieht.

Wenn nicht die Feststellung, daß Gott Vater sei, die bestimmende Mitte der Botschaft Jesu ist, wie wir bei Bornkamm gesehen haben, sondern ein letztgültiges heilbringendes Geschehen, das sich auf der Grundlage weiblicher Kategorien verwirklicht, dann gibt es keinen Grund, weshalb dieses heilbringende Geschehen nicht genausogut mittels einer weiblichen göttlichen Gestalt symbolisiert werden kann. Schließlich entnehmen wir bereits dem ersten Kapitel der Bibel, daß Mann und Frau gemeinsam als Ebenbild des Göttlichen anzusehen sind. Aus dieser Aussage erwächst geradezu die theologische Verpflichtung, die Entwicklung weiblicher Symbole zu fördern und nicht etwa zu behindern, wie dies nach wie vor noch geschieht.

Aus folgenden Gründen halte ich die Verankerung weiblicher Kräfte in ausdrücklich weiblicher Form im Gottesbild unserer Zeit für erforderlich:

Gründe christlich theologischer Authentizität

1. Wie ich gezeigt habe, bilden die Erfahrung weiblichen Verhaltens wie auch matriarchale Vorstellungsmuster, die der Zeit des Patriarchats vorausgehen und bis in unsere Gegenwart zu finden sind, die Grundlage der Abba- und Reichgotteslehre Jesu.

2. Jesus selbst, der ja als Sichtbarwerdung des Göttlichen schlechthin verehrt wird, hat sich nicht nur wie bei Johannes mit dem Vater, sondern ebenfalls mit der Weisheit identifiziert, die im jüdischen wie auch im christlichen Glauben die weiblichen Kräfte des Göttlichen symbolisiert.

3. Aus apokryphen Schriften erfahren wir, daß Jesus wiederholt von der Heiligen Geistin, der *ruah*, als von seiner geistigen Mutter gesprochen hat, so daß wir annehmen können, daß bestimmte Interessen neutestamentlicher Redaktoren, die nicht gerade von Liebe und Frauenfreundlichkeit diktiert waren, dafür verantwortlich sind, daß solche jesuanischen Redewendungen nicht in den Kanon aufgenommen wurden.

4. Da es Jesus in seiner Botschaft nicht zuerst um die Männlichkeit seiner Gottesbilder ging, wie viele Gleichnisse erkennen lassen, die primär der Veranschaulichung eines als typisch weiblich zu bewertenden Verhaltens dienten, was jedoch auf der Grundlage eines männlichen Gottesbildes keine Beachtung fand, bedarf es einer größeren Eindeutigkeit bei der Symbolisierung des von Jesus beschriebenen göttlichen

Geschehens, die anscheinend nur durch eine weibliche Gestalt gewährleistet werden kann.

5. Wenn im ersten Schöpfungsbericht, auf den sich auch Jesus berief, Mann und Frau gleichermaßen in ihrer Gottebenbildlichkeit dargestellt werden, so ist nicht einzusehen, warum dann nur Männlichkeit und Väterlichkeit, nicht aber Weiblichkeit und Mütterlichkeit als legitime Ausdrucksformen des Göttlichen Anerkennung finden sollen.

6. Da Jesus selbst das Kind mit dem Göttlichen identifizierte und der christliche Glaube sich auf die trinitarische Einheit des Göttlichen beruft, wobei allerdings die Heilige Geistin vermännlicht wurde, ergibt sich ganz zwangsläufig eine trinitarische Formel, in der das Männliche, das Weibliche und das Kindliche als Ausdrucksformen des Göttlichen zur Geltung kommen.

7. Nach christlichen Vorstellungen ist der Vater Jesu ein Gott, der auf jeden Fall die Freiheit des Menschen will und ihn aus allen Bindungen – selbst aus Familienbindungen – herausführt, um ihn von autoritären Strukturen zu befreien. Da nun aber die ausschließliche Männlichkeit des christlichen Gottesbildes die Menschen auf seelischer wie auch auf gesellschaftlicher Ebene gerade nicht in die Freiheit, sondern in die Entmündigung geführt hat, bedarf es der Erweiterung um die Kategorien des Weiblichen und Kindlichen, die weniger autoritäre Strukturen versinnbildlichen und daher der menschlichen Seele einen größeren Freiraum bieten, der auch befreiende gesellschaftliche Veränderungen zur Folge haben wird.

8. Bei der häufig recht gewalttätigen Missionierung der Welt handelte es sich nachweislich in erster Linie nicht um die Ausbreitung christlicher Nächstenliebe, wie es im Sinne Jesu gewesen wäre, sondern um die Durchsetzung eines auf Männlichkeit reduzierten Gottesbildes, mit dessen Glaube überall auf der Welt Göttinnenglaube bekämpft wurde. Die weltweite Durchsetzung des christlichen Glaubens gelang nur mit Hilfe der Mariensymbolik, die Menschen dazu veranlaßte, in ihr die verlorene Göttin zu sehen, auch wenn theolo-

gische Lehrmeister (weniger aus Liebe zu den Menschen als vielmehr aus Gründen patriarchaler Machtentfaltung und -erhaltung) darauf bestanden, in ihr »nur eine Frau« sehen zu dürfen. Mit Maria verdankt der christliche Glaube wieder einmal seine Attraktivität der verleugneten Weiblichkeit.

Gründe sozialer und psychologischer Redlichkeit

9. Wir müssen davon ausgehen, daß es einen direkten Zusammenhang gibt zwischen den unübersehbaren Auswüchsen unserer Zeit (Naturzerstörung, unverantwortlicher Umgang mit den Ressourcen insbesondere für die Rüstung, männliche Gewalt gegen Frauen, Kinder und Männer auf politischer, krimineller und persönlicher Ebene, Welthungerprobleme u.v.m.) und der Jahrtausende währenden einseitigen Verherrlichung patriarchaler Männlichkeit, die mit der Väterlichkeit des Abba Jesu nichts gemein hatte, sondern vielmehr von patriarchalen Vorstellungen von Vatermacht überlagert wurde. Zur Genesung der Welt von der Krankheit überproportionaler Männlichkeit bedarf es der Sichtbarmachung und Ehrung weiblicher Werte und Kräfte.

10. Im Zeitalter der Gleichberechtigung, in dem die verheerenden Folgen einer männlichen Vormachtstellung weltweit sichtbar werden, gleichzeitig aber auch das verstärkte Bemühen um mehr Gerechtigkeit zwischen den Geschlechtern zutage tritt, muß auch die Theologie ihren Beitrag dazu leisten, zumal mehr Gerechtigkeit ein ausgesprochen jüdisches und christliches Anliegen ist und auch Jesus alles unternommen hat, um für die Frau unterdrückerische Strukturen und Wertungen aufzulösen.

11. Da in den Seelen nicht nur von Frauen weltweit seit geraumer Zeit das Göttliche verstärkt in weiblicher Gestalt aufsteigt, sollte sich eine Theologie nicht das Recht anmaßen, solche Göttinnenerfahrungen als »lediglich psychisches Phänomen« abzutun, während nach wie vor Erfahrungen mit dem männlichen Göttlichen als »echt« anerkannt werden,

um so mehr, als sie in der Vergangenheit stattgefunden haben.

12. Da sich anthropomorphe Vorstellungen vom Göttlichen im Sinne Jesu aus einem ursprünglichen Gefühlsmuster ableiten (und sich darauf wiederum berufen), das primär auf den kindlichen Erfahrungen mit der Mutter beruht und erst sekundär etwas mit dem Vater zu tun hat, wie überhaupt die religiöse Ausrichtung des Menschen durch die Mutter und nicht durch den Vater grundgelegt wird, ist nicht einzusehen, weshalb weiterhin die Erfahrung mit der Mutter für die Erhaltung des nur-männlichen Gottesbildes fruchtbar gemacht werden soll, durch das Männer einen Zuwachs an Selbstwertgefühl und Macht erhalten, die bis in die Gegenwart dazu dienen, Frauen und Kinder einzuschränken und zu unterdrücken.

13. Für die gleichberechtigte Geschlechtererziehung ist es unerläßlich, daß Mädchen und Frauen die Entwicklung des weiblichen Selbstwertgefühls dadurch erleichtert wird, daß sie die Möglichkeit erhalten, genau wie die Jungen, das Göttliche in ihrem eigenen Geschlecht zu erfahren, und ihnen durch ein ausschließlich männliches Gottesbild nicht etwa signalisiert wird, daß Weiblichkeit und Göttlichkeit einander ausschließen – eine Vorstellung, die in den Seelen beider Geschlechter unübersehbar schädliche Auswirkungen gehabt hat.

Solange sich Christen auf anthropomorphe Bilder vom Göttlichen einigen, dürfen diese Punkte nicht außer acht gelassen werden, wenn es in Zukunft um mehr Gerechtigkeit und Solidarität zwischen den Geschlechtern gehen soll.

Wie hoffentlich deutlich geworden ist, kann es nicht darum gehen, den christlichen Vatergott durch eine Göttin zu ersetzen, wie vielfach vermutet wird. Schließlich geht es ja darum, die Reduzierungen aufzuheben und das Göttliche in seiner Fülle erkennbar werden zu lassen, wozu nun einmal auf der anthropomorphen Ebene auch die Dimensionen des Weiblichen und Kindlichen gehören.

Die Frage, wie sinnvoll überhaupt anthropomorphe Gottes- und Göttinnenbilder sind, will ich an dieser Stelle nicht erörtern. Selbstverständlich bin ich mir der Tatsache bewußt, daß für viele Menschen religiöse Reife darin besteht, sich der anthropomorphen Bilder zu entledigen. Dennoch wird es in unseren kulturellen Breitengraden vorerst wohl noch nicht möglich sein, religiöse Erfahrungen ohne diese Bilder zu vermitteln und zum Ausdruck zu bringen. Nur soll es nicht länger möglich sein, dieses eventuell nur vorübergehende Bedürfnis nach anthropomorphen Symbolen für das Göttliche in männlicher Einseitigkeit zu befriedigen.

Die Erkenntnis Moltmanns, daß maskuline Sprachregelungen als nichtchristlich anzusehen sind[101], ist auch bei ihm erst auf dem Hintergrund des feministischen Protests erwachsen. Als verbindliche Lehrformel in Theologie und Kirche wird sie aber wohl noch einige Generationen auf ihre Durchsetzung warten müssen. Damit diese Lehrformel aber nicht zu einer Leerformel wird, müssen Frauen weiterhin die Maskulinisierung des Göttlichen aufdecken und sie durch die Zulassung des göttlichen Weiblichen unterlaufen.

Das Vermächtnis Jesu an die Frauen

Zweitausend Jahre abendländischer »Nachfolge Jesu« können diesem nur das Scheitern seines Anliegens bescheinigen. Sein »coup d'état«, mit Hilfe des Abba die Väter auf Erden zu entmachten, mißlang. Sein Bemühen, durch die Lehre von der Schechina weiblichen Werten Ansehen und Geltung zu verschaffen, wurde bereits von seinen engsten »Mitarbeitern am Reiche Gottes« unterlaufen, da ihnen ihr Bedürfnis nach männlicher Selbstdarstellung im patriarchalen Verständnis wichtiger war als die Lehre ihres Meisters.

Aber nicht nur das Verhalten der männlichen Nachfolger Jesu gibt Anlaß zur Enttäuschung. Durch ihre ungebührlichen Machtansprüche verhinderten sie auch, daß Frauen den ihnen zukommenden Anteil an der Botschaft Jesu weiterhin vernehmen und in die Tat umsetzen konnten, so daß die Worte Jesu im Hinblick auf das weibliche Geschlecht zur Wirkungslosigkeit verurteilt wurden. Die christlichen Brüder propagierten ein Frauenbild, das das weibliche Geschlecht weit zurückwarf hinter frühchristliche Errungenschaften der jesuanischen Frauenbefreiung. Die Worte des Paulus und seiner Epigonen wurden ernster genommen als jene Worte, die Jesus am Ende seines Lebens an die Adresse der Frauen gerichtet hatte und die als sein Vermächtnis an das weibliche Geschlecht betrachtet werden können.

Diese Worte stehen in krassem Gegensatz zu jenem Frauenbild, das noch heute als spezifisch christlich gilt. Sie sollen daher das letzte Kapitel dieses Buches bestimmen.

...weinet vielmehr über euch und eure Kinder!

Die letzte öffentliche Rede an ein größeres Publikum richtet Jesus namentlich und ausschließlich an die Frauen, was wohl Grund genug ist, dieser Rede besondere Aufmerksamkeit zu schenken. Hinzu kommt, daß Jesus diese Rede kurz vor seiner Hinrichtung spricht, an jenem Tag also, der bis heute – zumindest für Protestantinnen und Protestanten – der höchste christliche Feiertag ist. Dennoch fand der Text kaum

Verwendung für Karfreitagspredigten und ist den meisten Frauen unbekannt geblieben – ein weiterer Grund, das Augenmerk auf diese vorletzten Worte Jesu zu richten.

Den Text, um den es hier geht, finden wir Lukas 23,27-31:

»Auf dem Weg zum Kreuz folgte Jesus eine große Menge des Volkes und viele Frauen, die ihn betrauerten und beklagten. Jesus jedoch wandte sich zu ihnen um und sprach: Ihr Töchter Jerusalems, weinet nicht über mich; weinet vielmehr über euch und eure Kinder! Denn siehe, es kommen Tage, wo man sagen wird: Selig sind die Unfruchtbaren und die Leiber, die nicht geboren haben, und die Brüste, die nicht gestillt haben. Dann wird man anfangen zu den Bergen zu sagen: Fallet auf uns! Denn wenn man dies am grünen Holze tut, was soll am dürren geschehen?«

Jesus nimmt die weibliche Trauer um sein Leiden und Sterben zum Anlaß, die Frauen auf ihr eigenes Leiden und das ihrer Kinder in dieser von männlicher Willkür geprägten Gesellschaft hinzuweisen. Wenige Stunden vor seinem Tode wird es noch einmal deutlich, wer seine wahren Verbündeten sind; jene nämlich, die in seiner schwersten Stunde mit ihm mitleiden, die im Leiden mit ihm eins werden und in deren Leiden er weiterlebt. Jesus erkennt, daß sein Leidensweg identisch ist mit dem Leidensweg des Weiblichen. Denn bedeutet dieser Passionsweg nicht letztendlich, daß er gezwungen wird, seine eigene Weiblichkeit zu Grabe zu tragen, gezwungen von einer Gesellschaft, die der Liebe keinen Raum läßt, da die patriarchalische Lust an der Macht alles ausfüllt und vernichtet, was sich ihr in den Weg stellt?

Auf dem Hintergrund der theologischen Bedeutung, die der Kreuzestod Jesu im traditionellen Glauben erhalten hat, müßten wir eigentlich die Frage stellen, weshalb Jesus keine tröstlicheren Worte für die Frauen findet so kurz vor jenem Ereignis, mit dem doch schließlich die Heilsgeschichte der Menschheit eingeläutet wird. Hätte er da den Frauen nicht zurufen müssen: »Weinet nicht über mich, sondern freut euch, daß mit meinem Tod das Heil zu euch kommt und euch der Zugang zu Gott eröffnet wird; denn durch mein Blut sind eure Sünden vergeben!«? So jedenfalls hätten seine Worte lauten müssen, wenn er ein gläubiger Christ gewesen wäre; denn dieser singt am Karfreitag:

»Herr Jesu Christ, dein teures Blut
ist meiner Seele höchstes Gut,
das stärkt, das labt, das macht allein
mein Herz von allen Sünden rein.

Dein Blut, mein Schmuck, mein Ehrenkleid,
dein Unschuld und Gerechtigkeit
macht, daß ich kann vor Gott bestehn
und zu der Himmelsfreud eingehn.

O Jesu Christe, Gottes Sohn,
mein Trost, mein Heil, mein Gnadenthron,
dein teures Blut, dein Lebenssaft
gibt mir stets neue Lebenskraft.«

Johann Olearius, 1671[1]

Der Tag, an dem Jesus mit seinem Tod das Heil für die Welt erwirkt hat, ist bis heute für gläubige Christen ein Tag der Anteilnahme am Leiden und Sterben ihres Herrn. Genau wie vor 2000 Jahren sind es auch heute überwiegend Frauen, die sich Jahr für Jahr im »Heiligen Land« einfinden, um in den Gassen Jerusalems die 12 oder 13 Stationen auf dem Leidensweg Jesu, der Via Dolorosa, nachzuvollziehen und so die Passionserfahrung lebendig zu halten. Während dieser Prozession werden die jeweiligen Ereignisse aus dem Neuen Testament vorgelesen. Nicht ein Satz wird ausgelassen. Dabei werden viele Christinnen und Christen in der Tiefe ihrer Seele angerührt. Sie werden zu Mit-Leidenden.

So christlich dieses Spektakel auch erscheinen mag, den Frauen sagt Jesus etwas anderes: »Weinet nicht über mich; weinet vielmehr über euch und eure Kinder!« Dieses Jesuswort harrt seiner Verwirklichung seit 2000 Jahren. Es verlangt von Frauen etwas, was ihnen nie in den Sinn gekommen wäre. Seit Jahrtausenden sind sie es gewohnt, das Klagelied um ihre Söhne und Geliebten anzustimmen.

Ursprünglich hatten ihre Klagen dem gestorbenen Vegetationsgott gegolten, wenn während der Dürreperiode alles verdorrt war und nichts mehr wachsen wollte. So erklingt aus Sumer die Klage der Göttin Innana um Dumuzi:

»Klagend, klagend geht mein Herz nach der ›Steppe‹.
Die die Feindländer zerstört, die Herrin von E'anna bin ich,
die Mutter des Herrn, Ninsuna, bin ich,
die Mutter des hohen Jünglings, Geschtinanna, bin ich.

Klagend geht mein Herz nach der ›Steppe‹,
geht nach dem Orte des Jünglings,
geht nach dem Orte Dumuzis,
nach der Unterwelt, dem Aufenthaltsorte des Hirten.

Klagend geht mein Herz nach der ›Steppe‹,
nach dem Ort, an dem der Jüngling gebunden ist,
nach dem Ort, an dem Dumuzi gefesselt ist,
nach dem Ort, an dem mir das Schaf das Lamm gab.

Klagend geht mein Herz nach der ›Steppe‹,
nach dem Ort, an dem mir die Ziege das Zicklein gab,
zum Gott dieses Ortes, dem ›Fernen‹,
nach dem ... an dem die Mutter den ... Vogel gehegt hat.
Klagend geht mein Herz nach der ›Steppe‹.«[2]

Dem Klagelied der sumerischen Inanna folgt jenes der babylonischen Istar um ihren Geliebten Tammuz. Auch die Töchter Jerusalems hatten sich dieser Klage angeschlossen, wie Hesekiel 8,14 beweist. Selbst im babylonischen Exil verfolgt den Propheten die Vision, daß am Jerusalemer Tempel Frauen saßen, »die weinten über den Tammuz« – ein »Greuel«, der zum Anlaß genommen werden soll, »Alte, Jünglinge, Jungfrauen, Kinder und Weiber« zu erwürgen[3].

Doch muß es bei diesen Klagen bisweilen um mehr als nur um die Trauer um die abgestorbene Natur gegangen sein. Es wurden auch andere Verluste beklagt, wie das folgende Klagelied der Göttin bei ihrer Fahrt in die Unterwelt zeigt:

»Laß mich weinen über die Männer,
die ihre Gattinnen verlassen mußten.
Laß mich weinen über die Frauen,
die aus ihrer Gatten Arm gerissen wurden.
Laß mich weinen über das schwache Kindlein,
das vor seiner Zeit dahingerafft ward.«[4]

Die Klagen der Frauen um die Zerstörung von Leben sind also älter als das Weinen der Töchter Jerusalems, die die Trauer um Jesus hineinnehmen in ihre Tradition, der sowohl religiöse als auch politische Bedeutung zukommt. Seit aber die Trauer nicht mehr dem Sterben der Natur gilt, sondern männliche Machtpolitik für die zahlreichen Menschenopfer verantwortlich ist, konzentriert sich die weibliche Trauer wieder insbesondere auf das männliche Geschlecht. Vätern, Söhnen, Ehemännern und Brüdern, den hauptsächlichen Opfern des männlichen Wahnsinns der Gewalt, errichteten sie in den tiefsten Kammern ihrer Seele Altäre, an denen sie ihr Gedenken heilig halten. Bei diesem Anliegen helfen ihnen die Mächtigen, so gut es geht, mit ihren Ehrenmälern und Heldengedenktagen, mit ihren Lobeshymnen und ewigen Feuern, in die weibliche Leiden und Heldentaten nicht einbezogen und so der Erinnerung entzogen werden.

Jesus fordert die Frauen auf, sich diesem Spiel endgültig zu entziehen. Sie sollen endlich aufhören, ihren eigenen Leiden auch noch jene um die Männer hinzuzufügen, und sich statt dessen jener Leiden bewußt werden, die sie unmittelbar selbst betreffen und durch die auch ihre Kinder in Mitleidenschaft gezogen werden. Im Frömmigkeitsbereich hieße dies, der Schmerzensmutter mit dem Leichnam Jesu im Arm Frauen und Kinder in den Schoß zu legen und damit deutlich zu machen, daß das Klagen und Trauern der Frau nicht länger in die falsche Richtung gehen darf, daß sie beides endlich auf ihr eigenes Geschlecht richten muß. Wie viele Gründe hat sie doch, um sich und ihre Töchter zu trauern!

Der antike Mythos greift diese Gründe in aller Klarheit auf: »Meine Tochter! Wo ist meine Tochter?« schallt die Klage der Klytaimnestra durch das antike Griechenland. Ihr Ehemann Agamemnon, selbst bereits als Kind in das männliche Ränkespiel um Macht verstrickt, war bereit gewesen, ihre Tochter Iphigenie seinen kriegerischen Ambitionen zu opfern, nachdem er bereits einige Jahre zuvor ihren ersten Ehemann getötet und ihrem Baby den Schädel eingeschlagen hatte. Danach war sie gezwungen worden, ihn zu heiraten.

Während in Griechenland das Opfer der Tochter durch die Göttin Artemis verhindert wurde, wird es zur gleichen

Zeit in Israel noch ausgeführt. Jahwe erweist sich als unfähig, die Tochter Jephtas vor ihrem Vater zu schützen. Statt dessen wird sie dazu gebracht, dem väterlichen Bedürfnis nach Menschenopfern nachzugeben, so daß hier aus dem Opfer der Tochter, das im Zentrum des Patriarchats steht, ein »Selbstopfer« der Tochter wird[5]. Der Hintergrund ist in Griechenland und Israel derselbe: Beide Väter opfern ihre Tochter ihren siegreichen Kriegen. Später wird man nur der geopferten Söhne gedenken ...

Parallel zur Klage der Klytaimnestra erlebt das antike Griechenland in den eleusinischen Mysterienspielen, die zu den bedeutendsten der damaligen Welt gehörten, die um ihre Tochter, Kore, trauernde Göttin Demeter. Kore ist das Vergewaltigungsopfer des Hades, der mit Hilfe seines Bruders, der zugleich der Onkel der Kore ist, das Mädchen entführt und ihr in der Unterwelt die Ehe aufnötigt. Die sich vor Trauer verzehrende Demeter vernachlässigt das Wachstum auf Erden, so daß eine Hungersnot droht, die die Götter ihrer Opfer berauben würde. Dieser Umstand macht die männlichen Götter zu einem Kompromiß bereit, der der Mutter die Tochter für zwei Drittel des Jahres zurückbringt. Die Trauer der Mutter um ihre Tochter erweist sich so im nachhinein als machtvoll. Sie kann die von Männern/Göttern geschaffene Wirklichkeit, wenn auch nicht völlig ungeschehen und rückgängig machen, aber doch dahingehend verändern, daß männliche Gewalt nicht das letzte Wort behält und weibliche Bedürfnisse nicht auf der Strecke bleiben.

Durch 3000 Jahre hindurch hat dieser griechische Mythos nichts an Aktualität eingebüßt. Allein in Deutschland werden jährlich schätzungsweise rund eine halbe Million Mädchen und Töchter von ihren Vätern und Brüdern, Onkeln und Nachbarn sexuell mißbraucht und vergewaltigt. Anders als Demeter ziehen ihre Mütter nicht trauernd durch das Land und verweigern einer Gesellschaft, die solchen Frevel zuläßt, ihre Dienste. Statt dessen breiten sie das Schweigen der Scham darüber und bringen ihre Töchter so in schwere Zweifel, ob nicht auch sie ein Stück Schuld an dem an ihnen begangenen Unrecht trifft. Die ethische Verwirrung ist komplett.

Wie kommt es aber, daß die Mütter unserer Zeit nicht laut aufschreien und ihre Trauer um ihre Töchter öffentlich machen, wie dies Klytaimnestra und Demeter noch taten, ja möglicherweise nicht einmal die Tiefe des Leids um ihre geschundenen Töchter zu empfinden vermögen? Welches Ausmaß an emotionaler Verwirrung wird in diesem Mangel an Aufbegehren sichtbar? Während die Mütter Griechenlands ihr Leid um die Tochter noch hinauszuschreien und zu benennen vermögen, sind heutige Mütter dazu nicht mehr in der Lage. Oftmals waren sie selbst bereits das Opfer von Vergewaltigungen und werden von Ehemännern weiterhin mißbraucht und mißhandelt. Wie Frauenschicksale dieser Art aussehen, möchte ich an zwei authentischen Beispielen zeigen.

Als Lehrerin in einer sechsten Klasse war mir schon lange das recht verstörte Verhalten eines zehnjährigen Mädchens aufgefallen. Trotz größter Bemühungen versagte sie leistungsmäßig immer wieder. Weder ein Mangel an Fleiß noch an Intelligenz waren dafür verantwortlich. Ihre Handschrift sprach von großer innerer Zerrissenheit. Als ich an einem Elternsprechtag die Gelegenheit hatte, mit ihrer Mutter allein zu reden, brach sie in Tränen aus und berichtete mir: Als kleines Mädchen waren sie und ihre Mutter von ihrem regelmäßig betrunkenen Vater häufig verprügelt worden. Selbst Opfer des brutalen Ehemannes, konnte die Mutter der Tochter keinerlei Schutz bieten. Als sie dann selbst verheiratet war, erhielt auch sie von ihrem Mann Prügel. Zum Glück verließ er sie nach einigen Jahren, da ihm der geistig behinderte Sohn auf die Nerven ging und die Mutter sich weigerte, ihn in ein Heim zu geben. Sie hatte es wohl mal versucht, ihn dann aber bald wieder nach Hause geholt, weil er nicht ausreichend versorgt und gefördert wurde. Dieser Sohn war inzwischen 22 Jahre alt geworden – alt genug, um seine Mutter und die kleine Schwester zu verprügeln, wenn er die Wut bekommt. Auf diese Weise »vererbt« sich das Schicksal der Mutter auf die Tochter, die dem prügelnden Bruder genauso wehrlos ausgeliefert ist wie die Mutter, nur weil diese ein Opfer der patriarchalen Ideologie ist, nach der die Liebe einer Mutter zu ihrem Sohn wichtiger ist als jene zu ihrer Tochter.

Solchen Müttern fehlt der Demeter-Aspekt, denn für diese Göttin war die Beziehung zu ihrer Tochter das Wichtigste in ihrem Leben. Obwohl auch ihr der Sonnengott Helios befohlen hatte, mit ihrem Weinen aufzuhören und die Geschehnisse zu akzeptieren, verweigerte ihm Demeter den Gehorsam. Sie gab statt dessen das ihr und ihrer Tochter widerfahrene destruktive Verhalten der patriarchalen Götter in ihrer depressiven Passivität an die Gesellschaft weiter, so daß davon letzten Endes auch diese betroffen war und es sich nicht länger leisten konnte, über ihr Leiden hinwegzusehen.

Wie aber Mütter durch die Ohnmacht, zu der sie im Patriarchat verdammt sind, selbst in die Gewalt gezwungen werden, um ihre Töchter zu schützen, zeigt ein zweites Geschehen, das sich vor einigen Jahren in unserer Gegend ereignete. Ich erfuhr über die Tragödie von der Lehrerin der betroffenen Mädchen:

Als eine Mutter von zwei Töchtern dahinterkam, daß ihr Ehemann und Stiefvater der Kinder beide Mädchen (ca. 9 und 12 Jahre alt) sexuell mißbrauchte, zeigte sie ihn an. Der Mann wurde für schuldig befunden und kam ins Gefängnis. Dadurch geriet die Frau in wirtschaftliche Not, mußte die viel zu teure Wohnung räumen und geriet in tiefe Verzweiflung. Hinzu kamen Schuldgefühle dem Mann gegenüber, der ihr aus dem Gefängnis anklagende Briefe schrieb und ihr bei ihren Besuchen sagte, daß er sie nach wie vor liebe. Sie allein hätte es in der Hand, ihn und die Familie aus ihrer mißlichen Lage zu befreien, wenn sie nur ihre Anklage gegen ihn widerriefe. Nach einem Jahr größter Schwierigkeiten war sie dazu bereit. Der Mann wurde entlassen und von seiner Familie wieder aufgenommen. Als nach einiger Zeit die Frau dahinterkam, daß ihr Mann wieder angefangen hatte, beide Mädchen sexuell zu mißbrauchen, erschlug sie ihn mit einer Axt in dem Wissen, daß kein Gericht ihr ein zweites Mal Glauben schenken würde. Sie kam für einige Jahre ins Gefängnis, während ihre Mädchen völlig verwahrlosten.

Vergewaltigung und Mißhandlung von Frauen und Mädchen sind so alt wie das Patriarchat. Das zeigen die Klagen der Klytaimnestra und der Demeter, aber auch jene große Klage der Göttin Innana, die aus Sumer ertönt:

»Damals kam mir Verhängnis, damals (kam mir) Unglück,
ach, damals kam mir Verhängnis, damals (kam mir) Unglück.
Es war der Tag, an dem an mich das Wort Ans erging,
an dem an mich das Wort Mullils erging:
Als es zu mir in mein Haus kam,
als es auf dem ›Weg des Berglandes‹ zu mir eintrat,
als es [auf dem] Schiff [...] zu mir kam,
als es [auf dem] Schiff [...] mir folgte,
als ein Me[nsch zu mir in mein Haus] eintrat,
als ein Men[sch] mit Schuhen dort eintrat,
mich mit seinen ungewaschenen Händen anfaßte,
als ich aufbrechend das Schiff bestieg und [davonfuhr],
als ich mich auf dem Vorderschiff [niederließ],
als ich, die Herrin, mich auf dem Heck niederließ,
als ich schreckliche Angst ausstand.
Der Feind ist mit Schuhen an den Füßen in mein Gemach eingetreten,
der Feind hat mich mit seinen ungewaschenen Händen angefaßt,
hat mich angefaßt, hat sich nicht gefürchtet, ich habe mich gefürchtet,
der Feind hat mich angefaßt, hat mich vor Furcht vergehen lassen,
vor dem Feinde habe ich mich gefürchtet, er sich nicht vor mir,
der Feind hat mir mein Kleid abgenommen, sein Weib damit bekleidet,
der Feind hat mir meine Edelsteine abgerissen, seine Kinder damit behängt,
wo er steht, mußte ich gehen,
nach einem Rat für mich suchte ich.
Da habe ich mich gefürchtet...,
in meinem Haus hat er mich gehetzt, in meinem Bau mich in Schrecken gesetzt,
wie eine furchtsame Taube verbrachte ich die Zeit auf einem Dachbalken,
wie eine (schnell)fliegende Fledermaus schlüpfte ich in

die Mauerspalten.
Wie einen Vogel hat man mich aus meinem Haus wegfliegen lassen,
hat man mich, die Herrin, aus meiner Stadt wegfliegen lassen.
Nachdem ich fortgegangen, nachdem ich fortgegangen, ruft mein Haus dauernd nach mir,
nachdem ich fortgegangen, ruft meine Stadt dauernd nach mir, der Herrin,
nachdem ich fortgegangen, ruft mein Mauerwerk von Isin dauernd nach mir,
nachdem ich fortgegangen, ruft mein Heiligtum, der ›Hohe Palast‹, dauernd nach mir,
nachdem ich fortgegangen, ruft mein Mauerwerk von Larak dauernd nach mir,
nachdem ich fortgegangen, ruft mein Giparimin dauernd nach mir.
Da sprach ich zu meinem Haus: ›Mein Haus bist du nicht (mehr)‹,
da sprach ich zu meiner Stadt: ›Meine Stadt bist du nicht (mehr)‹.
›Ich will es nicht (wieder) betreten!‹, sagte ich zu ihm, ›die dort (genossene) Wonne würde mich verzehren.‹
›Ich will mich dort nicht (wieder) niederlassen!‹, sagte ich zu ihr, ›die dort (genossene) Freude würde mich bedrücken.‹«[6]

Ob eine Göttin heimatlos wird, eine Frau ihre Wohnung verliert oder Mütter aller patriarchalen Zeiten in endlosen Trecks mit ihren Kindern flüchten müssen, weil ihre Heimat den machtpolitischen Spielen der Männer zum Opfer gefallen ist, Frauen erleben sich im Patriarchat als Heimatlose. Ihre einst so machtvolle Verbindung mit der Mutter Erde wurde von den Vätern und Söhnen längst durchschnitten, nicht zuletzt in den Jahrhunderte währenden Hexenverbrennungen, jener systematischen Ausrottung weiblichen Wissens und Fühlens, des Wissens um die Kräfte der Erde und des Fühlens der eigenen weiblichen Stärke. Mit den Bildern äußerer Heimatlosigkeit korrespondiert die innere Selbstentfremdung, Frauen gingen im umfassendsten Sinn des Wortes ihres eigenen Grundes verlustig, und dies auf allen Ebenen ihres Seins: Sie verloren den Grund und Boden für ihre physische Existenz, denn in matriarchalen Kulturen gehört der Boden den Müttern und wird über die Töchter weitervererbt. Die soziale Grundlage einer ihr angemessenen Gesellschaftsform verloren sie an männliche Machtinteressen und Rechtsauffassungen, die sie in absolute Abhängigkeit vom männlichen Geschlecht brachten. Schließlich wurde ihnen auch noch der geistig-seelische Grund eines auf weiblichen Vorstellungen und Erlebnisweisen basierenden Weltbildes streitig gemacht und durch ein männlich-patriarchales Weltkonzept ersetzt, das, anders als das matriarchale Weltbild, das andere Geschlecht aus dem Bereich des Göttlichen ausschloß und im sozialen Bereich als minderwertig, abhängig und mit Schuld beladen darstellt.

Dieser umfassende Verlust wird von der Frau heute kaum noch wahrgenommen, geschweige denn betrauert und beim Namen genannt. Auch im Kampf um Gleichberechtigung kommt er kaum in seinem vollen Ausmaß zur Geltung. Da Frauen aber die Notwendigkeit einer bewußten Trauer noch nicht erkennen, werden sie von der Schlange ihrer weiblichen Seinsmacht von hinten in die Ferse gestochen[7]; mit anderen Worten, sie werden aus dem Unbewußten – dem Urgrund ihres Seins – »hinterrücks« und »von unten« angefallen von Depressionen, deren Ursachen nicht zu greifen sind. Wo Frauen den berechtigten Grund ihrer Trauer nicht mehr kennen, reagieren sie zunehmend mit depressiven Stimmungen auf die ihnen durch die Umwelt vermittelten Leiden und Entbehrungen.

Doch anders als Demeter nehmen sie entweder die Tröstungs- und Heilungsversuche, die ihnen angeboten werden, an und geben sich vorschnell mit einer Symptombekämpfung zufrieden, ohne daß die wahren Ursachen ihres Leidens sichtbar geworden sind, oder aber sie versinken ganz in ihrer Depression und geben sich selbst und ihre Ziele auf.

Demeter sah noch andere Möglichkeiten: Als Zeus ihr seine Botin Iris sendet, die sie zur Rückkehr auf den Olymp bewegen soll, weigert sie sich, ihren Platz wieder einzunehmen, als sei nichts geschehen. Auch durch versöhnende Gaben der anderen Götter läßt sie sich nicht bestechen. Vielmehr läßt sie jeden einzelnen der patriarchalen Götter wissen, daß sie keinen Fuß mehr auf den Olymp setzen und auf Erden nichts wachsen lassen würde, solange ihre Tochter nicht zu ihr zurückgekehrt sei. Diese Unerbittlichkeit und Beharrlichkeit bringen ihr schließlich die Tochter zurück.

Trauer, Wut und Unversöhnlichkeit erwiesen sich als die notwendigen Verhaltensweisen, um die patriarchalen Götter in die Knie zu zwingen und zum Nachgeben zu bewegen. Im fortgeschrittenen Patriarchat ist der Frau nur noch die erste dieser drei Fähigkeiten als legitimes Ausdrucksmittel ihrer Misere geblieben, wenn auch sie zunehmend der »Unfähigkeit zu trauern« weichen muß. Der Unterschied zwischen Trauer und Depression besteht darin, daß die Ursachen, die zu dieser Seelenstimmung führten, im ersten Fall bekannt sind, im zweiten Fall jedoch nicht mehr erinnert werden.

»Das Vergessen-Wollen verlängert das Exil, und das Geheimnis der Erlösung heißt Erinnerung«, lautet ein jüdisches Sprichwort. Dieses Geheimnis haben inzwischen viele Frauen erfaßt und sich auf den Weg der Erinnerung begeben. Sie haben begriffen, daß, wer die Vergangenheit nicht kennt, auch keine Zukunft hat. Nicht nur in ihrem persönlichen Leben fangen sie an, sich der längst verdrängten und verhärteten Verletzungen zu erinnern; auch die historische Vergangenheit von Frauen wird aufgearbeitet und neu unter die Lupe genommen. Als besonders wichtige Station auf dieser Reise in die Vergangenheit erweisen sich für viele von uns die Hexenverbrennungen, die uns die Gründe für die Tiefe unserer Trauer bewußt machen und gleichzeitig erkennen lassen, *wie* sehr wir lernen müssen, auch Wut und Unversöhnlichkeit wieder zuzulassen, nachdem sie uns durch patriarchale Erziehungsmuster abtrainiert und ausgetrieben worden sind. Ihr Mangel an Wut, ihre ewige Bereitschaft, alles zu verzeihen und zu vergessen, haben den Frauen vielfach die letzten Kräfte geraubt, so daß sie dem notwendigen Widerstand nicht mehr gewachsen waren. Durch das Zulassen ihrer verdrängten Wut und durch das Lernen von Unversöhnlichkeit gegenüber unzumutbaren Erwartungen und Verhältnissen können sie nach anfänglicher Lähmung neue Energiequellen aktivieren.

Auf ihrer Reise in die Vergangenheit, auf ihrer Suche nach sich selbst und einem realistischeren Umgang mit den patriarchalen Machtstrukturen, denen sie sich nicht mehr freiwillig ausliefern will, kann der Frau von heute neben der Aufforderung Jesu, um sich selbst und ihre Kinder zu trauern, noch ein weiterer Mythos helfen, der im europäischen Kulturkreis beheimatet ist und der auch in unserer Zeit nichts von seiner Aktualität eingebüßt hat. Schließlich berichten uns Mythen von Geschehnissen, die fortwährend stattfinden, und von Problemen, die immer wieder auftreten. So können wir heute ein verstärktes »Suchen nach dem Heiligen Gral« feststellen, dem Symbol für das Geheimnis des Weiblichen, das das Patriarchat nicht zu lüften, sondern nur zu fürchten vermag.

Edward C. Whitmont, der den Fragen des Grals ein ganzes Buch gewidmet hat, sieht in ihnen den Schlüssel zu jener Veränderung, die unsere Zeit so bitter nötig hat und die nach seiner Auffassung mit der »Wiederkehr der Göttin«[8] in Verbindung steht. Aus der Tiefe des Unbewußten sieht er die alte Göttin wieder aufsteigen und ihren Platz als Herrscherin der Innenwelt einnehmen und so den weiblichen Werten der Intuition und des Gefühls neuen Raum verschaffen; denn gerade in diesen Bereichen macht sich das Vakuum für die Frau besonders bemerkbar, die vergebens nach einer Antwort auf ihre Gefühle sucht.

Die den Gralssuchenden gestellten vier Fragen klingen wie eine Ergänzung der Aufforderung Jesu, mit der er die Frauen auf den Weg der Suche nach ihrem eigenen Schmerz schickt. Sie können Frauen dabei helfen, die Ursachen und Hintergründe ihres depressiven Schmerzes klarer zu erkennen.

Die erste der vier Fragen lautet: Was schmerzt? Zuerst geht es darum, das Ausmaß des Schmerzes bewußt zu machen und diesen in Worte zu fassen. Es ist uraltes Wissen, daß wir über das, was wir benennen können, auch Macht haben. Das Kennen des Namens von Dingen und Lebewesen, das Erfassen ihres tieferen Wesens ist der erste Schritt auf dem Weg des Umgangs mit ihnen. Bevor Adam als Herrscher über die Tierwelt gesetzt wird, erhält er die Aufgabe, für jedes Tier einen Namen zu finden. Damit muß er unter Beweis stellen, daß er die Tiere auch wirklich kennt. Das Benennen der Umstände und Situationen, die Frauen individuell wie auch gesamtgesellschaftlich, gegenwärtig wie auch in der Vergangenheit als schmerzvoll erlebt haben und noch erleben, wäre also der erste Schritt zu jener Bewußtwerdung, zu der Jesus die Frau am Ende seines Lebens veranlassen möchte.

Die zweite vom Gral gestellte Frage lautet: Was bedeutet es? Nachdem Frauen in der Lage sind, die schmerzvolle Seite ihres Lebens im Patriarchat möglichst weitgehend zu erfassen, müssen sie sich daranmachen, tiefer zu schürfen und die Hintergründe aufzudecken.

Eine Möglichkeit des Umgangs mit den ersten beiden Fragen zeigt das folgende Gedicht einer Frau, das sie während einer psychotherapeutischen Behandlung, im Verlauf eines verstärkten Bewußtwerdungsprozesses also, schrieb.

»Ich fühle Hoffnungslosigkeit.
Was macht mich verloren
für den Glauben an die Welt?
Ich fühle Verlassenheit.
Warum bin ich geboren,
wenn niemand da ist, der mich hält?
Ich fühle Kälte.
Wo kann ich es finden,
der Sonne wärmendes Licht?
Ich fühle Härte.
Was bringt sie zum Schwinden,
damit sie mich nicht zerbricht?«[9]

Wir müssen lernen, den Ursachen unserer Gefühle auf den Grund zu gehen; denn sie sind wichtige Botschaften unseres Innern, die in unsere Lebenssituation integriert werden wollen. Immer hängen unsere Gefühle mit unserem Frausein zusammen und haben daher meist eine gesellschaftskritische Komponente. Das läßt sich ganz konkret am Menstruationsschmerz veranschaulichen:

Was dieser Schmerz bedeutet, hat Dorothee Sölle recht eindeutig beschrieben: »Meine Unfähigkeit, mich als Frau anzunehmen, z.B. die Scham der Menstruation, der Versuch, eine Dimension meiner leiblichen Existenz zu verleugnen, zeigt mir, wie beherrscht, wie gebunden, wie unfrei ich bin ... In der mir anerzogenen Scham, in den von mir internalisierten Ängsten repräsentiere ich die männische, die schöpfungsfeindliche Ordnung. Ich bin abhängig von den herrschenden Ideen. Ich bin abhängig bis in meine Träume hinein.«[10]

Der Schmerz von Frauen hat viele recht einheitliche Komponenten, die ihnen zeigen können, daß hier gesamtgesellschaftliche patriarchale Mechanismen am Werk sind, die Frauen seit Jahrtausenden in die Selbstentfremdung führen und voneinander räumlich und auch seelisch isolieren.

Mit dieser Erkenntnis beginnen wir aber bereits, uns zur nächsten Frage vorzuarbeiten.

Die dritte Frage lautet: Wem dient es? Konkret auf unser Beispiel angewandt hieße es, danach zu fragen, wer von unserem Menstruationsschmerz und all den um diesen Bereich aufgebauten Tabus profitiert. Ein Blick in die Religionsgeschichte oder auch ins Alte Testament zeigt, daß die Tatsache, daß Frauen menstruieren, in patriarchalen Kulturen dazu benutzt wurde, ihnen das Amt der Priesterin zu entziehen und sie vom Kultus auszuschließen – ein Vorgehen, das einen immensen Machtzuwachs für das »priesterliche Geschlecht« bedeutete und bis heute bedeutet, wie beide Kirchen sichtbar demonstrieren.

Wem dient die Scham von Frauen und Mädchen über sexuellen Mißbrauch und Vergewaltigung, die es ihnen erschwert, über die ihnen zugefügte Gewalt zu berichten und die Vergewaltiger zu entlarven?

Wem dient letztendlich der Druck der Doppel- und Mehrfachbelastung berufstätiger Mütter, die nicht nur unter der mangelnden Bereitschaft zu partnerschaftlichem Verhalten ihrer Ehemänner, sondern ebenfalls unter den kinder- und frauenfeindlichen Strukturen in der Wirtschaft und in anderen Bereichen der Gesellschaft leiden? Verhindert dieser Druck nicht auch, daß Frauen sich für die Beeinflussung für sie wichtiger Entscheidungsprozesse einsetzen können? Und bleiben sie dadurch in Kirche und Gesellschaft nicht gezwungenermaßen in der Rolle der Beherrschten?

Dies sind nur einige der zahlreichen Ebenen, auf denen unsere Fragen uns zu mehr Durchblick verhelfen können, wenn wir sie gemeinsam bearbeiten.

Die vierte und letzte Frage lautet: Inwiefern dient es der Souveränität des Lebens? Nachdem wir herausgefunden haben, wem der körperliche, seelisch-geistige wie auch gesellschaftliche Druck auf Frauen und Kinder dient, werden wir an die Sinnfrage herangeführt. Der höchste Wertmaßstab für die Beantwortung der Sinnfrage ist nicht – wie gehabt – die »Natur« oder gar der »Wille Gottes«, sondern die Unantastbarkeit der Souveränität des Lebens, die von Frauen und Kindern wohl bis heute weitaus stärker respektiert wird als von Männern. Als König Artus, Gastgeber und Anführer der Ritter des Heiligen Grals, die Frage stellte, was denn Frauen von Männern eigentlich wollten, bekam er zur Antwort: Souveränität. Damit bringt die mittelalterliche Dichtung zu einem Zeitpunkt wachsender Patriarchalisierung des Geistes die weibliche Problematik auf den Punkt; denn der Begriff stammt aus der Zeit des Rittertums und drückt das geistig-politische Streben der führenden Männer dieser Epoche aus. Es galt herauszufinden, wem Souveränität zukam. Insbesondere zwischen Kaiser- und Papsttum wird der Kampf um das unumschränkte Herrschaftsrecht ausgetragen. In der gotischen Baukunst drückt sich die schöpferische Souveränität des Geistes über die Materie aus. Und auch bei den Gralssuchern geht es darum, herauszufinden, welcher der Ritter allen anderen überlegen ist, denn nur der geistig Reine, der Auserwählte kann den Heiligen Gral finden. Wenn der Mythos König Artus als Anführer der Gralssucher damit konfrontiert, daß es dem weiblichen Geschlecht als ganzem um die Souveränität gegenüber Männern geht, so legt er damit den Finger auf jenes Unrecht, das im Zentrum des patriarchalen Weltbildes liegt: der Diebstahl der dem weiblichen Geschlecht zukommenden Machtbefugnisse, die sich aus ihrer Seinsmacht als Trägerin des Lebens ergeben. Sie, die allein die Souveränität des Lebens garantieren kann, muß selbst souverän sein, um dieser Aufgabe nachkommen zu können.

Es ist daher nur verständlich, wenn Jesus seiner Aufforderung an die Frauen, über sich selbst und ihre Kinder zu weinen, den Hinweis auf eine Zeit folgen läßt, in der es heißen wird: »Selig sind die Unfruchtbaren und die Leiber, die nicht geboren haben ...«

Wo ein religiöses Politsystem (Römer und Sadduzäer arbeiten hier Hand in Hand und werden daher als Einheit betrachtet) einen Mann wie Jesus, dem es um die Befreiung des einzelnen Menschen zur Fülle des Lebens ging, umbringt, weil er mit dieser Haltung für das bestehende Machtgefüge als gefährlich eingeschätzt wird, ist in der Tat die Souveränität des Lebens in höchster Gefahr. Dort bleibt als letzter Ausweg nur noch die Verweigerung des Lebens gegenüber dem Leben.

Stellen wir uns nur einmal vor, welche Wirkung es für Frauen gehabt hätte, wenn sie durch 2000 Jahre hindurch den Karfreitag, den Tag der Sorge, Klage und Trauer (= kara oder chara), zur Bewußtmachung der Gründe für die Trauer um sich selbst und ihren Nachwuchs genutzt hätten. Ich vermute, daß vieles heute anders aussehen würde. Mit Sicherheit aber wäre es um die Solidarität von Frauen besser bestellt, wenn Frauen gewohnt wären, einander ihr Leid zu klagen, statt es als Ausdruck persönlichen Versagens zu werten und voreinander geheimzuhalten, wie es vor kurzem noch gang und gäbe war. Frauensolidarität kann zu einer ungeheuren Kraft werden für die einzelne Frau wie auch für das ganze weibliche Geschlecht. Das scheinen einige Männer zu spüren, wenn sie Frauen, die über ihre Probleme sprechen, vorwerfen, sie würden sich nur gegenseitig ihre Wunden lekken. Jene Frauen allerdings, die in diesen Vorwurf einstimmen, scheinen nicht zu begreifen, wie wichtig diese Phase des Klagens ist, um Frauen Gelegenheit zu geben, sich ihrer Leiden bewußt zu werden und in ihnen neben der persönlichen die gesellschaftliche Komponente zu erkennen. Jesus hatte immerhin begriffen, daß die Klagen der Frauen ihre Berechtigung haben. Vielleicht sollten wir es einmal versuchen und den Karfreitag unter das Motto Jesu stellen: »Weinet nicht über mich; weinet vielmehr über euch und eure Kinder!«

Selig sind die Unfruchtbaren

Zur Karfreitagsbotschaft Jesu an die Frauen gehört die Seligpreisung der Unfruchtbaren, die in ähnlicher Form auch in den apokalyptischen Reden der Evangelisten vorkommt. Dort heißt es bei allen drei Synoptikern übereinstimmend: »Wehe aber den Schwangeren und den Stillenden in jenen Tagen!«[11] Diese Worte passen in unzählige von männlichem Handeln geschaffene Situationen. Sie treffen zu auf Kriege und Flüchtlingselend, auf wirtschaftliche Zusammenbrüche wie auch auf die Folgen von Atomversuchen, die in bestimmten Teilen der Welt immer schlimmere Mißgeburten in immer stärkerem Ausmaß verursachen. Aber auch die »ganz normale« Umweltverseuchung ebenso wie Tschernobyl und Hamm haben uns die Berechtigung dieser Worte in unseren Tagen und Breitengraden vor Augen geführt.

Immer mehr Frauen – aber auch Männer – stellen sich die Frage, ob es überhaupt noch verantwortbar ist, Kindern das Leben zu schenken. Erst kürzlich konnten wir im Zusammenhang mit den Verhaftungen und Mißhandlungen von Kindern in Südafrika einen Mann auf dem Bildschirm sehen, der in großer Verzweiflung und Trauer über die Erlebnisse seines 15jährigen Sohnes berichtete und dabei bekundete, er habe heute Schuldgefühle, daß er Kinder in diese Welt gesetzt habe. So erfahren auch Männer, daß an Frauen gerichtete Worte sie in recht ähnlicher Weise betreffen können. Wo immer sie sich als echte Väter erweisen, geht das, was Mütter betrifft, auch sie an. Der Weheruf über die Schwangeren und Stillenden richtet sich in gewisser Weise also auch an verantwortungsbewußte Väter.

Mit der Seligpreisung der Unfruchtbaren ist das anders. Sie richtet sich ausschließlich an Zuhörerinnen. Wir finden sie nur bei Lukas und in dem gnostischen Thomasevangelium, dort allerdings in einem anderen Zusammenhang. Bei Lukas kommt ihr als Teil der Karfreitagsrede eine ganz besondere Stellung zu. In seiner Passionsgeschichte geht dieser Rede ein langes Schweigen voraus. »Nach dieser Überlieferung hat Jesus seit seiner Übergabe an Pilatus kein Wort mehr gesprochen.«[12] Den Männern im Hohen Rat hatte er noch Rede und Antwort gestanden. Für Pilatus erübrigt er gerade noch drei Worte: »Du sagst es«, antwortete er diesem auf die Frage, ob er der Juden König sei. Dem Spötter Herodes antwortet er jedoch gar nichts mehr auf dessen wortreiche Befragungen[13]. Erst bei seinem Gang ans Kreuz, gefolgt von den Frauen, tut er wieder seinen Mund auf. Danach spricht er nur noch zum Schächer am Kreuz und zu seinem Gott. Der relativ langen Rede an die Adresse der Frauen kommt also nach der lukanischen Anordnung eine besondere Bedeutung zu.

Das gewaltsame Ende Jesu wird zum Anlaß genommen, auf das gewaltsame Ende Jerusalems hinzuweisen, dem eines Tages das gewaltsame Ende der Welt folgen wird. In diesen Szenarios der Gewalt sind Frauen und Kinder die unschuldigsten Opfer, die am wenigsten beklagt werden. Ihnen gilt die Aufmerksamkeit Jesu in dessen letzter Stunde vor seiner eigenen Hinrichtung.

Warum aber befaßt er sich ausgerechnet mit Schwangeren und stillenden Müttern in dieser seiner letzten Stunde? Warum nimmt er sie nicht als Anlaß zu neuer Hoffnung? Galt nicht schon immer neugeborenes Leben als Bild für einen Neuanfang, der verbrauchte Ideen hinter sich ließ und wirklich Neues schuf? War Jesus der Glaube an diesen Neuanfang in den letzten Stunden seines Lebens abhanden gekommen, daß er nunmehr die Unfruchtbaren seligpries?

War nicht auch er einst mit neuem Leben schwanger gegangen und hatte den Menschen zu einer Neugeburt verhelfen wollen? Hatte nicht auch er – genau wie die Weisheit – die Menschen unter seine Fittiche nehmen und mit geistiger Nahrung versorgen wollen; aber sie hatten nicht gewollt? Litt er da nicht auf seinem Gang ans Kreuz die Pein einer Schwangeren, die um sich herum die mutwillige Zerstörung von Leben erfährt, die ihr ganzes Bemühen, neues Leben zu schaffen, zunichte macht und ad absurdum führt? War nicht gerade in solcher Zeit der Gewalt sie, die das Leben schützte und schuf, in besonderer Gefahr, einer Gefahr, der auch er gerade ins Auge geblickt hatte?

Was aber hatte es für einen Sinn, einer Gesellschaft neues Leben zu schenken, der es doch nur um die Vernichtung alles

Neuen ging, die nur auf Zurschaustellung von Macht aus war – sei sie nun religiöser oder politischer Natur – und die gar kein Interesse an *neuem* Leben, Denken und Fühlen hatte?

Wenn aber das Ziel einer Gesellschaft die Vernichtung alles neuen, alles wirklichen Lebens ist, weil ihr nur das Alte, Machterprobte zweckdienlich erscheint und sie sich vor allem Neuen fürchtet wie Herodes vor dem Messias, sind dann nicht die Unfruchtbaren seligzupreisen, die diesem System das neue Leben verweigern, weil sie nicht länger bereit sind, ihr eigenes Leben dieser Mühe zu opfern, die doch nur einer Bereitstellung von neuen Menschenopfern gleichkommt, und weil dieser Weg die einzige Möglichkeit ist, ihrer Stimme gegen das Menschenopfer und den Mißbrauch ihres Nachwuchses Geltung zu verschaffen?

War es nicht an der Zeit, daß Frauen endlich ihre Verantwortung für das Leben wieder neu begriffen? Und da man ihnen längst die Verantwortung für das geistige Leben entzogen hatte, mußten sie da nicht wenigstens jenen Verantwortungsbereich, den Männer ihnen nicht nehmen konnten, stärker in die Waagschale werfen? Wenn sie als Gebärende und Mütter zur Ohnmacht verdammt waren, sollten sie dann als Unfruchtbare, die das Leben zurückhalten, nicht ihre Macht zurückgewinnen können, um dem wahren Leben wieder zu seinem Recht zu verhelfen?

Die Verweigerung neuen Lebens als weibliche Maßnahme bei politischen Mißständen war den Ägypterinnen vergangener Zeiten bekannt. Darauf verweist eine Tempelinschrift. Nach dem Zusammenbruch des Alten Reiches war der Pyramidenbau zum Erliegen gekommen, und 40 000 Bauarbeiter überschwemmten das Nildelta auf der Suche nach Arbeit und Brot. »Da verweigerten die Frauen das Gebären«, heißt es kurz und bündig in besagter Inschrift. Mit der zunehmenden Patriarchalisierung ist an so viel Frauensolidarität nur noch im Rahmen einer Komödie (Lysistrata) zu denken. In israelitischen Zeiten war sie längst unbekannt.

Die Seligpreisung der Unfruchtbaren aus dem Munde eines Juden an die Adresse der Töchter Jerusalems ist ein Anachronismus, galt doch als allererstes und von niemandem zu umgehendes Gebot Gottes jenes des »Seid fruchtbar und mehret euch«, das den beiden ersten Menschen mit auf den Weg gegeben und auf dessen Erfüllung seitdem strengstens geachtet wurde. Hatten nicht die Mütter Israels unter ihrer Unfruchtbarkeit gelitten und die späte Geburt eines Kindes als Geschenk Gottes aufgefaßt? Und hatte nicht Tamar sich sogar als Dirne erniedrigen lassen, um ihrer Gebärverpflichtung nachzukommen[14]? Mußten auf diesem Hintergrund die Worte Jesu nicht blasphemisch klingen? Auf jeden Fall heben sie sich recht scharf ab gegen eine jüdische Tradition, die die Endzeitstimmung nicht als ausreichenden Grund gelten läßt, um gegen das Fruchtbarkeitsgebot verstoßen zu können.

Die Worte Jesu haben daher wohl einen ähnlichen Stellenwert wie jene des »Ich-aber-sage-euch« der Bergpredigt, mit denen sich Jesus gegen die heuchlerischen Rechtsauffassungen bestimmter Schriftgelehrter wendet. Sie verweisen nicht nur auf das Besondere an seiner Lehre, sondern auch auf das Besondere jener politischen Lage, in die hinein sie gesprochen werden. Außerordentliche Situationen bedürfen nun einmal außerordentlicher Reaktionen. Unter dem Eindruck des bevorstehenden Endes der Welt verkehren sich auch die menschlichen Werte und Erfahrungen. Da werden plötzlich die Lebenden die Toten beneiden, und genauso wird sich das Nicht-Gebären als sinnvoller erweisen als das Gebären. Indem Jesus den um ihn trauernden Frauen diesen Zusammenhang bewußtmacht, trifft er genau den Nerv weiblichen Seinsverständnisses. Im Patriarchat und insbesondere in Israel hatten sie sich daran gewöhnt, sich über ihre Kinder – besonders die Söhne – zu definieren. (Einem Mädchen kam nur Wert zu im Hinblick auf ihre zukünftige Ehe und Mutterschaft.) Nur als Mütter konnten Frauen teilhaben an der Tradition, die Unfruchtbare fiel heraus, sie galt nichts. Für sie gab es keine positiven Identifikationsmöglichkeiten. Sie war gezwungen, sich aus der negativen Perspektive ihrer »Unfähigkeit« zu sehen. Das war in den übrigen orientalischen Religionen anders. Dort hatten sich noch Göttinnen erhalten, deren Wert sich nicht aus ihrer Mutterschaft ableitete und die daher auch für kinderlose Frauen ein positives Identifikationsmodell darstellten. Da gab es zum Beispiel die griechische Göttin des Herdfeuers, Hestia, die in Rom als Vesta verehrt wurde.

Sie war als lebendige Flamme im Zentrum jedes Hauses, jedes Tempels und jeder Stadt anwesend. Obwohl sie von olympischen Göttern umworben wurde, lehnte sie jede Form der Bindung ab. »Die Göttin Hestia wetteiferte nicht mit andern um Macht oder um goldene Äpfel. Sie hielt sich aus Beziehungen heraus, mied den Olymp, hatte nichts mit dem Trojanischen Krieg zu tun und förderte, rettete oder bestrafte auch keinen Sterblichen und kam ihnen auch nicht zu Hilfe.«[15] Und dennoch wurde sie, die für sich alle Bindungen wie auch die Sexualität ablehnte und folglich auch keine Kinder hatte, zum Zentrum allen Lebens. Sie machte das Haus zu einem Heim, den Tempel zu einem Heiligtum und den Staat zu einer Familie. Jedes Kind wurde am 5. Tag nach seiner Geburt um ihr Herdfeuer getragen und so in die Familie aufgenommen.

Hestia ist die Göttin der Mitte, der inneren Konzentration und weiblichen Zentriertheit, die in sich Ruhende. Sie ist die Energie des Zentrums, aus dem heraus alles lebt und seine spirituelle Weihe bezieht. Und da sie sich nur auf sich selbst bezieht, sich keiner Parteilichkeit verdächtig macht, mit keinem Gott liiert ist, kann sie die Repräsentantin des Friedens, der Einheit und der Harmonie sein.

In Rom genossen ihre Priesterinnen, die vestalischen Jungfrauen, höchste Verehrung. Sie führten ein introvertiertes kontemplatives Leben im Dienste der Göttin, das meist über ihre Amtszeit als Priesterinnen hinausging, denn auch später waren sie nicht mehr bereit, eine Ehe einzugehen. Über Jahrhunderte hinweg »wirkten sie als Boten des Friedens und der Eintracht. Staatsmänner erbaten ihre Vermittlung in politischen Streitigkeiten, Beschuldigte ihre Fürbitte bei Richtern, Flüchtlinge fanden in der aedes Vestae ein heiliges Asyl. Die von Vestalinnen Begleiteten waren gegen jeden Angriff geschützt. Begegnete dem Verbrecher auf dem Wege zum Richtplatz eine Vestalin, so wurde ihm sein Leben geschenkt. Herrscher legten ihr Testament in ihrem Atrium nieder, wo ihnen die größte Sicherheit gewährleistet erschien.«[16]

Die Vestalinnen selbst galten als unbestechlich. Ihre Tempel mußten den christlichen Kirchen weichen. Wo aber ihr heiliges Feuer nicht mehr kultiviert wurde, erstarb die Verehrung selbstzentrierter Weiblichkeit. Einen schwachen Abglanz ihres heiligen Herdfeuers bildete später der matte Kerzenschein am Altar der Maria. In gleicher Weise traten christliche Nonnen das zertrümmerte Erbe der Vestalinnen an, nur daß im Zentrum ihrer Kontemplation nicht mehr die Göttin, sondern nunmehr der männliche Gott stand und folglich auch das Maß ihrer Verehrung zu wünschen übrigließ.

Eine andere ehe- und kinderlose Göttin war Artemis, die Freiheit und Wildnis liebende Göttin der Jagd, die in Rom als Diana verehrt wurde. Sie war ein jungfräuliches Gegenstück zur Göttin des Herdfeuers. Anders als diese erfüllte sie nicht den Innenraum und das Zentrum des Lebens, sondern richtete ihre Pfeile auf die von ihr gesetzten Ziele, die sich in der Ferne befanden, die sie aber niemals verfehlte. Mit ihrem Gefolge von Nymphen und Jagdhunden streifte sie durch Berge, Felder und Wälder und achtete darauf, daß kein Jäger es wagte, ein Muttertier oder Junges zu erlegen. Als Mondgöttin durchzog sie die Weite des Kosmos. Ihr Licht erhellte das Heim, den Tempel, die Stadt von außen. Sie repräsentierte extravertierte Weiblichkeit.

Selbst kinderlos, verkörperte sie auch den weiblichen Aspekt der Geburtshilfe. Kaum daß sie selbst das Licht der Welt erblickt hatte, so berichtet ihr Mythos, stand sie bereits ihrer Mutter bei der Geburt ihres Zwillingsbruders Apollon bei und wurde daher auch als Göttin der Geburt verehrt. An sie wandten sich die Frauen als »Helferin in den Wehen, die selbst keine Wehen erleidet«. »Sie beteten zu ihr und baten sie, ihrem Schmerz ein Ende zu bereiten, sei es durch die Geburt eines Kindes oder durch einen ›lieblichen Tod‹ von einem ihrer Pfeile«[17]; denn Artemis ist die rasch und entschlossen Handelnde, die mehrmals selbst ihrer eigenen Mutter zur Hilfe eilt. Wer sie um Hilfe anruft, wird von ihr beschützt, wer sie beleidigt, wird bestraft. Ihre Mutter erfuhr ihren Schutz nicht nur im Kindbett, Artemis rächte sie auch an ihrem Vergewaltiger und erschoß den Giganten Tityos, der versucht hatte, ihre Mutter Leto vor ihrer Geburt zu mißbrauchen.

Die meiste Zeit verbrachte Artemis mit ihren Nymphen, von denen sie verlangte, wie sie selbst jungfräulich zu bleiben, denn auch sie lebte das Prinzip weiblicher Ungebundenheit und Unabhängigkeit. Selbst von ihrer Lieblingsgefährtin Kallisto trennte sie sich, nachdem diese von Zeus, der sie verführt hatte, schwanger geworden war. Auf Kreta wollte sie der Prokris nicht erlauben, mit ihr zu jagen, weil sie verheiratet war. Wegen ihrer Eheschwierigkeiten hatte Artemis jedoch Mitleid mit ihr und schenkte ihr einen Hund, dem es bestimmt war, immer seine Beute zu fangen, und einen Speer, der niemals sein Ziel verfehlte. Bei mehreren Gelegenheiten näherten sich ihr Vergewaltiger, was für diese jedoch fast immer verheerende Folgen hatte. Buphagos versuchte sie am Berg Pholoe in Arkadien zu vergewaltigen und wurde von ihr erschossen. Genauso erging es dem Orion, ihrem früheren Jagdgefährten. Auch der Gigant Otos versuchte sie zu überfallen, während sein Bruder Ephialtes Hera verfolgte. Ihr Zwillingsbruder Apollon eilte herbei, um seine Schwester zu befreien, und ließ eine Hirschkuh hinter den Brüdern auftauchen. Beide versuchten, sie mit ihren Speeren zu treffen, und töteten sich auf diese Weise gegenseitig.

Beide Göttinnen, Hestia und Artemis, repräsentieren ein Gefühl von Unversehrtheit und In-sich-gegründet-Sein, das ihre Unabhängigkeit unterstreicht. Sie vermitteln Frauen »eine Haltung des ›Ich-kann-für-mich-selbst-sorgen‹, die es ihr gestattet, im Geist des Selbstvertrauens und der Unabhängigkeit selbständig zu handeln... Ihre Identität und ihr Selbstwertgefühl gründen auf dem, was sie ist und was sie tut, und hängen nicht davon ab, ob und mit wem sie verheiratet ist.«[18]

Dieser Frauentypus wurde im Patriarchat systematisch unterdrückt und diffamiert. Auch stand er nachweislich hinter einer Vielzahl von Frauen, die in den ersten Phasen des Hexenwahns auf dem Scheiterhaufen verbrannt wurden. Übrigbleiben durften nur noch jene Frauen, die sich als domestizierte Gehilfinnen des Mannes verstanden und deren Probleme heute nicht mehr zu übersehen sind, weil sie verglichen mit den Problemen der Singles überdimensionale Proportionen annehmen. Es sind Frauen, die, wie Robin Norwood in ihrem Bestseller feststellt, »zu sehr lieben«. Dahinter erkennt die Autorin »die heimliche Sucht, gebraucht zu werden«. Sie erklärt, was für sie »zu sehr lieben« bedeutet:

»Sich für einen Menschen bis zur Selbstaufgabe verzehren,
diese Besessenheit mit Liebe gleichsetzen,
zulassen, daß sie die eigenen Gefühle
und einen Großteil des Verhaltens bestimmt,
erkennen, daß sie sich auf die eigene körperliche
und seelische Gesundheit negativ auswirkt,
und trotzdem nicht loslassen können.«

Die Autorin beschreibt die Mann-Fixiertheit solcher Frauen in Verbindung mit ihrer Selbstdefinition als »Gehilfin des Mannes«, die ursprünglich natürlich eine patriarchale Erfindung ist. »Den labilen Mann finden wir aufregend, den unzuverlässigen Mann reizvoll, den sprunghaften Mann romantisch, den unreifen Mann charmant, den launischen Mann geheimnisvoll. Der aggressive Mann braucht unser Verständnis. Der unglückliche Mann braucht unseren Trost. Der Versager braucht unsere Ermutigung und der Eisklotz unsere Wärme.«[19] In jeder Lebenslage fühlen sich solche Frauen als des Mannes Ergänzung; ohne ihn sind sie nichts. Alle positiven Gefühle richten sich auf den Mann, die negativen, meist Wut, richten sie gegen sich selbst und folgen damit dem patriarchalen Erziehungskonzept zur Weiblichkeit. Zur Befreiung aus diesen zerstörerischen Beziehungsmustern und emotionalen Verstrickungen empfiehlt die Autorin zum einen die Förderung eigener Interessen und Fähigkeiten: »Sie setzen Ihr Wohlbefinden, Ihre Wünsche, Ihre Arbeit, Ihr Vergnügen, Ihre Pläne und Aktivitäten an erste statt an letzte Stelle – vor die Berücksichtigung der Bedürfnisse anderer. Selbst wenn Sie kleine Kinder haben, verbringen Sie jeden Tag einige Zeit mit Aktivitäten, die ausschließlich Ihnen selbst zugute kommen ... Sie versuchen nicht, sich unangenehmen Bedingungen anzupassen. Sie glauben daran, daß Ihre Wünsche und Bedürfnisse sehr wichtig sind und daß es Ihre Aufgabe ist, sie zu verwirklichen. Gleichzeitig räumen Sie anderen das Recht ein, für die Verwirklichung ihrer Wünsche und Bedürfnisse selbst die Verantwortung zu tragen.«[20]

Damit hat Robin Norwood ganz wesentliche Aspekte des Reaktionsmusters der Göttin Artemis beschrieben, die selbst ihre Ziele anpeilt und sich von niemandem überwältigen läßt

– eine Haltung, für die es im Patriarchat allerdings noch keine Erziehungsgrundlage gibt. Hier kann der Frau nur die Selbsterziehung helfen, bei der sie sich jedoch an den betreffenden Göttinnenmythen und -bildern orientieren kann.

Die andere wesentliche Empfehlung, die Robin Norwood den Frauen gibt, lautet: »Entwickeln Sie durch tägliche Übung Ihren Sinn für Spiritualität[21]. Finden Sie heraus, wodurch Sie Frieden und Gelassenheit erlangen können, und sorgen Sie dafür, daß Sie jeden Tag (mindestens eine halbe Stunde) Zeit finden, um sich darin zu üben[22]. Ohne die Entwicklung Ihrer Spiritualität ist es fast unmöglich, Ihr bestimmendes und kontrollierendes Verhalten anderen gegenüber zu unterlassen und darauf zu vertrauen, daß alles seinen Lauf nimmt ... Indem Sie in spiritueller Hinsicht für sich sorgen, gelangen Ihr Leben und Ihr Glück mehr unter Ihre eigene Kontrolle und werden unabhängiger von den Handlungen anderer.«[23]

Sicherlich ohne es zu wissen, empfiehlt die Autorin mit diesen Worten die Hinwendung zur Göttin Hestia, die den Menschen Frieden und Gelassenheit schenkt auf der Grundlage des Nicht-Eingreifens in den Lauf der Welt. In ihrem ganzen Buch wird eigentlich deutlich, wie notwendig heutige Frauen gerade jener Verhaltensmuster bedürfen, die von den beiden Göttinnen repräsentiert werden, die im wesentlichen durch ihre Jungfräulichkeit charakterisiert sind. »Der Aspekt der jungfräulichen Göttin ist jener Teil einer Frau, von dem kein Mann Besitz ergreifen, den er nicht ›penetrieren‹ kann – der vom Bedürfnis der Frau nach einem Mann oder von ihrem Bedürfnis, eine Wertschätzung durch ihn zu erfahren, unangetastet bleibt und der völlig unabhängig vom Mann existiert, ohne daß die betreffende Frau ihre Daseinsberechtigung vom Mann ableiten müßte. Wenn eine Frau den Archetyp einer jungfräulichen Göttin auslebt, so bedeutet dies, daß ein wesentlicher Teil ihrer selbst psychologisch betrachtet jungfräulich ist und nicht, daß sie im wahrsten Sinn des Wortes – physisch – jungfräulich ist. Der Begriff *jungfräulich* bedeutet unbefleckt, rein, völlig unberührt, noch von niemandem angetastet, nicht bearbeitet, nicht erschlossen, unverletzt wie es zum Beispiel in den Begriffen jungfräuliche Erde, jungfräuliche Landschaft, jungfräulicher Schnee, Jungfernfahrt, Jungfernrede, die Jungfräulichkeit der Urwalderde und so weiter zum Ausdruck kommt. Artemis, Athene und Hestia ragen innerhalb eines von männlichen Gottheiten beherrschten religiösen Systems und einer von männlichen Gottheiten dominierten Epoche als Ausnahme hervor. Diese Göttinnen haben nie geheiratet, wurden nie von männlichen Gottheiten oder von Sterblichen überwältigt, verführt, vergewaltigt oder gedemütigt; sie blieben ›unversehrt‹, unverletzt. Überdies waren sie von allen Göttern, Göttinnen und Sterblichen die einzigen, die von der ansonsten unwiderstehlichen Macht Aphrodites, der Göttin der Liebe, die Leidenschaft entfachte und erotische Sehnsüchte und romantische Gefühle erweckte, unberührt blieben. Liebe, Sexualität oder blinde Leidenschaft konnten ihnen nichts anhaben.«[24]

Ein solches Bild weiblicher Unabhängigkeit und innerer Freiheit und Originalität existiert in unseren Breitengraden praktisch seit vielen Jahrhunderten nicht mehr. Von klein auf wurden Frauen ausschließlich zu Ehe und Familie erzogen, die ihr ganzes Leben auszufüllen hatten. Sie haben gelernt, alles, was sie tun, danach zu bewerten, ob es ihnen den Beifall des Mannes einbringt. Die Stimme ihres eigenen Urteils wurde als irrelevant betrachtet und versank ins Unbewußte.

Wichtige Hinweise auf die Jungfrauenthematik finden wir auch bei Esther Harding. Sie beschreibt die Jungfrau als »eins-mit-sich-selbst«, deren wesentlicher Teil ihrer Psyche keinem Mann gehört. Nach ihren Worten tut diese Frau »das, was sie tut, nicht weil sie gefallen möchte, nicht damit man sie gern hat oder sie billigt, auch nicht zu eigener Billigung, nicht aus Machtbegierde, um die Aufmerksamkeit oder die Liebe eines anderen einzufangen, sondern weil das, was sie tut, wahr ist. Ihre Handlungsweise mag unkonventionell sein. Sie muß vielleicht nein sagen, wo es leichter wäre, besser angepaßt, konventionell gesehen, ja zu sagen. Aber als Jungfrau steht sie nicht unter dem Einfluß der Überlegungen, die die Nicht-Jungfrau, ob verheiratet oder nicht, veranlassen, ihr Fähnchen nach dem Wind zu hängen und sich den Notwendigkeiten anzupassen.«[25]

Frauen haben es nicht gelernt, nach ihren eigenen inneren

Werten und Bewertungen zu fragen oder gar danach zu handeln. Noch heute werden sie als egoistisch angesehen, wo sie sich um diesen Bereich ihres Daseins kümmern.

Bilder weiblicher Unabhängigkeit fanden in der christlichen Tradition keinen großen Anklang. In der zweiten und dritten Generation der Paulusschule wird die Frau »selig werden durch Kindergebären«[26], wenn sie den Männern untertan ist und nicht versucht, ihren Mann zu belehren oder gar zu beherrschen, und nach diesem Muster auch ihre Töchter erzieht. Die zukunftweisenden Worte Jesu, die ihn als Befürworter und Verfechter weiblicher Unabhängigkeit ausweisen, wurden in ihr genaues Gegenteil verkehrt – wie so oft. Daß sich Jesus selbst geweigert hatte, Frauen auf ihre weiblichen Funktionen festzulegen oder von ihnen die Abhängigkeit vom Mann zu fordern, wird von seinen Nachfolgern geflissentlich übersehen. Das soll noch ein weiterer Text veranschaulichen.

Lukas berichtet in Übereinstimmung mit dem gnostischen Thomasevangelium von folgender Begebenheit: Eine Frau aus dem Volke sagt zu ihm: »Selig ist der Leib, der dich getragen hat, und die Brüste, die du gesogen hast. Er aber sprach: Ja, selig sind, die das Wort Gottes hören und bewahren.«[27]

Im Thomasevangelium lautet der Text: »Eine Frau aus der Menge sprach zu ihm: Selig der Leib, der dich trug, und die Brüste, die dich ernährten! Er sprach zu ihr: Selig, die das Wort des Vaters hörten und es in Wahrheit hüteten! Denn es werden Tage kommen, daß ihr sagt: Selig der Leib, der nicht empfing, und die Brüste, die keine Milch gaben.«[28]

Was hier zusammen überliefert wird, finden wir bei Lukas auf recht unterschiedliche Situationen verteilt. Beide Texte lassen aber deutlich erkennen, daß Jesu Seligpreisung der Unfruchtbaren nicht etwa einer leibfeindlichen Grundhaltung entspringt, wie sie sich etwa bei Paulus nachweisen läßt, sondern zum einen in seiner patriarchatskritischen Einstellung und damit zusammenhängend in seiner mangelnden Rollenfixiertheit im Hinblick auf das weibliche Geschlecht begründet ist. Nicht Leib und Brüste sollen den Wert einer Frau ausmachen, wie dies patriarchalen Vorstellungen entsprach, sondern ihre Fähigkeit, sich dem göttlichen Anspruch zu stellen. Nicht als biologisches, sondern als geistiges Wesen will er die Frau gepriesen wissen. An keiner Stelle des Neuen Testaments verweist Jesus die Frau auf ihre sogenannten weiblichen Funktionen, die sie an Mann und Kinder binden. Immer bestätigt er ihre Eigenständigkeit und bestärkt damit die beiden zuvor erwähnten Modelle weiblichen Seins, die von Hestia und Artemis verkörpert wurden. Beide Göttinnen zählten zu den Unfruchtbaren, deren Leiber nicht geboren und deren Brüste nicht gestillt hatten. Mit seinen Worten evoziert Jesus demnach einen Weiblichkeitstyp, dem sein eigenes Volk in keiner Weise huldigte. Er vermittelt den Töchtern Jerusalems und mit ihnen den Frauen späterer Generationen, daß die Zeiten, in denen ihre Wertschätzung von ihrer Gebärfähigkeit abhing, ein für allemal ihrem Ende entgegengehen, wenn sie selbst aufhören, sich über ihr Muttersein zu definieren, und einsehen, daß dieses System ihre Anstrengungen in diesem Bereich nicht mehr verdient hat. Es war zum Tode bestimmt, und die Frau würde sich nur zusätzlichen Leiden aussetzen, wenn sie durch die Fortsetzung ihrer Fruchtbarkeit dieses System weiter unterstützen würde, das doch ihren Nachwuchs nur immer wieder gegen sie verwandte.

Am Karfreitag ruft Jesus die Frau in die Selbstbesinnung. Sie soll ihre Situation in einer ihrem Ende zusteuernden Gesellschaft überdenken und sich der Erkenntnis nicht verschließen, daß die Zeiten, in denen sie ihrem Mutterinstinkt folgen oder sich patriarchalen Normen fügen mußte, endgültig vorbei sind. Sie braucht sich nur auf die Möglichkeit der Unfruchtbarkeit zu besinnen und diese als Ausdrucksform göttlichen Willens für ihr Leben zu betrachten. Mit seiner Seligpreisung der Unfruchtbaren ruft Jesus die Frau in eine Entscheidung gegen althergebrachte Rollenmuster. Er fordert sie auf, den Preis ihres unreflektierten Mutterseins (und das trifft wohl für die Mehrzahl der Mütter der letzten Jahrtausende zu) neu zu überdenken auf dem Hintergrund patriarchalen Zerstörungswahns. Sie soll sich endlich weigern, sich als passives Opfer zu fühlen und sich als Schachfigur auf dem Brett männlicher Willkür hin- und herschieben zu lassen, und sich statt dessen die Macht des Neinsagens aneignen. Doch dazu muß sie lernen, sich nicht länger primär über Beziehungen zu definieren, sondern aus sich selbst und auf die von ihr gestellten Aufgaben hin zu leben. Sie muß sich jener Bilder weiblichen Seins erinnern, die vom Patriarchat verschüttet wurden. Dazu gehört auch das Wiederentdecken jenes alten Wissens, von dem der Paradiesmythos noch spricht, daß nämlich ihr primäres Verlangen nach dem Mann zu den Flüchen des Patriarchatsgottes gehört[29], dem ursprünglich ein primäres Verlangen nach Erkenntnis vorausgegangen war[30]. In vorpatriarchaler Zeit schien sich die Frau über ihre Erkenntnis und nicht über ihre Beziehungen definiert zu haben, wie dies selbst der Paradiesmythos noch durchschimmern läßt.

Erkenntnis aber ist immer in erster Linie Selbsterkenntnis, Zentriertheit auf die eigene Mitte zur Erfassung des eigenen Wesens und der eigenen Bestimmung. Wie alle esoterischen Lehren zeigen, bedeutet Selbsterkenntnis im tiefsten Grund auch immer Erkenntnis des Göttlichen, das Wissen um göttliches Sein in uns. Daher hatte die Schlange auch recht, als sie Eva im Paradies versprach: »Ihr werdet sein wie Gott«, wenn ihr vom Baum der Erkenntnis eßt, was am Ende von Gott selbst bestätigt wird[31]. Meint Jesus gar dasselbe wie die Schlange, die Eva zu höherer Erkenntnis verhilft, wenn er die Unfruchtbaren seligpreist und sie damit auf andere, längst vergessene Möglichkeiten weiblichen Seins hinweist? Hatte er nicht ihre intuitive Fähigkeit, ihrer göttlichen Stimme zu folgen, höher bewertet als ihre Fähigkeit zu gebären und zu nähren?

Wenn es stimmt, zeigt sich hier die Berechtigung des johanneischen Vergleichs, dann ist dieser Jesus für die Frau zur erhöhten Schlange geworden[32], dem Symbol matriarchaler Weisheit und Macht, das ebenfalls als Sinnbild für geistige Erneuerung stand.

Hier schließt sich der Kreis, nachdem die Schlange sich gehäutet hat und zu neuem Leben erwacht ist ...

Geht hin und verkündigt meinen Brüdern . . .

Es waren Frauen, denen sich Jesus vor seiner Hinrichtung zuletzt zuwandte, und Frauen waren es auch, denen er sich als Auferstandener zuerst zuwandte. Die Botschaft von der Auferstehung Jesu von den Toten, die zum Zentrum und Ausgangspunkt christlichen Glaubens wurde, hat ihren Ursprung in der weiblichen Seele. Frauen zeigten zuerst jene Offenheit und Durchlässigkeit, die nötig ist, um den Auferstandenen bei sich zu empfangen. Sie gewannen als erste die Gewißheit, daß der von ihnen Belehrte, Gesalbte und Geliebte den Tod überwunden hatte und weiterleben würde. Hatte er ihnen bis zu seinem Tode die Treue gehalten, so bewiesen sie ihm die Treue über den Tod hinaus. Keinen Moment hatten sie ihn aus den Augen gelassen, während seine Jünger längst das Weite gesucht hatten. Im Leben wie im Sterben hatten sie ihm bis zuletzt beigestanden und ihn über den Tod hinaus noch bewacht, denn »Maria aus Magdala und die andere Maria, die saßen dem Grabe gegenüber«[33].

Und dann waren in der Tat aus den Letzten die Ersten geworden an jenem ersten Tag der Woche, als sie sich wiederum auf den Weg machten und in überwältigender Weise seiner Gegenwart gewahr wurden. Ihnen hat sich der Totgeglaubte zuerst als lebendig erwiesen und sie beauftragt, den Jüngern diese Botschaft zu verkündigen. Doch erwiesen sich seine Jünger als die ersten Ungläubigen, denn die Worte der Frauen »kamen ihnen vor wie leeres Gerede, und sie glaubten ihnen nicht«[34].

In diesen Worten drückt sich eine jahrtausendealte, typisch männliche Haltung aus, die den Frauen die Fähigkeit abspricht, die Wahrheit zu erkennen, und es darauf angelegt hat, Frauen in ihren Wahrnehmungen zu verunsichern, ihre Intuition zu belächeln und über ihre Gefühle und Empfindungen in bornierter Arroganz hinwegzusehen. Bis heute gilt nur das als wahr, was Männer sagen. Männliche (Vor-)Urteile wurden zur »Wissenschaft« erhoben, männliche Wahrnehmungsmuster für verbindlich erklärt und männliche Formen des Denkens als *die* Logik ausgegeben. Daraus folgt bis heute, daß Frauen unlogisch sind, nicht immer zwischen Gefühlen und Wirklichkeit unterscheiden können und höchst unwissenschaftliche Vorstellungen von dem haben, was diese Welt im innersten zusammenhält. Was Wissenschaft, was Politik oder die rechte Gotteslehre, was methodisch sauberes Vorgehen oder aber legitimer christlicher Glaube ist, das haben Männer festgelegt und erwarten ganz selbstverständlich, daß Frauen, die am Entwurf dieser Denksysteme keinen Anteil hatten, sich ihnen widerspruchslos fügen. Bis heute legen ausschließlich Männer fest, was gut und was böse ist, und verlangen von Frauen, sich ihren Werturteilen zu beugen, was insbesondere in der Abtreibungsfrage deutlich wird. Frauen wird nicht zugestanden, eigenverantwortlich zu handeln. Sie enden dabei häufig in einer ethischen Verwirrungskrise. Für sie gilt bis heute das Verbot des Essens vom Baum *ihrer* Erkenntnis von gut und böse. Auch im Zeitalter weiblicher Emanzipation müssen Frauen sich daran gewöhnen, daß Männer ihnen sagen, was richtig und was falsch ist, denn ihr Wort ist Gesetz, ist Wahrheit. Wieder einmal verkehren sie damit das, was Jesus gewollt hatte, ins genaue Gegenteil und verhängen sogar einige Jahrzehnte nach Jesu Tod ein Schweigegebot über die Frauen. Daß Männer beauftragt wurden, den Frauen zu verkündigen, lesen wir nirgends; daß Jesus aber Frauen zur Verkündigung an seinen Brüdern beauftragt, ist selbst im neutestamentlichen Kanon noch gut belegt. Mit anderen Worten: Den Männern wird zugemutet, den Frauen Gehör und Glauben zu schenken, und nicht umgekehrt. Die Auferstehungsbotschaft war nur um den Preis des Hinhörens auf die Frauen zu haben.

Seit vielen Jahrtausenden hatte das weibliche Geschlecht dem männlichen verkündet, daß es nicht im Tode bleiben, sondern zu neuem Leben erwachen würde. Die matriarchalen Religionen durchzieht der Mythos vom geopferten Kultkönig, der als Repräsentant alles Natürlichen einmal im Jahr mit der Natur sterben mußte. Im folgenden Frühjahr kehrte er mit der Natur ins Leben zurück und feierte mit der Kultpriesterin als Repräsentantin des unvergänglichen weiblichen Prinzips die Heilige Hochzeit.

Im matriarchalen Bewußtsein waren Leben und Tod keine absoluten Gegensätze. Beide gehörten zusammen und machten erst das ganze Leben aus. »Der Tod ist nur eine andere Seinsweise des Menschen«, wie Gerda Weiler schreibt[35]. Und auch Virolleaud stellt fest, daß diese Bewußtseinsform ein Weltbild spiegelt, »wo der Tod ... keine grausame und endgültige Tatsache darstellt, sondern weit eher eine gefährliche Verlockung, der man verfällt wie einem sanften Schlaf«[36]. Matriarchale Religionen verkünden in vielfältiger Form, daß der Tod nicht das Ende des Lebens bedeutet, sondern lediglich ein Durchgangsstadium zu neuem Leben darstellt, auf das es sich vorzubereiten gilt wie auf andere Phasen des Lebens. Von diesen Vorbereitungen künden die eleusinischen Mysterien. Wer ihre Weihen erhalten hatte, brauchte den Tod nicht mehr zu fürchten, hatte bereits in diesem Leben den Tod überwunden. Im Zentrum matriarchaler Religionen findet die Bewältigung der Todesangst statt. Ihr wird begegnet mit dem Durchleben der Dunkelheit und der Isolation im diesseitigen Leben, verbunden mit einer Botschaft, nach der der Tod keine endgültige Macht darstellt, sondern immer wieder überwunden wird.

Im christlichen Glauben war der auferstandene Christus zum Symbol für die überwindende Kraft geworden, durch die der Tod besiegt werden kann. So gelang es dem Christentum, Anhänger/innen unter den Nachfahrinnen und Nachfahren von Eleusis und anderen matriarchalen Kultstätten zu finden. Andererseits fanden matriarchale Vorstellungen eine Ausdrucksform in christlichen Symbolen, die sie zum einen schufen, von denen sie andererseits aber auch absorbiert wurden.

Im jüdischen Glauben zur Zeit Jesu hatte es eine breite Glaubensströmung gegeben, die den Tod als endgültiges Ende allen Lebens ansah. Getragen wurde diese Richtung von der herrschenden Kaste, den Sadduzäern, bei denen lediglich die fünf Bücher Mose ihre Anerkennung als göttliche Offenbarungsschriften erhielten, aus denen eine Möglichkeit der Rückkehr aus dem Tode nicht abgeleitet werden kann.

Die Laienbewegung der Pharisäer glaubte dagegen an eine Auferstehung der Toten zum letzten Gericht, mit dem der kommende Äon eingeleitet wird. Aber auch der Reinkarnationsgedanke war höchst lebendig im jüdischen wie auch im späteren christlichen Glauben. Im Neuen Testament scheint er als selbstverständlich vorausgesetzt zu werden[37]. Einen Blick auf das breite Spektrum an Glaubensmöglichkeiten gestattet Lukas 9,7 f.: Herodes hatte von Jesus und seinen Wundertaten gehört und war mit den folgenden möglichen Antworten auf die Frage, wer dieser Jesus sei, konfrontiert worden: Die einen meinten, der von Herodes enthauptete Johannes sei von den Toten auferstanden. Andere meinten, in Jesus sei der Prophet Elia erschienen, und wieder andere hielten ihn für eine Reinkarnation eines anderen Propheten. Die Frage konnte wohl nie endgültig geklärt werden.

Ähnliches gilt für die Frage, was denn eigentlich mit der Auferstehung Jesu gemeint ist. Die im Zentrum christlichen Glaubens stehende Aussage, Jesus sei von den Toten auferstanden, wird von christlichen Theologen bis heute recht unterschiedlich interpretiert. Diese Unterschiedlichkeit der Auffassungen von *dem* zentralen Ereignis christlicher Heilsgeschichte wird bereits in den frühchristlichen Gemeinden sichtbar. Ihre Wurzeln reichen bis ins Neue Testament.

Von Anfang an scheint keine Einigkeit darüber bestanden zu haben, was dieses Ereignis für die Nachfolgerinnen und Nachfolger Jesu, aber auch für den christlichen Glauben als ganzen bedeutet. Es steht in einer eigenartigen Spannung zwischen anfänglichem männlichen Unglauben, der es als »leeres Gerede« oder Weibergewäsch abtut, und einer späteren Dogmatisierung, die es zum unveräußerlichen Glaubensgut erhebt, was für Nicht-Glaubende nunmehr Exkommunikation oder Höllenpein bedeutete. Zuerst wurde dieses Ereignis nicht geglaubt, weil es den Jüngern absurd erschien; später sagt Tertullian, es »muß geglaubt werden, gerade weil es absurd ist«[38]. Dahinter steckt jene Spannung, die das patriarchale Denken durchgängig charakterisiert, denn richtig ist, was ihm nützt, und gut ist, was es erhält. Auf dieser Grundlage können bis heute eigene Spione ausgezeichnet, die der Gegenseite aber verurteilt werden. Es gibt selbstverständlich auch noch krassere Beispiele, mit denen ich mich jedoch nicht aufhalten will. Allein die Rechtsprechung sowie die Gesetzgebung kann sich hier als wahre Fundgrube erweisen.

Nicht nur über die Bedeutung des Auferstehungsglaubens herrschte von Anfang an Uneinigkeit, auch über das, was sich in der Auferstehung ereignet hatte, waren sich die neutestamentlichen Schreiber keineswegs einig, was hier nicht etwa mit einem kritischen, sondern eher mit einem sympathisierenden Unterton festgestellt wird. Immerhin zeigt solche Vielfalt, wie wenig Schreiber, Interpreten und Exegeten zu allen Zeiten dieses Ereignis »in den Griff bekommen« haben, eben weil es die Dimensionen ihres Horizonts überstieg.

Handelte es sich bei der Auferstehung um ein physisch oder geistig zu verstehendes Ereignis? Beide Möglichkeiten des Verstehens sind aufgrund der neutestamentlichen Texte gegeben. Auf der einen Seite werden Geschichten erzählt, die beweisen sollen, daß der Auferstandene »kein Geist« war. Da soll der ungläubige Thomas seine Hand in die Kreuzigungswunden legen, auf daß er gläubig werde[39]. Bei Lukas fordert der Auferstandene seine Jünger auf: »Sehet meine Hände und meine Füße, daß ich es selbst bin! Rühret mich an und sehet! Denn ein Geist hat nicht Fleisch und Bein, wie ihr seht, daß ich es habe.« Und um auch noch den letzten Unglauben zu beseitigen, fragt er: »Habt ihr etwas zu essen hier? Da reichten sie ihm ein Stück von einem gebratenen Fisch. Und er nahm und aß vor ihren Augen.«[40]

Mit weniger Geduld erscheint der Auferstandene in der Nachgeschichte des Markus. Dort offenbart er sich zweien der Jünger »in andrer Gestalt«[41]. Das wiederholt sich etwas später gegenüber den Elfen, und er »schalt ihren Unglauben und die Härte ihres Herzens, weil sie denen (= den Frauen, C.M.), die ihn nach seiner Auferweckung gesehen, nicht geglaubt hatten«[42]. Während die anderen beiden Berichte den Auferstandenen in seine physische Existenz zurückholen, geht es dem Schreiber dieses Textes um die Andersartigkeit der Erscheinung des Auferstandenen.

In diese Richtung scheinen auch die schriftlichen Bemühungen des Paulus zu gehen. Er endet seine Abhandlung über die Auferstehung der Toten mit den Worten: »Das sage ich aber, liebe Brüder, daß Fleisch und Blut nicht können das

Reich Gottes ererben; auch wird das Verwesliche (das ist der sterbliche Leib) nicht erben die Unverweslichkeit.«[43] Sein eigenes Erleben des Auferstandenen wird recht eindeutig als geistige Vision beschrieben. Als er nach Damaskus reiste, um dort die Christen zu verhaften, »umleuchtete ihn plötzlich ein Licht vom Himmel, und er fiel auf die Erde«[44], und er hörte die Stimme Jesu, der ihn wegen der beabsichtigten Verfolgung tadelte. Für Paulus steht also eindeutig der Auferstandene für ein geistiges Erleben, das nichts mit der physischen Anwesenheit eines ins Leben zurückgekehrten Toten zu tun hat. Hier nun stimmt die Auffassung des Paulus mit jener von Gnostikerinnen und Gnostikern überein, die die Meinung vertreten, daß dem Erleben des Auferstandenen nicht eine Begegnung mit dem physischen Jesus zugrunde lag, sondern vielmehr eine Begegnung auf geistiger Ebene. »Dies kann in Träumen, in ekstatischer Trance, in Visionen oder in Momenten der geistigen Erleuchtung geschehen.«[45] Grundlage solchen Erlebens ist natürlich der Glaube an die Möglichkeit, daß der physische Tod geistig überlebt werden kann. Dieser Glaube blieb aus der matriarchalen Vorstellungswelt auch in patriarchalen Weltbildern erhalten. Er ist sozusagen das letzte Verbindungsstück zwischen beiden Weltbildern – eine Verbindung, die wir den Frauen um Jesus verdanken, allen voran Maria Magdalena, deren Name von den Evangelisten übereinstimmend genannt wird. Trotzdem nimmt das Erleben der Frauen in ihren Berichten nur einen sehr schmalen Raum ein. Weit ausführlicher wird dagegen die Überzeugungsarbeit an den Jüngern beschrieben.

Anders verhält es sich mit der gnostischen Überlieferung. In ihr nimmt Maria Magdalena, wie bereits mehrfach erwähnt, einen wesentlich breiteren Raum ein. Immer wieder ist sie es, die den anderen Jüngern ihre vom Auferstandenen empfangenen Botschaften verkündet, um deretwillen sie von den Jüngern beneidet wird. Im Evangelium der Maria werden Andreas und Petrus namentlich genannt als diejenigen, die ihren Worten keinen Glauben schenken. Nachdem Andreas seine Zweifel beziehungsweise seinen Unglauben vorgetragen hat, wendet sich Petrus an die Jünger mit den Worten: »Hat er wirklich unter vier Augen mit einer gesprochen und nicht offen mit uns? Sollen wir uns etwa alle ihr zuwenden und ihren Worten Gehör schenken? Hat er sie uns etwa vorgezogen?«[46]

Wenn solche Fragen im Neuen Testament auch nicht erörtert werden, so mögen sie doch hinter dem relativ großen Mantel des Schweigens stehen, in den die Evangelisten Maria Magdalena gehüllt haben. Während sie als Empfängerin geistiger Botschaften vom Auferstandenen in gnostischen Kreisen eine ganz besondere Rolle gespielt haben muß bleibt bei den Evangelisten lediglich ihre Rolle der Überbringerin der Auferstehungsbotschaft als solcher erhalten. Gleichzeitig bemerken wir eine Schwerpunktverschiebung auf die Jünger hin durch die Überzeugungsarbeit, die der Auferstandene leisten muß, indem er ihnen handfeste »Beweise« seiner physischen Präsenz liefert. Auf der Grundlage dieser recht wundersam anmutenden Berichte konnten die Jünger ebenfalls zu Trägern der Auferstehungsbotschaft gemacht werden, die ihnen selbst nach der Phase tiefster Depression im Anschluß an die Kreuzigung Jesu nicht nur neues Leben eingehaucht und sie neu inspiriert hatte, sondern die zudem auch noch als ein innergemeindliches Machtmittel entdeckt wurde. In meinem Buch »Die Weiblichkeit Gottes«[47] habe ich bereits beschrieben, wie die Begegnung mit dem Auferstandenen schon bald als Legitimationsmittel für das Amt des Apostels benutzt wurde. »Bin ich nicht Apostel? Habe ich nicht den Herrn gesehen?« rechtfertigt sich Paulus gegenüber den Korinthern[48]. Und der als zwölfter Apostel in den Jerusalemer Kreis Neuzuwählende muß den folgenden Bedingungen entsprechen: Er muß von der Taufe des Johannes bis zur Himmelfahrt dabeigewesen sein und »mit uns zusammen zum Zeugen seiner Auferstehung werden«[49].

Daß Frauen im harten Kern der Zwölf unerwünscht waren, liegt auf der Hand. Das »weder Mann noch Frau«[50] galt nun einmal nicht auf allen Ebenen. Die Begegnung der Frauen mit dem Auferstandenen brachte ihnen nach der traditionellen Überlieferung weder besonderes Ansehen noch gar Machtpositionen ein. Paulus unterschlägt sie rundweg in seinem Auferstehungsbericht[51]; denn nach seinem Vorstellungsmuster hätten die Frauen das Amt der *ersten* Apostelinnen beanspruchen können. Für ihn sagt die zeitliche Reihenfolge der Begegnungen etwas aus über die Bedeutung des jeweiligen Apostels[52]. Nur auf der Grundlage der Verfälschung der Wirklichkeit kommt es also zu der hervorragenden Stellung, die die zwölf Apostel innehatten. Unter ihnen wurde Petrus zum Sprecher und traditionsgeschichtlich bedeutendsten Nachfolger Jesu. Um diese Position einnehmen zu können, wird ihm die Erstbegegnung mit dem Auferstandenen angedichtet. Dieser Sichtweise schließt sich die offizielle Kirche an, obwohl die Evangelien etwas anderes überliefern.

Aber nicht nur die Lüge mußte als Steigbügel zur Macht herhalten, auch die Deutungen der Auferstehung mußten aus machtpolitischem Interesse auf ein Minimum reduziert werden. Das hat Elaine Pagels in ihrer Gegenüberstellung der Evangelien mit gnostischen Vorstellungen von der Auferstehung gezeigt. Sie führt aus, daß sich die Orthodoxen für ein wortwörtliches Verständnis der Auferstehungsberichte entschieden und all diejenigen zu Häretikern abstempelten, die »die Auferstehung des *Fleisches*« leugneten[53].

»Wenn die Berichte des Neuen Testaments mehrere Interpretationen zuließen, warum bestanden dann die orthodoxen Christen im zweiten Jahrhundert auf einem wortwörtlichen Verständnis der Auferstehung, und warum verwarfen sie jedes andere als häretisch? Ich vermute, daß sich diese Frage nicht zufriedenstellend beantworten läßt, solange wir nur den religiösen Gehalt dieser Lehre berücksichtigen. Untersuchen wir aber ihre praktischen Auswirkungen auf die christliche Bewegung, stellen wir fest, daß die Lehre von der leiblichen Auferstehung paradoxerweise auch eine wesentlich *politische* Funktion hat: sie legitimiert die Autorität bestimmter Männer, die als Nachfolger des Apostels Petrus die Ausübung einer exklusiven Führung der Kirchen beanspruchen. Seit dem zweiten Jahrhundert hat die Lehre dazu gedient, die apostolische Nachfolge der Bischöfe, bis heute die Grundlage der päpstlichen Autorität, zu festigen. Die gnostischen Christen, die die Auferstehung in anderer Weise interpretierten, haben einen geringeren Anspruch auf Autorität: wenn sie den Vorrang vor den orthodoxen beanspruchen, werden sie als Häretiker gebrandmarkt.«[54]

Die gnostischen Christen lehnten einen wortwörtlichen Glauben an die Auferstehung ab. »Worauf es ihnen ankam, war nicht das buchstäbliche Sehen, sondern die geistige Vision. Sie verwiesen darauf, daß viele, die die Ereignisse im Leben Jesu miterlebt hatten, ihrer Bedeutung gegenüber blind geblieben waren. Ja, die Jünger selbst hatten die Worte Jesu oft mißverstanden: diejenigen, die verkündeten, daß ihr toter Meister physisch ins Leben zurückgekehrt sei, nähmen fälschlicherweise eine geistige Wahrheit für ein wirkliches Ereignis. Der wahre Jünger hat den irdischen Jesus vielleicht nie gesehen, weil er, wie Paulus von sich sagte, zur falschen Zeit geboren wurde. Doch solch eine physische Behinderung kann durchaus zu einem geistigen Vorzug werden. Menschen wie Paulus können Christus zuerst auf der Ebene der inneren Erfahrung begegnen.«[55]

Für die orthodoxen Christen war die Möglichkeit der Begegnung mit dem Auferstandenen auf die Zeit bis zur Himmelfahrt begrenzt. In diesen vierzig Tagen vollzog sich die »Machtübergabe«. Danach »entzog der auferstandene Herr ihnen abrupt seine leibliche Gegenwart und fuhr, wie sie mit Verwunderung beobachteten, gen Himmel«[56]. Nach diesem Ereignis würde nach der Vorstellung des Lukas, »solange die Welt besteht, niemand mehr Christi tatsächliche Gegenwart erfahren, wie es die zwölf Jünger während seiner Lebenszeit und vierzig Tage lang nach seinem Tod getan hatten«[57].

Auf der Grundlage dieser Unterscheidung, nach der nur den Erfahrungen der Jünger primäre Bedeutung zukam, wurden die Machtverhältnisse geregelt. Über Petrus, den, wie es fälschlicherweise heißt, »ersten Zeugen der Auferstehung«, ging die göttliche Vollmacht über auf Bischöfe und Päpste – bis auf den heutigen Tag. Der Auferstandene mußte herhalten, um die Machtgelüste seiner Nachfolger zu befriedigen. Das zeigen auch die Belehrungen, die die Jünger von ihrem Herrn empfangen haben wollen. Hatte der irdische Jesus sie immer wieder vor jeglicher Machtanmaßung gewarnt und sie zum Dienen bestimmt, so klangen die Worte des Auferstandenen dagegen recht befremdlich. Mit machtvollen Worten wird der Missionsbefehl, der nachweislich nicht auf Jesus zurückgeht, vom Auferstandenen eröffnet: »Mir ist gegeben alle Gewalt im Himmel und auf Erden. Darum geht hin und machet alle Völker zu Jüngern ...«[58] Wieviel Unglück und Blutvergießen dieser sogenannte »Befehl« über die Völker brachte, ist wohl hinlänglich bekannt. Die orthodoxen Schreiber des Nachtrags bei Markus ergänzen den Evangelisten mit den Worten: »Wer gläubig geworden und getauft worden ist, wird gerettet werden; wer aber nicht gläubig geworden ist, wird verurteilt werden.«[59] Auf diese Weise wird die Frohe Botschaft zu einer Drohbotschaft. Orthodoxe regeln den Zugang zum Himmelreich nicht nur über den religiösen Glauben, sondern ebenfalls über die (anscheinend doch nicht durch den Kreuzestod erlangte) Sündenvergebung: Bei Johannes läßt der Schreiber den Auferstandenen zu den Jüngern sagen: »Wenn ihr jemandem die Sünden vergebt, sind sie ihm vergeben, wenn ihr sie jemandem nicht vergebt, sind sie ihm nicht vergeben.«[60] Selbst dem theologisch weniger geschulten Blick muß auffallen, wie sehr die von späteren Schreibern den Evangelien hinzugefügten Worte des Auferstandenen den Lehren und Forderungen des irdischen Jesus an die Adresse der Männer widersprechen. Andererseits ist auch nicht zu übersehen, wie sehr sie dem Anliegen der Jünger entsprechen, denen es um Machtpositionen ging und deren Bedürfnis, »Feuer vom Himmel regnen zu lassen«, bereits angesprochen wurde. Beide Anliegen lebten sich in der orthodoxen Kirche bis zum Exzeß aus. Sie war durch ihre skrupellosen Machtinteressen wie auch den Wunsch, Abweichler vom »wahren Glauben« oder der »reinen Lehre« ins höllische Feuer zu schicken, geprägt. Daß eine Umkehr der Kirche von solchen Wegen stattgefunden hat, wage ich nicht zu behaupten. Sicher ist allerdings, daß ihr die Mittel zur Durchsetzung solcher Anliegen nicht mehr im früheren Ausmaß zu Gebote stehen und dadurch andere positive Ansätze aufkeimen konnten und heute die Kirche stellenweise mitbestimmen.

Wie wir gesehen haben, eignete sich die Lehre von der leiblichen Auferstehung Jesu, seinem vierzigtägigen Auftreten unter seinen Brüdern und seiner Himmelfahrt hervorragend zur Konstituierung eines weltweiten patriarchalen Machtsystems, das bis heute seinesgleichen sucht. Dazu bemerkt Elaine Pagels: »Was immer wir von der Historizität der orthodoxen Darstellung halten mögen, ihre Findigkeit können wir bewundern. Denn diese Theorie, daß jede Autorität von Erfahrungen bestimmter Apostel mit dem auferstandenen Christus herrührt, eine Erfahrung, die nun niemals mehr möglich sein wird, hat ungeheure Auswirkungen auf die politische Struktur der Gemeinde«[61], wie Frauen bis heute feststellen können! Gnostische Christen lehnten sich gegen diese Lehre wie auch gegen die sich schon bald aus den orthodoxen Reihen bildende Amtsautorität auf und wurden daher von ihren »christlichen Brüdern« aufs schärfste verunglimpft und bekämpft – eine Tendenz, die bis heute anhält, selbst bei jenen Theologen, die mit ihren Erkenntnissen in wesentlichen Punkten übereinstimmen. Wie wenig sich die Lehre des Auferstandenen, die wir in gnostischen Schriften finden, zur Errichtung eines Machtapparats eignete, zeigt unter anderem das Evangelium der Maria. Dort lehrt Christus: »Seid wachsam, damit ihr nicht in die Irre geführt werdet durch Worte wie: Siehe hier! oder: dort! Denn des Menschen Sohn ist inwendig in euch. Folgt ihm nach! Jene, die ihn suchen, werden ihn finden. Gehet hin und predigt die Botschaft vom Reich Gottes (Malchut, Schechina, C.M.). Legt keine weiteren Regeln fest, die über das hinausgehen, was ich für euch bestimmt habe, und erlaßt keine Gesetze, wie die Gesetzgeber es tun, damit ihr durch sie keinen Zwängen unterworfen werdet.«[62] Anklänge an Matthäus 7,7; Lukas 17,21 und andere sind unverkennbar, so daß es keinen Bruch gibt zwischen der Lehre des irdischen Jesus und jener des Auferstandenen. Es geht um die geistige Mündigkeit des einzelnen, die mit Hilfe der Reich-Gottes-Lehre weiterentwickelt werden soll. Hier wird Religion als Rückbindung an das eigene Innere verstanden, nicht aber als Rückbindung an eine äußere Tradition oder gar Institution.

Aber nicht nur die Lehre des Auferstandenen, auch das Verständnis von der Auferstehung unterscheidet sich drastisch von dem, was die Orthodoxen lehrten. Ohne die Auferstehung zu leugnen, lehnen gnostische Christen »eine wortwörtliche Interpretation ab; einige halten sie für ›außerordentlich abstoßend, widerwärtig und unmöglich‹«[63]. Für viele von ihnen blieb die Erfahrung des Auferstandenen äußerst lebendig und war auf kein bestimmtes Geschlecht (wie bei Paulus) oder auf einen bestimmten Personenkreis beschränkt. »Die Auferstehung, darauf beharrten sie, war nicht ein einmaliges Ereignis in der Vergangenheit; es symbolisierte vielmehr, wie Christi Anwesenheit auch in der Gegenwart erfahren werden kann.«[64] Dem Irrtum, es handle sich hierbei um »Hirngespinste«, wird gleich mehrfach begegnet. »Im Evangelium der Maria fragt Maria Magdalena, als sie den Herrn in einer Vision sieht: Wie sieht einer, der die Vision sieht? (Durch) die Seele, (oder) durch den Geist? Er antwortet, daß der Visionär durch den Verstand erkennt.«[65] Und an anderer Stelle erklärt Christus: »Ich aber bin der nur geistig wahrnehmbare Geist, der erfüllt ist von strahlendem Licht.«[66]

Viele Berichte von Reanimierten weisen heute wieder in dieselbe Richtung... Gnostische Christen setzten nicht auf eine christliche Dogmenlehre und im Verbund mit ihr auf eine autoritäre Amtshierarchie, nein, ihnen ging es vielmehr um jene Erfahrungen des einzelnen, »durch die die geistige Intuition Einsicht in die Natur der Wirklichkeit offenbart«[67]. Kein Wunder also, daß Frauen sich in diesen Gruppierungen besonders zu Hause fühlten und auch eine ihren Fähigkeiten entsprechende Anerkennung fanden. (Dies trifft mit Sicherheit nicht auf *alle* gnostischen Gruppierungen zu!)

In dem Brief eines gnostischen Lehrers an seinen Schüler sind Anklänge an buddhistische Lehren nicht zu überhören. Der Lehrer erklärt, daß die Auferstehung kein Hirngespinst, sondern vielmehr eine Tatsache sei, und fährt dann fort: »Vielmehr aber ziemt es sich, ... zu sagen, daß die Welt ein Hirngespinst ist, mehr als die Auferstehung.«[68] Und er erläutert weiter, »daß die gewöhnliche menschliche Existenz geistigen Tod bedeutet. Die Auferstehung aber ist der Augenblick der Erleuchtung: sie ist ›... das Sichtbarwerden dessen, was existiert ... und eine Veränderung in eine neue Daseinsform‹. Wer dies begreift, wird geistig lebendig. Das bedeutet nach seiner Erklärung, daß man in eben diesem Moment schon die Auferstehung haben kann: ›Bist du – dein wirkliches Du – reine Verwesung? ... Weshalb siehst du dich nicht selbst, da du auferstanden bist?‹«[69]

Ähnlich wie in den eleusinischen Mysterien geht es darum, die Auferstehungserfahrung ins Leben hineinzuholen, oder anders ausgedrückt, »dem auferstandenen Christus in der Gegenwart zu begegnen«[70]. Orthodoxen Christen war daran gelegen, eine solche Begegnung für den »Jüngsten Tag« aufzusparen. Eine weitere Ähnlichkeit mit den eleusinischen Mysterien besteht in dem Bedürfnis nach Geheimhaltung vor Uneingeweihten, das in krassem Gegensatz zum Bekehrungs- und Missionszwang der Orthodoxen stand. Gnostikerinnen und Gnostikern ging es nicht darum, ein festgefügtes Lehrgebäude zu vermitteln. Ihnen ging es um die Vermittlung geistiger Erfahrungen, die die Einhaltung einer Stufenfolge sinnvoll machen, so wie es ja auch die großen und kleinen Einweihungen in das Mysterienwesen der antiken Welt gab. Dahinter stand das Wissen, daß das Maß an Selbsterkenntnis auch das Maß an Seins- oder Gotteserkenntnis bestimmt, das sich mit psychologischer Verantwortung paarte; denn die Seele will auch vorbereitet sein auf bestimmte geistige Erfahrungen. Nicht umsonst beginnen viele Visionen mit einem »Fürchte dich nicht!«, denn die Erfahrungen der Transzendenz, die Begegnung mit dem Numinosen, das hat Rudolf Otto gezeigt[71], bewirken im Menschen das »Tremendum«, das Erschauern vor dem Heiligen. Genau wie spätere Mystikerinnen und Mystiker zu berichten wissen, erwähnen auch gnostische Texte häufig, »daß die Visionäre auf die Gegenwart Christi mit heftigen Gefühlen reagieren, mit Schrecken, Ehrfurcht, Qual und Freude«[72]. Während bei den orthodoxen Christen das Moment der Ekstase immer weiter zurückgedrängt wurde zugunsten des law-and-order-Prinzips, blieb es in gnostischen Kreisen als wesentliches Element religiöser Erfahrung erhalten. Jugendliche, die ihr Bedürfnis nach ekstatischen Erfahrungen heute befriedigen wollen, müssen in Jugendsekten, religiöse Randgruppen und vor allem in die Drogenszene abwandern. Die christlichen Großkirchen sehen es jedenfalls nicht als ihre Aufgabe an, solche Bedürfnisse zu integrieren und zu kultivieren, obwohl ihr großes Vorbild, Paulus, noch »entrückt ward bis in den dritten Himmel«, ohne zu wissen, »ob er in dem Leibe oder außer dem Leibe gewesen ist«[73].

Solche Formen des religiösen Zugangs eignen sich selbstverständlich nicht zur Befriedigung missionarischer Bedürfnisse, da sie mit der geistlichen Reife der Betreffenden korrespondieren. Hier geht es nicht um die Bindung des Menschen an ein bestimmtes dogmatisches Lehrgebäude, sondern um die Entwicklung tieferer Seelenschichten, die heute zumeist in verantwortungsloser Primitivität und Undifferenziertheit brachliegen, so daß Scharlatane sich ihrer bemächtigen können.

Heute sind es wieder verstärkt Frauen, die sich dieser vergessenen Dimensionen erinnern und sie in ihr spirituelles Leben zu integrieren suchen. Ihnen wurde schon immer eine stärkere Affinität zu Bereichen der Intuition und tieferen Erkenntnis zugeschrieben. Kein Wunder, daß sie auch unter den ersten Christen eine recht bedeutsame Rolle spielten und in gnostischen Kreisen gerade wegen ihrer intuitiven und visionären Fähigkeiten besonders geschätzt wurden. Nicht umsonst hatte sich der Auferstandene in besonderer Weise an die Frauen gewandt und sie beauftragt, den Brüdern von ihrem Erleben zu verkündigen. Die Frauen leiteten aus ihrer Begegnung mit ihm keinen Anspruch auf Machtpositionen ab. Ihnen war daran gelegen, diese Erfahrung mit den Männern zu teilen, ähnlich wie auch Eva einst die Frucht ihrer Erkenntnis mit Adam geteilt hatte. Beide Male gereichte ihr diese Bereitschaft zum Teilen, diese Mitteilsamkeit zum Nachteil. Männer bemächtigten sich ihrer Erkenntnis und schlachteten sie für sich aus. Wie die Frau aus dem biblischen Mythos über den Beginn der Menschheit lernen kann, hat Adam, nachdem er erst einmal ihre Erkenntnis besaß, nicht mehr zu ihr gehalten, sondern ihr den Schwarzen Peter zugeschoben und sich als ihr Herr aufgespielt. Dasselbe wiederholte sich zu Beginn des christlichen Äon. Nachdem die Männer der weiblichen Erkenntnis von der Auferstehung Jesu teilhaftig geworden waren, spielten sie sich als Herren des christlichen Glaubens auf, um dann nur wenige Generationen später das weibliche Geschlecht verunglimpfen und unterdrücken zu können.

Welchen Sinn kann auf diesem Hintergrund der Verkündigungsauftrag Jesu für Frauen von heute noch haben? Was bedeutet es, daß er die Erkenntnis seiner Auferstehung, das Wissen von den letzten Dingen in die Verantwortung von Frauen legt? Gehen wir ein letztes Mal zurück zu den Berichten jenes Ereignisses, durch das verhindert wurde, daß Jesus und seine Lehre in Vergessenheit gerieten.

Neben der Salbung durch die Frauen war die Verkündigung der Auferstehung Jesu das zweite Ereignis, das aus dem irdischen Jesus eine mythische Gestalt, den auferstandenen Christus, machte, der dann zum Ausgangspunkt der christlichen Botschaft wurde. Salbung und Auferstehung stehen demnach in einem engen Zusammenhang. So wie Jesus durch die Salbung zum Messias der Frauen geworden war, zum Vertreter ihrer Werte und ihrer Hoffnung auf die Schaffung eines nicht-patriarchalen Weltreichs, so war er durch die Auferstehung zum ewigen, zum göttlichen Sohn geworden, der in den Herzen der Frauen als Zeichen ihrer Hoffnung auf die Wandlung des männlichen Geschlechts weiterlebte, der aber auch als *der* Menschensohn in den Herzen der Männer zum Zentrum eines neuen männlichen Seinsverständnisses werden sollte.

Zum letzten Mal erklingt in der christlichen Verkündigung die Botschaft vom Sohngeliebten, der für das Hochzeitsmahl gesalbt wird, den Tod erleiden muß, um dann an der Seite des weiblichen Geschlechts zu neuem Leben zu erwachen. Immer waren es Frauen gewesen, die diese Botschaft verkündet hatten – und daran wagten auch die Schreiber der Evangelien nichts zu ändern. Zu stark lebte dieses mythische Ereignis noch in den Herzen der Menschen, als daß es hätte ignoriert werden können.

In der Verkündigung der Auferstehung durch die Frauen wird also jene uralte Botschaft bewahrt, die die Essenz matriarchaler Religionen bildet. Mit dem Verkündigungsauftrag an die Frauen legt Jesus die Botschaft, die er selbst für einige Zeit seinen Brüdern verkündet hatte, in die Hände der Frauen – an ihren Ursprungsort – zurück.

Unter diesen Frauen scheint Maria Magdalena – genau wie bei der Salbung – *die* zentrale Gestalt zu sein. Ihr Name fehlt in keinem Evangelium. Sie, die bis zuletzt unter dem Kreuz ausgeharrt und später vor seinem Grabe gesessen hatte, ist auch an jenem ersten Tag der Woche (eine andere Tradition spricht vom dritten Tage) als erste wieder an seiner Grabstätte. Auf sie allein geht nach Johannes die Auferstehungsbotschaft zurück. Die anderen Evangelisten nennen auch noch andere Frauen neben ihr. In und durch Maria Magdalena, die Gefährtin des letzten Repräsentanten einer alten Ordnung, in der sich die Männer als Dienende und nicht als Herrschende verstanden, lebt Jesus weiter in der Verkündigung der mündlichen und schriftlichen Tradition wie auch in den Herzen von Frauen und Männern.

»Maria von Magdala war also zur Stifterin einer neuen Mysterienreligion geworden«, schreibt Otfried Eberz und legt damit den Finger auf den Nerv des Christentums, das ja alles darangesetzt hat, diese Tatsache zu verdrängen. Dabei sagen die Evangelien, die als Protest gegen die verfälschte Paulus-Darstellung der Erstbegegnungen mit dem Auferstandenen angesehen werden müssen[74], recht einhellig, daß Maria Magdalena es war, »die das Christentum vor dem Untergange rettete, indem sie die Begründerin der Lehre vom auferstandenen Jesus wurde. Der Ostertag ist die Auferstehung des am Kreuze gestorbenen Christus durch die Liebe einer Frau. Sie hat die Zahl der durch den Hominismus (= das Patriarchat, C.M.) getöteten und wieder auferstandenen Frauengötter um einen neuen vermehrt.«[75]

Der patriarchale Flügel des frühen Christentums setzte alles daran, diese Seite der christlichen Wahrheit zu verdrängen. Das Ignorieren der Frauen im Auferstehungsbericht des Paulus sowie die Tatsache, daß er Maria Magdalena an keiner Stelle erwähnt und damit ihre hohe Stellung in der frühchristlichen Gemeinde bewußt ignoriert und anderen vorenthält, zeigt nach Eberz' Auffassung, daß es von Anfang an in der Urgemeinde einen heftigen prinzipiellen Gegensatz gegeben haben muß zwischen der hominististisch-patriarchalen und einer feministischen Richtung. Dieser Gegensatz wird nirgends so offenkundig wie in den Salbungs- und Auferstehungsgeschichten. Doch durch »Paulus und seine Schule wurde die nachösterliche Kirche endgültig zur Männerkirche«[76].

Neben dem Weglassen und Verfälschen wichtiger Informationen bedient sich Paulus auch noch der falschen Übertragung, wenn er zu Beginn seines Briefes an die Korinther schreibt: »... was vor der Welt töricht ist, hat Gott erwählt, damit er die Weisen zuschanden mache; und was vor der Welt niedriggeboren und verachtet ist, hat Gott erwählt, das, was nichts gilt, damit er das, was gilt, zunichte mache, auf daß sich kein Fleisch vor Gott rühme.«[77] Auf wen hätten diese Worte eher zutreffen können als auf das weibliche Geschlecht? Verbirgt sich hinter ihnen nicht gar die Botschaft von Frauen an ihr eigenes Geschlecht? Schließlich hat keiner der Nachfolger Jesu je solche Worte an Frauen gerichtet, und von Paulus werden sie mißbraucht, um wiederum ausschließlich das eigene Geschlecht zu stützen; denn er beginnt seine Botschaft mit den Worten: »Sehet doch nur eure Berufung an, ihr Brüder!«[78] Solche Aufmunterungen werden Frauen an keiner Stelle zuteil! Sie bekommen etwas ganz anderes zu hören. Doch sollten sie daraus ihre Lehren ziehen und viel vorsichtiger umgehen mit ihrer rezeptiven Fähigkeit des Zuhörens und Aufnehmens, des Sich-Identifizierens mit männlichen Worten. Schließlich hat sie der Auferstandene zuerst zu Verkünderinnen gemacht.

Bis heute zeigen uns die gnostischen Texte, daß dort die weiblichen Dimensionen der christlichen Botschaft am besten erhalten blieben, wo Frauen sie verkündigten. Wo Frauen hingegen in die Rolle der passiven Zuhörerinnen gedrängt wurden, verlor der christliche Glaube seine menschen- und weltverbessernden Kräfte und verkam zum bloßen Instrument der Macht. Daraus folgt für das (christliche) Selbstverständnis heutiger Frauen, daß sie endlich aufhören müssen, sich als passive Zuhörerinnen der »Diener am Wort des Herrn« zu verstehen. Sie bedürfen keiner männlichen Belehrung. Sie selbst sind Trägerinnen des göttlichen Wortes, des göttlichen Reiches beziehungsweise der Schechina. Nur dürfen sie ihr Licht nicht länger unter den Scheffel stellen, denn nach wie vor sind sie es, die die »christlichen Werte« leben, ohne darüber zu predigen. Sie verkünden auch weiterhin die christliche Botschaft mit ihrem Sein, nur müssen sie sich dieser Tatsache bewußt werden.

Frauen sind es auch heute, die sich mit »den letzten Dingen«, mit dem Tod und dem, was danach kommt, am intensivsten auseinandersetzen (auch wenn sie nicht dafür bezahlt werden). Sie kümmern sich um Sterbende innerhalb und außerhalb der Familie und neigen auch sonst weniger dazu, diesen Bereich des Lebens zu verdrängen. Frauen wissen um die Begrenztheit auch des Todes. Bis heute sind sie ihrer Verkündigung treu geblieben. Das zeigt insbesondere die Sterbeforscherin Elisabeth Kübler-Ross, die weiß: »Jener Tod, von welchem uns die Wissenschaftler überzeugen wollen, existiert in Wirklichkeit überhaupt nicht.« Es ist sicher kein Zufall, daß es eine Frau ist, die sich diesem Forschungsbereich zugewandt hat und zu solcher Erkenntnis gelangt, spricht sie doch nur das aus, was viele Frauen vom Gefühl her schon immer wußten. Und Frau Kübler-Ross tut das, was Frauen durch Jahrtausende hindurch getan haben: Sie nimmt den Menschen die Angst vor dem Tode, die ihnen in jahrhundertelanger Kleinarbeit von den Kirchen eingeimpft wurde. Dadurch, daß sie nicht auf ihre Ärzte-Brüder hörte und deren Todeslehren keinen Glauben schenkte, sondern eigene Erkenntnisse dagegensetzte und verkündete, zeigte sie uns Frauen, was es bedeuten kann, das: »Geht hin und verkündigt meinen Brüdern ...«

Schlußfolgerungen

Schauen wir uns jene Worte Jesu, die ich als eine Art Vermächtnis an die Frauen beschrieben habe, im Zusammenhang an, so liegen ihnen wichtige Erkenntnisschritte zugrunde, die als notwendige Antwort der Frauen auf ihre Situation im Patriarchat bis heute nichts an Aktualität eingebüßt haben. Das zeigt insbesondere die Tatsache, daß diese Erkenntnisschritte in der heutigen Frauenbewegung (auch ohne religiöse Motivation) zumindest ansatzweise bereits vorhanden sind und Entscheidungen sowie Verhaltensweisen beeinflussen.

Für viele Frauen beginnt das Erwachen aus dem patriarchalen Dämmerzustand in der Tat mit dem eigenen Leid, mit der Trauer um unerfüllte Hoffnungen und Sehnsüchte, wenn sie vor den Scherben ihres Ehe- und Familienglücks stehen und zu der Erkenntnis gezwungen werden, daß es keine gesellschaftliche Grundlage gibt für jenes umfassende Beziehungsglück, für das sie ihr Leben hingegeben haben. Karfreitag, das Ende des Lebens Jesu, symbolisiert für solche Frauen das Ende aller Träume, aber auch das Ende aller Täuschungen im Hinblick auf die positiven Lebensmöglichkeiten im Rahmen eines Anschauungssystems, das einen beträchtlichen Teil seiner Energien aus den Beziehungsträumen von Frauen bezieht.

Wenn es nunmehr am Karfreitag um die Bewußtmachung des Leidensdrucks wie auch um die bewußte Verarbeitung konkreten Leids gehen soll, so ist damit keineswegs das passive Ausleben einer »typisch weiblichen Opfermentalität« gemeint, sondern das Vorantreiben eines aktiven Erkenntnisprozesses, durch den Frauen ihre effektive Opferrolle bewußt wird. Erst wenn sie wirklich durchschauen, wie umfassend diese Rolle für die Frau geplant wurde durch bestimmte Vorstellungsbilder, die Männer aufgrund ihrer Bedürfnislage entworfen und der weiblichen Seele eingeprägt haben, können aus dem bewußten Erleben des Leids angemessene Widerstandsformen entstehen.

Die Verplanung weiblichen Lebens zum Nutzen des Systems zeigt sich wohl nirgends so deutlich wie in den patriarchalen Ideologien von Mutterschaft und Mütterlichkeit, mit denen der weibliche Wunsch nach einem Kind, aber auch das jeweilige Selbstverständnis als Mutter manipuliert wurde. Gerade als Mutter und Garantin des Nachwuchses, als »Erhalterin der Rasse« verliert die Frau im Patriarchat zu allen Zeiten jedwedes Recht auf Eigenständigkeit und Selbstbestimmung, denn schließlich trägt sie in ihrem Leib das Kind, das als Eigentum des Mannes oder des Staates angesehen wird.

Von der griechischen Antike bis weit in die Neuzeit gilt das (vom Mann erlassene) »Natur«-Gesetz, das die Verwandtschaft der Mutter mit ihrem Kind leugnet, und zwar mit Hilfe des »beseelten« männlichen Samens, der bereits das präformierte Kind enthält, dem die Mutter nur noch zu Wachstum verhilft. Der weibliche Leib als Austragungsort männlicher Schöpferkraft muß unter der Aufsicht des Mannes bleiben – egal ob Ehemann oder Staatsmann.

Aber nicht nur das Verwandtschaftsverhältnis, auch die Beziehung von Mutter und Kind wurde immer wieder nach patriarchalen Theorien gestaltet. Platon, der die phallosophische Grundlage der abendländischen Kultur legte, spricht bereits der Obrigkeit das Recht zu, darüber zu bestimmen, wer Kinder in die Welt setzen und über diese verfügen darf. Jene Kinder aber, die gegen den Willen des Staates gezeugt wurden, sollen die Obrigkeiten »an einem unzugänglichen und unbekannten Ort verbergen«[79]. Die anderen Kinder sollen in einem Säuglingshaus der Obhut von Wärterinnen anvertraut werden, die darauf achten, daß die stillenden Mütter ihr eigenes Kind nicht erkennen. Immerhin dauerte es über zwei Jahrtausende, bis sich solche Geistwerke inkarnieren und Fleisch werden konnten in der »Aktion Lebensborn« und anderen nationalsozialistischen Rassegesetzen. In der dazwischenliegenden Zeit wurde die Bindung von Mutter und Kind zeitweilig verhindert, um dann bei Bedarf wieder gefördert zu werden. Immer aber sind es Männer, die der Mutter sagen, was ihre »wahre Natur« oder ihre »eigentliche Wesensart« sei oder zu sein hat. Männliche Vorstellungen greifen in ihr Frau- und Muttersein ein und gehen schließlich in ihre Wunsch- und Gefühlswelt über, so daß sich selbst im urweiblichsten aller Bereiche die Entfremdung breitmacht.

Unter diesem Gesichtspunkt bedeutet die Seligpreisung der Unfruchtbaren die resolute Absage an männlich-patriarchale Manipulation und Verfügungsgewalt über Mutter und Kind, bedeutet aber auch ein Zurückwerfen der Frau auf sich selbst und ihre ureigensten Vorstellungen, Wünsche und Fähigkeiten jenseits von Mutterschaft und Ehe, die erst in einem andauernden Umkehrprozeß herausgefunden werden können. Nur so haben Frauen eine Chance, herauszufinden, wer sie als Frau ohne männliche, gesellschaftliche oder auch kindliche Ansprüche überhaupt sind. Sie müssen ihr Frausein als Zentrum ihres Seins wiederfinden und dürfen nicht im Ehefrau- oder Muttersein steckenbleiben.

Hierbei kann die Sprache ein Stück weiterhelfen. Das Wort

»Frau« bedeutet ursprünglich »Herrin« und »Gebieterin«. Es geht zurück auf den altnordischen Namen »Freyja«, die altgermanische Göttin, die vor der Ankunft des patriarchalen Odin über den Pantheon herrschte. Spätere Mythen wissen noch zu berichten, daß Odin all sein Wissen über Magie und heilige Kräfte von ihr empfangen hat. Sie ist die Große Herrin der Lebenden und der Toten, aber auch die Anführerin der Valkyren. Als »Saga« (die Sagende) inspirierte sie die sakrale Dichtung. Durch Freyja besaßen Frauen die Gabe der Prophetie und konnten sie als ihre Priesterinnen auf Erden vertreten, sozusagen als Verkünderinnen dieser Großen Göttin. Ihr Tag war der Freytag, was in bezug auf die Karfreitagsworte Jesu wohl nicht ohne Belang ist, sondern ein Grund mehr, das weibliche Augenmerk auf diesen Feiertag zu richten. Immerhin führte uns dieser Tag an den Kern der Problematik des weiblichen Geschlechts im Patriarchat wie auch in das Zentrum weiblichen Seins zu jenen weiblichen Kräften, die seit jeher die Frau zur Verkünderin göttlicher Weisheit gemacht haben. Und gerade in dieser Rolle bestätigt sie der Auferstandene. Sein Aufruf zur Verkündigung an die Brüder ist die Aufforderung an die Frau, sich *ihrer* Botschaft zu erinnern, sich des tiefen Wissens in ihrer Seele wieder neu zu vergewissern. Sie soll sich nicht länger als passive Empfängerin männlicher Botschaften verstehen, sondern als aktive Verkünderin. Dazu ist sie aufgefordert, ihre eigene Sprache gegenüber dem Mann zu finden und nicht die seine weiterhin unbewußt zu übernehmen.

Die Frau als sprechendes Subjekt wäre in der Tat etwas Neues und würde das patriarchale Weltgebäude sprengen, das der männliche Logos mit Hilfe der Lüge errichtet hat. Wir wissen heute, welchen umfassenden Einfluß die Sprache auf die menschliche Wahrnehmung hat, genau wie auf die geistig-seelische Verfassung. Wir wissen aber auch, wie männlich ausgerichtet diese Sprache ist und daß es geistiger Knochenarbeit bedarf, diese Mannzentriertheit bewußtzumachen, und noch größerer Anstrengungen, sie zu überwinden und eine uns Frauen angemessene Sprache zu finden.

Erst in dem Wissen, daß Frauen zur Verkündigung an die Brüder aufgerufen sind und nicht zum Empfang ihrer Botschaften, erkennen wir, wie wichtig es ist, uns dieser geistigen Mühe zu unterziehen und alles von Männern empfangene Wissen inklusive der Sprachformen und Begriffe zu hinterfragen und immer wieder zur Disposition zu stellen und gegen alte/neue Inhalte und Sprechweisen auszutauschen.

Als Trauernde über patriarchale Verkehrtheit, als physisch Unfruchtbare, die sich der Aufgabe der Reproduktion verweigern oder aber aufhören, sich über ihr Muttersein zu definieren, entdecken wir Frauen unsere geistig-spirituelle Fruchtbarkeit und werden zu unseren eigenen Verkünderinnen, bevor wir zu den Brüdern gehen ...

Anmerkungen

Das Dilemma der Frau im christlichen Glauben

1 vgl. Anm. 51
2 Mann, Theogonische Tage, S. 605
3 1 Kor 11,29
4 Vers 22
5 Mt 5,23 f.
6 1 Kor 6,2
7 Mt 7,1
8 1 Kor 6,9
9 Mt 21,31
10 1 Kor 7,2-9
11 Mt 19,6
12 1 Mose 2
13 1 Kor 11,8
14 1 Mose 1,27
15 Mt 19,4
16 1 Mose 2,24
17 1 Kor 14,34
18 1 Tim 2,12
19 zit Deschner, ... abermals krähte der Hahn, S. 168
20 Koepgen, Die Gnosis des Urchristentums, S. 316
21 Mk 10,11 f.
22 Mt 19,9
23 vgl. hierzu: Anton Mayer, Der zensierte Jesus
24 Mt 12,23; 23,23.29.33
25 Mayer, aaO, 223
26 Deschner, aaO, 144
27 Pagels, Versuchung durch Erkenntnis, S. 12
28 aaO, 51 und 111
29 1 Kor 9,1
30 Pagels, aaO, 46
31 aaO, 110
32 aao
33 Lk 8,1 f.
34 Pagels, aaO, 95
35 aaO, 96
36 aaO, 98
37 aaO
38 aaO, 70
39 Schenke, Der Gott »Mensch«, S. 88
40 aaO, 89
41 Jes 46,9
42 Schenke, aaO, 90

43 aaO, 91
44 vgl. Spr. 8,22ff.
45 Pagels, aaO, 73
46 aaO, 75f.
47 aaO, 76
48 aaO, 77
49 aaO, 79
50 Deschner, aaO, 236f.
51 So der Präsident und Leiter der theol. Abteilung des Kirchenamtes der EKD, Hartmut Löwe, vgl. Religion heute 2/85 und DAS v. 31. 3. 85
52 Zscharnack, Der Dienst der Frau in den ersten Jahrhunderten der christlichen Kirche, S. 178
53 aaO
54 aaO, 179
55 Deschner, aaO, 225
56 Mt 6,24
57 Lk 6,20
58 vgl. Neumann, Zur Psychologie des Weiblichen; Weiler, Ich verwerfe im Lande die Kriege, und Der enteignete Mythos
59 vgl. Weiler, in: Schlangenbrut 9, S. 31
60 aaO
61 vgl. Fromm, Haben oder Sein, S. 82
62 vgl. Ina Wagner, Die weibliche Alternative? – Frauen in den Naturwissenschaften, in: Zeitschr. f. Hochschuldidaktik 4/83, sowie Carol Gilligan, Die andere Stimme
63 Ich werde später noch detaillierter auf diese geschlechtsspezifischen Unterschiede eingehen.
64 1 Kön 5,13f.
65 vgl. 5 Mose 13
66 5 Mose 7,21-24
67 Weiler, Ich verwerfe..., 17
68 aaO, 237
69 aaO, 238
70 Der Text wurde als Statement auf dem Kirchentag 1985 gehalten.
71 Mt 5,39b
72 Lk 6,27-31
73 zit. Grundmann I, 169
74 aaO, 173
75 aaO, 171
76 Schlatter, zit. Grundmann III, 147
77 aaO
78 zit. Brückner, Die Liebe der Frauen, S. 30
79 aaO
80 Mt 18,21f.
81 Brückner, aaO, 45
82 1 Kor 13,7
83 Buchtitel von Suzanne Brøgger

84 Mt 7,6
85 Eberz, Vom Aufgang und Niedergang des männlichen Weltalters, S. 111
86 aaO, 140
87 Die andere Stimme
88 Mt 7,7

Jesus – Schüler der Frauen

1 vgl. Senta Trömel-Plötz, Gewalt durch Sprache
2 Sie wird in Mt 15,21-28 und Mk 7,24-30 überliefert
3 zit. in: Grundmann II, 198
4 Mt 7,6
5 Mt 15,18; Mk 7,21
6 Grundmann II, 199
7 Mt 8,7
8 Mt 9,12
9 Mt 5,21 f.
10 vgl. E. Sorge, Religion und Frau, S. 20 ff.
11 vgl. Mk 8,27-33par
12 Joh 11,27
13 Vers 25
14 Joh 4,9-39
15 vgl. 1 Kor 1,27-29
16 Joh 4,10
17 aaO, Vers 11 und 15
18 Sie kann nur in der rechten als typisch weiblich angesehenen Hirnhälfte erfahren werden.
19 Und zwar durch den Wechsel von der männl. in die weibl. Hirnhälfte bzw. durch den Wechsel in ein anderes Weltbild, in dem Zeitlosigkeit mehr ist als eine ins Ewige verlängerte Gegenwart.
20 Lohse, Umwelt des NT, 139
21 aaO
22 vgl Lk 6,15; Apg 1,13
23 vgl. aaO, 21 und 38
24 Lohse, aaO
25 aaO, 140
26 Das Evangelium nach Philippus, übers. v. H.-M. Schenke, Spr 95; Klammern und griechische Ergänzungen wurden nicht mitzitiert.
27 1 Mose 28,18
28 2 Mose 40,9
29 Ps 23,5
30 Zu anderslautenden Vermutungen vgl. Stefan Heyms König David Bericht
31 vgl. Apg 10,38
32 Mk 6,13

33 Jak 5,14f.
34 vgl. 2 Kor 1,21f.
35 Maria Münster, Studien zur Göttin Isis, 23 und 25
36 Münster, aaO, 24 und 29
37 Lk 23,27f.
38 H. Gottschalk, Lexikon der Mythologie, 383 und 404
39 H. Bonnet, Reallexikon der Ägyptischen Religionsgeschichte, S. 648
40 Münster, aaO, 24
41 aaO, 40
42 aaO, 27
43 Joh 20,17
44 Münster, aaO, 42
45 aaO, 39f.
46 Schweitzer, Geschichte der Leben-Jesu-Forschung, 505
47 vgl. Schmökel und Wittekindt
48 Hohelied 1,3 und 12
49 aaO, 4,10
50 aaO, 8,6
51 Hes 8,14
52 Das Gilgamesch-Epos, übers. v. A. Schott I,24-27
53 Eberz, Sophia und Logos, 45
54 Die Apokalypse des Adam, in: The Nag Hammadi Library (= NHL), hg. v. J.M. Robinson, S. 257 (eig. Übers.)
55 Als eines von vielen Beispielen möchte ich »Die Apokalypse des Jakobus« anführen, die zu jenen Schriften gehört, die in Nag Hammadi gefunden wurden. Der Text ist durchgängig gut erhalten – bis auf eine Stelle: Im 3. Dialog fragt Jakobus Jesus in seiner 4. Rede: »Wer sind die sieben Frauen?« Die darauf folgenden fünf Reden der beiden sind prompt verstümmelt und ihr Inhalt nicht mehr auszumachen. Die nachfolgenden Reden sind dann wiederum gut erhalten. Wie gesagt, es gibt mehr solcher Beispiele.
56 Eberz, Sophia und Logos, 46
57 aaO, 98
58 Lk 7,37f.
59 Mk 14,8
60 vgl. Mk 8,31ff.
61 Vers 32
62 Mt 26,12; Mk 14,9
63 Joh 19,26f.
64 Diese Frage wird im 4. Kap. noch ausführlicher behandelt
65 Eberz, Sophia und Logos, 295
66 Joh 8,58
67 Grundmann II, 376
68 Mk 14,4f.
69 Lk 7,44-46
70 Mk 14,6ff.
71 vgl. Münster, aaO, 24

72 vgl. aaO, 30
73 vgl. Bonnet, aaO, 647
74 vgl. Grundmann II, 377
75 aaO, 376
76 aaO, 377
77 Hauß, Biblische Gestalten, S. 230f.
78 Eberz, Sophia-Logos, 125
79 Lk 8,2
80 Der Hl. Gral, 301
81 Eberz, aaO
82 NHL, 473
83 Berl. Arbeitskreis, Die dreigestaltige Protennoia, 735
84 Joh 11,16

Die weibliche Ethik Jesu

1 Mt 19,16-30; Mk 10,17-31; Lk 18,18-30
2 vgl. S. 46
3 Joh 3,3
4 Schneider, Das Evang. nach Joh, S. 91
5 Vers 4
6 Vers 5
7 Eine intensivere Auseinandersetzung mit seiner Lehre erfolgt im nächsten Kapitel
8 vgl. S. Freud, GW 13, 266; 14,30
9 W. Jentsch u. a., S. 273 (Hervorhebungen von mir)
10 Lk 6,37
11 Mt 7,2
12 Mk 4,24
13 Brückner, Die Liebe der Frauen, 107
14 Mt 18,21f.
15 vgl. Mt 7,6
16 Lk 7,47
17 Mk 9,34
18 Vers 35ff.
19 Gal 1,14; Phil 3,6
20 Bornkamm, Paulus, 38
21 Gal 1,14
22 Röm 3,27
23 Röm 1,5
24 Gal 1,8f.
25 Röm 7,24
26 Gal 1,15
27 EKG 66
28 EKG 63

29 EKG 146
30 Mt 25,31-36
31 Grundmann I, 529
32 Mt 7,21
33 Neumann, Zur Psychologie des Weiblichen, 96
34 Röm 7,8
35 Mt 7,12
36 Röm 13,10
37 Röm 3,23-28
38 vgl. C. Gilligan. Die andere Stimme; J.B. Miller, Die Stärke weiblicher Schwäche, 73 ff.
39 Joh 8,4
40 Vers 5
41 Vers 15
42 Vers 9
43 Mk 2,23-28
44 vgl. Grundmann II, 90
45 Lk 13,10-17
46 Schlatter, zit. Grundmann III, 279
47 Vers 12
48 Grundmann, aaO, 279
49 Vers 14
50 Vers 16
51 vgl. Mt 12,14; Mk 3,6; Lk 6,11; Joh 5,16
52 vgl. Mk 3,5
53 Mk 11,17; Joh 2,16
54 Mt 6,24
55 Mk 11,17
56 Mulack, Die Weiblichkeit Gottes, 280 ff.
57 Grundmann I, 119
58 Klein, Ihr seid Götter, 99
59 zit. Grundmann I, 123
60 aaO, 125
61 Kassel, Das Auge im Bauch, 172
62 Grundmann I, 120
63 aaO, 117
64 Mt 5,28
65 Grundmann I, 159
66 zit. aaO, 160
67 aaO
68 aaO, 160 f.
69 aaO, 161
70 Mt 5,29
71 Speyer, zit, in: U. Mann Theologie und Religionswissenschaft, S. 137
72 Mt 19,12 b
73 Luther. Monatshefte 2/86
74 insbesondere Verse 38–48

75 vgl. Lk 12
76 Mt 6,19
77 Vers 25
78 Vers 26
79 Vers 28
80 Frauen der Welt, 240–252
81 Mulack, Die Weiblichkeit ...
82 Schlangenbrut 9/85, S. 36
83 Mt 7,1 f.
84 Interview mit der Baseler Zeitung
85 Lk 18,3-5
86 Grundmann III, 347
87 aaO
88 vgl. Mt 5,25
89 vgl. Lk 12,14; Joh 8,15 und 12,47
90 Lk 11,10
91 Mt 21,28-31
92 Mt 7,26
93 Lk 18,9-14
94 Vers 13 c
95 Grundmann III, 349
96 Mt 7,3-5
97 Lk 10,37
98 s. Lit. Verz.: Rutschky; Schatzmann; de Mause
99 vgl. J. Jegge, Dummheit ist lernbar, S. 105, u. A. Miller, Das Drama ..., S. 47
100 A Godly Form of Household Government, 1621
101 zit. de Mause, aaO, 441
102 Mk 9,35
103 Vers 42
104 de Mause, aaO, 440
105 aaO, 23
106 zit. in: Frauen der Welt, 330
107 Mt 18,3

Die weibliche Gotteslehre Jesu

1 zit. Mayer, aaO, 236 f.
2 Mayer, aaO
3 Kasper, Jesus, 90 (Hervorhebungen von mir)
4 Mayer, aaO
5 vgl. insb. E. Pagels
6 Mayer, aaO, 236
7 zit. aaO, 235
8 Kapser, aaO, 98

9 Mt 13,44-46
10 Mk 4,31f.
11 Mt 13,33; Lk 13,21
12 Grundmann I, 348
13 Vers 93, übers. v. Joh. Leipoldt
14 Lk 15,8ff.
15 Vers 15
16 Fromm, Haben oder Sein, S. 83
17 Mt 19,27
18 Grundmann I, 437
19 Vers 28
20 Vers 29
21 Mk 10,37
22 Mt 20,24-28par
23 Grundmann I, 443
24 aaO
25 J. Jeremias, zit. aaO
26 vgl. Lk 10,42
27 Apg 4,35
28 Apg 5,4c
29 Vers 5
30 Vers 9b und 11
31 Fromm, aaO, 87
32 Lk 9,55f.
33 vgl. die gnost. Zitate im 1. Kap
34 Mt 13,15 und 18-23; Mk 4,1-9 und 13,20
35 Mk 4,18f.
36 Preisker, Zür. Ev. Syn., 63
37 vgl. Grundmann I, 339ff. und II, 121ff.
38 vgl. Mt 4,17; Mk 1,15
39 Lk 17,20f.
40 H.H. Schrey, Theol. Lit. Zeitg. 12, 1949, Sp. 759
41 Spruch 111
42 Spruch 2
43 Mt 11,12
44 Käsemann zit. Perrin Rediscovering . . ., 77
45 Kittel, ThWB z. NT, S. 471
46 aaO, 612
47 Bornkamm u.a., Das Vaterbild, 138
48 Grundmann I, 198
49 aaO
50 Mt 6,8
51 Bornkamm, aaO, 141
52 Moltmann, Ich glaube an Gott den Vater, S. 407f.
53 Lk 15,11-32
54 Vers 2
55 Bornkamm, aaO, 139

56 zit. Assmann, in: Bornkamm, aaO, 14
57 5 Mose 21,18-21
58 Gadamer, in: Bornkamm, aaO, 107
59 Fromm, Die Kunst des Liebens, 65f.
60 vgl. Bornkamm, aaO, 139
61 Lk 15,20
62 Grundmann III, 313
63 aaO, 310
64 Vers 13
65 Grundmann III, 313
66 aaO, 314
67 Vers 31f.
68 Mt 23,6f.
69 Verse 9–12
70 Moltmann, aaO, 410
71 aao
72 aaO
73 aaO, 409
74 vgl. Grundmann II, 286
75 Schwesterlichkeit läßt Moltmann wegfallen
76 Moltmann, aaO
77 G. Lohfink, Wie hat Jesus Gemeinde gewollt? S. 58 zit. Moltmann, aaO
78 vgl. Mulack, MARIA, 36ff.; 78ff.
79 mein Dogmenverständnis s. aaO, 21ff.
80 Joh 1,13
81 Mk 8,38; 11,25f.; 13,32; 14,36
82 vgl. Mk 3,31-35par u. evtl. auch Joh 2,4
83 vgl. Mt 7,11; Lk 11,13
84 vgl. Mt 5,44f.
85 Moltmann, aaO, 413
86 Mt 7,16
87 vgl. S. 201
88 vgl. 1 Kor 16,22
89 vgl. 1 Thess 3,13
90 Moltmann, aaO, 412
91 vgl. Lk 17,21; Mk 13,21par u. d. zit. Parallelen aus dem Thomasevangelium
92 Moltmann, aaO, 400'
93 aaO, 403
94 aaO
95 vgl. hierzu H. Wolff, Neuer Wein – Alte Schläuche
96 Moltmann, aaO, 404
97 aaO
98 aaO, 405
99 aaO, 398
100 aaO, 413
101 aaO

Das Vermächtnis Jesu an die Frauen

1 EKG für die Ev.-luth. Landeskirchen Schleswig-Holstein-Lauenburg, Hamburg, Lübeck und Eutin, 412
2 Falkenstein, Sum. u. akkad. Hymnen u. Gebete, 186f.
3 Hes 9,6
4 Ungnad, Die Relig. der Babylonier u. Assyrer, 143
5 vgl. Ri 11,30-40
6 Falkenstein, aaO, 183f.
7 vgl. 1 Mose 3,15
8 Whitmonts Buch »Return of the Goddess« wird demnächst auch auf deutsch erscheinen
9 Waiblinger, Rumpelstilzchen, S. 37
10 Sölle, Wählt das Leben, S. 39f.
11 Mt 24,19par
12 Grundmann III, 428
13 Lk 22,9
14 vgl. 1 Mose 38
15 Bolen, Göttinnen, 192f.
16 Heiler, Die Frau in den Religionen, 39
17 zit. Bolen, aaO, 80
18 aaO, 83
19 Norwood, Wenn Frauen zu sehr lieben, 42f.
20 aaO, 305
21 aaO, 266
22 aaO, 281
23 aaO, 283
24 Bolen, aaO, 63f.
25 Harding, Frauen Mysterien, 308
26 1 Tim 2,15
27 Lk 11,27f.
28 Vers 79, übers. v. Leipoldt
29 1 Mose 3,16
30 1 Mose 3,6
31 1 Mose 3,5 und 22
32 Joh 3,14
33 Mt 27,61
34 Lk 24,11
35 Weiler, Ich verwerfe ..., 134
36 zit. aaO
37 vgl. Mt 11,13-15; 16,13-16; Joh 1,19-21
38 zit. Pagels, aaO, 41 und 64
39 Joh 20,27
40 Lk 24,39-42
41 Mk 16,12
42 Vers 14

43 1 Kor 15,50
44 Apg 9,3 f.
45 Pagels, aaO, 42
46 NHL, 473, eig. Übers.
47 Die Weiblichkeit ..., 314 ff.
48 1 Kor 9,1
49 Apg 1,22
50 Gal 3,28
51 1 Kor 15,3-9
52 vgl. Wilckens, Auferstehung, 20 f.
53 vgl. Pagels, aaO, 42
54 aaO, 43 f.
55 aaO, 48 f.
56 aaO, 47; vgl. Apg 1,6-11
57 Pagels, aaO
58 Mt 28,18 f.
59 Mk 16,16
60 Joh 20,23
61 Pagels, aaO, 47
62 NHL, 472 (eig. Übers.)
63 Pagels, aaO, 41 f.
64 aaO, 48
65 aaO, 49
66 aaO
67 aaO
68 aaO
69 aaO, 49 f.
70 aaO, 50
71 Otto, Das Heilige
72 Pagels, aaO, 49
73 2 Kor 12,2 f.
74 vgl. 1 Kor 15,3-9
75 Eberz, Sophia-Logos und der Widersacher, 126
76 aaO, 127
77 1 Kor 1,27-29
78 Vers 26
79 Platon, Der Staat, 188

Literaturverzeichnis

HEIDE GÖTTNER-ABENDROTH: Die Göttin und ihr Heros, München 1980

JAN ASSMANN: Das Bild des Vaters im Alten Ägypten, in: G. Bornkamm, Das Vaterbild in Mythos und Geschichte

BERLINER ARBEITSKREIS: Die dreigestaltige Protennoia – Eine gnostische Offenbarungsrede in koptischer Sprache aus dem Fund von Nag Hammadi, in: Theol. Literaturzeitung 10/1974, Sp. 731 ff.

JEAN SHINODA BOLEN: Göttinnen in jeder Frau – Psychologie einer neuen Weiblichkeit, Sphinx 1986

HANS BONNET: Reallexikon der Ägyptischen Religionsgeschichte, Berlin 1952

GÜNTHER BORNKAMM: Paulus, Stuttgart 1977[3]

ders. u. a.: Das Vaterbild in Mythos und Geschichte, Stuttgart 1976

MARGRIT BRÜCKNER: Die Liebe der Frauen – Über Weiblichkeit und Mißhandlung, Frankfurt 1983

MARIE CLAUDE DEFFARGE und GORDIAN TROELLER: Frauen der Welt, Frankfurt 1986[4]

KARLHEINZ DESCHNER: ...abermals krähte der Hahn – Eine Demaskierung des Christentums von den Evangelien bis zu den Faschisten, Reinbek bei Hamburg 1972

OTFRIED EBERZ: Sophia und Logos oder die Philosophie der Wiederherstellung, Freiburg 1976

ders.: Sophia – Logos und der Widersacher – Eine geschichtsphilosophische These, München 1978[2]

ders.: Vom Aufgang und Niedergang des männlichen Weltalters, München 1973[3]

ADAM FALKENSTEIN: Sumerische und akkadische Hymnen und Gebete, Stuttgart 1953

SIGMUND FREUD: Gesammelte Werke Bd. 13 u. 14, London 1940–1952

ERICH FROMM: Die Kunst des Liebens, Frankfurt 1977

ders.: Haben oder Sein – Die seelischen Grundlagen einer neuen Gesellschaft, Stuttgart 1977

HANS-GEORG GADAMER: Das Vaterbild im griechischen Denken, in: Bornkamm, aaO

CAROL GILLIGAN: Die andere Stimme – Lebenskonflikte und Moral der Frau, München 1984

HERBERT GOTTSCHALK: Lexikon der Mythologie, Heyne TB 7096, München 1979

WALTER GRUNDMANN: Theologischer Handkommentar zum Neuen Testament, Bd. 1–3, Berlin 1974–1977

ESTHER HARDING: Frauen-Mysterien einst und jetzt, Zürich 1949

FRIEDRICH HAUSS: Biblische Gestalten. Personenkonkordanz, Hamburg 1967

FRIEDRICH HEILER: Die Frau in den Religionen der Menschheit, Berlin 1977

STEFAN HEYM: Der König David Bericht, Fischer TB 1508

JÜRG JEGGE: Dummheit ist lernbar, München 1980

Werner Jentsch u.a.: Evangelischer Erwachsenenkatechismus – Kursbuch des Glaubens, Gütersloh o.J., 1976[3]
Jürgen Jeziorowski: Menschwerdung Gottes – Rezension zu Maria – die geheime Göttin im Christentum von C. Mulack, in: Lutherische Monatshefte, Feb. 1986
Walter Kasper: Jesus der Christus – Grundriß und Aufsätze zur Christologie, Leipzig 1981
Maria Kassel: Das Auge im Bauch – Erfahrungen mit tiefenpsychologischer Spiritualität, Olten und Freiburg 1986[2]
Gerhard Kittel (Hg.): Theol. Wörterbuch zum Neuen Testament, 1. Bd., Stuttgart 1966
Johannes Werner Klein: Ihr seid Götter – Die Philosophie des Johannesevangeliums, Pfullingen 1983[2]
Georg Koepgen: Die Gnosis des Urchristentums, Salzburg 1939
Johannes Leipoldt: Ein neues Evangelium? – Das koptische Thomasevangelium, übersetzt und besprochen in: Theol. Literaturzeitung 7/1958, Sp. 481ff.
Henry Lincoln u.a.: Der Heilige Gral und seine Erben, Bergisch Gladbach 1984[3]
Hartmut Löwe: Mitteilung epd Landesdienst Berlin v. 22.3.85, zit. in: Religion Heute 2/1985, S. 119
Eduard Lohse: Umwelt des Neuen Testaments, Göttingen 1974.
Manfred Lurker: Wörterbuch biblischer Bilder und Symbole, München 1973
Ulrich Mann: Theogonische Tage – Die Entwicklungsphasen des Gottesbewußtseins in der altorientalischen und biblischen Religion, Stuttgart 1970
ders.: Theologie und Religionswissenschaften, Darmstadt 1973
Lloyd de Mause (Hg.): Hört ihr die Kinder weinen – Eine psychogenetische Geschichte der Kindheit, Frankfurt 1982[2]
Anton Mayer: Der zensierte Jesus – Soziologie des Neuen Testaments, Olten und Freiburg 1983[3]
Alice Miller: Das Drama des begabten Kindes und die Suche nach dem wahren Selbst, Frankfurt 1983
Jean Baker Miller: Die Stärke weiblicher Schwäche – Zu einem neuen Verständnis der Frau, Frankfurt 1982
Jürgen Moltmann: Ich glaube an Gott den Vater – Patriarchalische oder nichtpatriarchalische Rede von Gott? in: Ev. Theologie 5, Berlin 1983
Maria Münster: Studien zur Göttin Isis, Berlin 1968
Christa Mulack: Die Weiblichkeit Gottes – Matriarchale Voraussetzungen des Gottesbildes, Stuttgart 1983
dies.: MARIA – die geheime Göttin im Christentum, Stuttgart 1985
Erich Neumann: Zur Psychologie des Weiblichen, 1975[2]
Robin Norwood: Wenn Frauen zu sehr lieben – Die heimliche Sucht, gebraucht zu werden, Reinbek bei Hamburg 1986
Rudolf Otto: Das Heilige – Über das Irrationale in der Idee des Göttlichen und sein Verhältnis zum Rationalen, München 1971 (1917)

ELAINE PAGELS: Versuchung durch Erkenntnis – Die gnostischen Evangelien, Frankfurt 1981
NORMAN PERRIN: Rediscovering the Theaching of Jesus, New York 1976
CARL-HEINZ PREISKER: Zürcher Evangelien Synopse, Wuppertal 1975[14]
J. M. ROBINSON: The Nag Hammadi Library, New York 1977
KATHARINA RUTSCHKY: Schwarze Pädagogik, Berlin 1977
MORTON SCHATZMANN: Die Angst vor dem Vater, Reinbek bei Hamburg 1978 (1974)
HANS-MARTIN SCHENKE: Der Gott »Mensch« in der Gnosis, Berlin 1962
ders. (übers.): Das Evangelium nach Philpus, in: Theologische Literaturzeitung 1/1959
HARTMUT SCHMÖKEL: Heilige Hochzeit und Hohes Lied, Wiesbaden 1956
JOHANNES SCHNEIDER: Theologischer Handkommentar zum Neuen Testament, Sonderband. Das Evangelium nach Johannes, Berlin 1976
ALBERT SCHOTT (übers.), H. H. SCHREY: Das Gilgamesch Epos, Reclam 7235
ALBERT SCHWEITZER: Geschichte der Leben-Jesu-Forschung, Gütersloh 1977[3]
DOROTHEE SÖLLE: Wählt das Leben, Stuttgart 1980
ELGA SORGE: Religion und Frau, Stuttgart 1985
SENTA TRÖMEL-PLÖTZ (Hg.): Gewalt durch Sprache – Die Vergewaltigung von Frauen in Gesprächen, Frankfurt 1984
ARTHUR UNGNAD: Die Religionen der Babylonier und Assyrer, Jena 1921
INA WAGNER: Die weibliche Alternative? – Frauen in den Naturwissenschaften, in: Zeitschr. f. Hochschuldidaktik 4, Wien 1983
ANGELA WAIBLINGER: Rumpelstilzchen – Gold statt Liebe, Stuttgart 1983
GERDA WEILER: Ich verwerfe im Lande die Kriege ... – Das verborgene Matriarchat im Alten Testament, München 1984
dies.: Der enteignete Mythos – Eine notwendige Revision der Archetypenlehre C. G. Jungs und Erich Neumanns, München 1985
EDWARD C. WHITMONT: Return of the Goddess, New York
ULRICH WILCKENS: Auferstehung, Gütersloh 1974
WITTEKINDT: Das Hohe Lied, Hannover 1925
HILDEGUNDE WÖLLER: Unveröffentlichtes Statement vom Kirchentag in Düsseldorf 1985
HANNA WOLFF: Neuer Wein – Alte Schläuche. Das Identitätsproblem des Christentums im Lichte der Tiefenpsychologie, Stuttgart 1981
LEOPOLD ZSCHARNACK: Der Dienst der Frau in den ersten Jahrhunderten der christlichen Kirche, Göttingen 1902

Hildegunde Wöller
Ein Traum von Christus
In der Seele geboren, im Geist erkannt
250 Seiten, gebunden

Hildegunde Wöller entwirft hier ein Christusbuch, das ungewohnte Wege geht. Auf dem Hintergrund des Mythos vom Helden und der mythischen Gestalt der Sophia erzählt die Autorin die Geschichte von Jesus, dem Christus, unter Fragestellungen von heute. Die Autorin entwirft hier ein Christusbild, das über die traditionellen Engführungen hinausweist. Glaube an Christus ist zu wenig, es geht um die Erfahrung des Christus in jedem einzelnen und um die Erkenntnis, zu welcher der Heilige Geist befähigt.

Die Geschichten des Neuen Testaments geben zuletzt auch Hinweise auf das Verstehen der Gegenwart und Zukunft. Was heute als Bewußtseinsveränderung oder Paradigmawechsel bezeichnet wird, stellt die Autorin in den Zusammenhang mit dem Wachsen des Reiches Gottes. Christus, sagt sie, ist »Symbol einer Menschheit, die im Werden ist«.

Monika Barz/Herta Leistner/Ute Wild
Hättest du gedacht, daß wir so viele sind?
Lesbische Frauen in der Kirche
Mit einem Vorwort von Marga Bührig und Else Kähler
236 Seiten, kartoniert

Über der lesbischen Existenz liegt in Vergangenheit und Gegenwart ein dichter Schleier des Schweigens. Die Autorinnen des Buches wollen zum Prozeß des Sichtbarmachens beitragen, weil sie ihre Lebensform als einen positiven, eigenständigen Beitrag zum Thema der menschlichen Beziehungen verstehen. Ihre Darstellung stützt sich auf Selbstaussagen von 150 Frauen, die als haupt- und nebenamtliche Mitarbeiterinnen in den Kirchen tätig sind. Ihr Selbstverständnis ist nicht das gleiche wie das homosexuell lebender Männer. Sie suchen nach einer eigenen Identität in einer überwiegend heterosexuell geprägten Kirche und Kultur.